THE GUIDING ART
OF THE PUBLIC OPINION

高站位 大视野 宽角度 多侧面

领导
必读

舆论引导艺术

领导干部如何面对媒体（下）

任贤良◎著

人民日报出版社

图书在版编目（CIP）数据

舆论引导艺术：领导干部如何面对媒体（全二册） /
任贤良著. -- 北京：人民日报出版社，2019.4
ISBN 978-7-5115-5941-8

Ⅰ．①舆… Ⅱ．①任… Ⅲ．①新闻工作－舆论－中国－
干部教育－学习参考资料 Ⅳ．① G219.2

中国版本图书馆 CIP 数据核字（2019）第 063052 号

书　　名：舆论引导艺术：领导干部如何面对媒体（全二册）
作　　者：任贤良

出 版 人：董　伟
责任编辑：郭晓飞
封面设计：金　刚

出版发行 人民日报 出版社
社　　址：北京金台西路2号
邮政编码：100733
发行热线：（010）65369527　　65369846　　65369509　　65369510
邮购热线：（010）65369530　　65363527
编辑热线：（010）65363486
网　　址：www.peopledailypress.com
经　　销：新华书店
印　　刷：大厂回族自治县彩虹印刷有限公司

开　　本：710mm×1000mm　　1/16
字　　数：480千字
印　　张：34
印　　次：2019年5月第 1 版　　2019年5月第 1 次印刷
书　　号：ISBN 978-7-5115-5941-8
定　　价：99.00元

目　录
catalog

下　册

第四章
问渠那得清如许
——如何正确引导媒体

正确引导媒体是一项综合性工作和系统性工程。要想正确引导媒体，首先要唱响主旋律。既要充分发挥党报党台等骨干媒体的作用，又要注重有效引导都市类媒体融入主旋律。要注重正本清源，从源头上清除低俗报道和不良广告。要引导新闻媒体，正确开展舆论监督。

第一节

有理不在声高——唱响更要唱好

新闻媒体是党和政府的喉舌，是执政理事、发动群众、鼓舞士气、推动工作的锐利工具。实践证明，新闻媒体对于实际工作，具有独特的、重要的能动作用。随着形势的发展，这种能动作用呈现出不断增强的趋势。只有正确认识媒体、正确面对媒体、正确运用媒体，才能充分发挥新闻媒体对党委和政府执政、行政的助力作用。

正确引导媒体，充分发挥媒体的作用是前提和基础。正确引导媒体的首要任务和主动措施，就是引导媒体做大做强正面宣传，就是引导媒体"唱响主旋律，打好主动仗"。其中，关键是要引导媒体在"唱响"上下功夫、在"主动"上做文章，争取实现用正面报道填充核心舆论空间，争取引导媒体工作的主动权。

这就要求各级党委、政府和领导干部，要把领导新闻工作作为一项长期的、经常性工作，高度重视，常抓、常议，多关心、多支持，紧紧抓住关键环节，坚持不懈地开展正面报道，就一定会收到意想不到的、其他工作无法实现的良好效果。

一、唱准是唱响的前提

唱响的前提首先是唱准，要确保不走板、不跑调。否则，失之毫厘，谬以千里，只能事与愿违、适得其反，非但不能帮忙，反而还会添乱。

要确保不走板、不跑调，就必须把政治敏锐性放在第一位。政治敏感就是对党的基本路线和一个时期党和政府的大政方针的理解把握、宣传贯彻。新闻报道战线，特别是新闻宣传，更是要旗帜鲜明地坚持新闻的党性原则。这一点毋庸讳言，更没有什么不好意思。

西方新闻媒体尽管一贯标榜自己的"客观自由"和"超阶级"的意识形态，但实质上没有一家媒体没有政治倾向，没有一家媒体不代表其集团和资产阶级的利益及其价值观。他们对待苏联的解体、中国1989年的政治风波和科索沃战争的报道，就是最好的例证。

习近平总书记在谈到党的新闻舆论工作时，明确指出，任何新闻舆论都有明确的意识形态，没有什么抽象的绝对自由，我们要认清西方所谓"新闻自由的本质"，"任何新闻报道都有导向，报什么、不报什么、怎么报，都包含着立场、观点、态度"。对此，各级领导干部应当经常教育、引导我们的新闻工作者，特别是年青一代的新闻工作者，万不可"天真"和"轻信"西方所谓的新闻自由观。

凡出过国的同志都会有这样的感慨，在西方社会主流新闻媒体中，几乎看不到中国这个占世界人口1/4、改革开放以来取得举世瞩目成就的最大发展中国家的正面新闻，有的只是反面报道。哪里有天灾人祸，哪里有用所谓西方标准来看"违反人权"的事件，就不厌其烦、不惜时段和版面，予以充分曝光。一些正直的西方朋友称此为"妖魔化中国"。这就是他们的"客观性"和"全面性"，比起当今开放的中国的国际报道、参考消息，西方的主流媒体更霸道，更有失公允。

领导干部首先要把新闻报道的"调子"定准。而要把"调子"定准，就必须引导媒体牢固树立大局观念，深入理解党的方针政策，紧紧围绕党和政府的中心工作和一个时期人民群众最为关注、反映最为强烈的社会重大问题，当好党和人民的桥梁与纽带，宣传党的政策，反映人民的呼声，解疑释惑，弘扬正气，鞭笞丑恶。要指导媒体紧紧围绕"主旋律"去"定调"，去运用各种"乐器"和手段，去"演奏"，去"演唱"，为经济社会又好又快发展营造团结奋进的良好舆论氛围。

要唱响主旋律，唱准是前提，唱响是效果。没有准，唱得再响，效果就会大打折扣，甚至适得其反，非但不能加强党与人民群众的联系，不能为政府排忧，为群众解难，搞不好反而会给社会添乱，火上浇油，甚至成为干扰主旋律的杂音、噪声。也正如习近平总书记所指出的"舆论导向正确，就凝聚人心、汇聚力量，推动事业发展；舆论导向错误，就会动摇人心、瓦解斗志，危害党和人民的事业"。这方面的例子，不胜枚举。

因此，这就要求广大领导干部以及新闻工作者不仅要对党的基本路线、基本纲领、基本方针有着透彻的理解，还要对一个时期党的方针、政策和政府的中心工作自觉地学习把握，对人民群众所关注的现实问题深入地调查研究，做到心中有数，而不能以己昏昏，使人昭昭。

唱准是前提，是第一位的。当准确性与时效性发生矛盾时，时效性必须服从于准确性。当然，这不是说为了准确性而不要时效性，而是说不能以牺牲准确性来一味追求时效性。

另外，在新闻竞争白热化的今天，特别是在传媒日趋现代化、多样化的形势下，时效性也显得越来越重要。没有最快的时效性，其准确性的作用也要受到影响。因为消息再准确，如果迟迟发不出去，或没有反应，不采取相应措施也会成为明日黄花，让人产生误解，甚至被人钻空子，被利用。因此，在准确性的前提下，还要最大限度地追求时效性。这样的"唱响"，才能做到"先声夺人"，起到正确引导舆论、争取工作主动的作用。

二、唱好是唱响的保证

在唱准的前提下，唱响是基本要求。不仅要唱响，还要唱得动听，唱得入耳、入脑，增强舆论引导的有效性。要唱得优美动听，入耳入脑，就必须不断改进新闻报道工作的方法，提高新闻报道工作的质量，丰富新闻报道工作的内容，增强新闻报道工作的针对性。否则，唱得再响，受众不听不看，也起不到应有的作用。

在当前传媒多样化和竞争白热化的情形下，能否发挥好新闻报道在整个社会舆论中的主导作用，不仅取决于能否唱响，更取决于能否唱好。否则，纵有一腔热情和力气，也收不到良好的社会效果。因此，广大领导干部一定要引导新闻媒体和新闻工作者适应形势发展的需要，不断提高自身的素质和业务水平；努力支持新闻媒体及时更新设备，提高装备技术性能。这里有几个问题需特别引起高度重视。

（一）增强针对性

要使新闻报道达到入耳入脑的效果，首先要了解干部群众最关心的是什么，最想听的是什么，社会最敏感的部位在哪里。只有摸准社会发展的脉搏、猜透干部群众的心理、弹到社会绷得最紧的"弦"上，才能弹出最动听的声音。否则，"顾左右而言他"，即使唱得再响，如果不是干部群众最关心的话题，不是社会的热点、难点、亮点，也只能事倍功半，甚至引起人们的反感。

比如，在西部大开发的宣传报道中，我们就一定要搞清干部群众最关心的是什么，影响西部大开发的热点、难点在哪里。如在西部大开发中国家将采取哪些优惠政策，都有哪些重大项目的投入、基础设施建设的进展、生态环境和投资环境的改善、人们思想观念的转变、人们生活水平的提高等。

不仅要讲大道理，还必须结合实际，讲与当地人民群众息息相关的一系列身边看得见、摸得着的问题和变化，切忌大话、空话、套话，更忌不切实际、一味盲目吊足干部群众的"胃口"，鼓虚劲、空许愿。这样，也会挫伤干部群众的积极性。

增强针对性，就是要研究在社会转型期人们的生产和生活方式，以及由此带来的利益、价值取向、观念兴趣等方面的多样化。从而，针对不同层次的受众，全方位、多角度地将"主旋律"阐释演绎得更为悦耳动听，更丰富，更有层次。

各级领导干部在领导新闻报道过程中，不应在强调统一性时，忽视了多样性，而应在统一性中体现多样性，在多样性中寻找和捕捉统一性，实现既有统一意志，又有个人心情舒畅的新闻报道新局面。

（二）增强生动性

当前，各级领导干部要努力引导新闻媒体克服和改进简单、粗糙、生硬，"我登你看，我讲你听"的"填鸭式"的宣传方式，要多与受众沟通，要及时根据受众的反应和变化，来调整新闻报道的内容和方式。

在这里，有必要特别强调一下报道方式。因为如果只有好的新闻素材，而没有好的新闻表现形式，照样收不到好的报道效果。在报道内容确定的前提下，报道方式决定报道效果。例如，同样一种新闻，用正统严肃、字正腔圆的"新闻联播"方式播出，就不如用"说新闻"拉家常式的方式来得轻松亲切，更为受众所喜闻乐见。

凤凰卫视的《时事直通车》、陕西电视台的《新闻末班车》等节目和栏目，就是很好的例证。当然，重大、严肃的时政新闻除外。

同样，一篇领导的讲话原文照登，就不如将其思想提炼改写成有观点、有事实，夹叙夹议的述评更为读者所喜爱。在时效性上，对一桩重大新闻事件一次性的总结式报道，远远不如"滚动式"播出更有吸引力、更及时。

因此，可以说，在一定意义上，"形式"具有非同寻常的重要性，有好的思想内容还必须有好的表现形式。一种内容可以有多种表现形式，只要时间、精力和投入允许，就要尽可能追求和讲究更好的表现形式。这不仅是对受众负责，也是对传媒自身负责，更是对党的事业负责。因为，受众不会因为这篇报道是哪个领导指定的，或刊播报道的具有党报、党刊、官办媒体的标签和招牌，或强调和标榜多么重要，就买你的账，就非看、非听不可。

造成目前我们一些官办传媒收订、收听和收视率下降的原因，除一些非正常的因素，与我们一些官办传媒总爱板着面孔、形式呆板不无关系。在市场经济条件下，广大领导干部和新闻媒体也必须树立精品意识、市场意识，以质量求生存、图发展，想方设法把稿子写得更精些，把片子拍得更美些，把版面编排得更靓些，把节目办得更丰富多彩些，而不能光靠"牌子"压人，更不能靠"牌子"吓人。

（三）增强分析性

我们的新闻报道工作，缺乏吸引力和感召力的另一个重要原因是缺少入情入理的深度分析，许多宣传仍停留在一般号召和浅层次的说教上，不能从思想上真正以理服人。

特别是在一些新闻宣传报道中，重结果报道、轻过程分析，重动态报道、缺深度报道。一些传媒甚至把更多力量投在了生活娱乐、影视明星和各种奇闻逸事以及应接不暇的各种新闻发布会上，而对费时、费力又没多少油水可捞的重大政治、经济、社会新闻则投入不够、经营不力。

受众整天被一些浮光掠影，甚至无关紧要的东西所包围，而对一些重大经济、社会事件背后的来龙去脉却缺乏深入了解，不能从我们的传媒上获得颇具说服力的深层分析，也就势必影响我们宣传的感召力和引导力。

要改变这种"肤浅"的状况，就要一方面鼓励我们的新闻报道工作者深入基层、深入生活、深入群众，因为只有深入才能揭示表象背后的"本质"。入深水者得蛟龙，涉浅水者得鱼虾。另一方面必须加强理论修养，才能提高分析问题的能力。因为在错综复杂的社会现象面前，要想不被各种表象和假象所迷惑，就必须借助理论的解剖刀和显微镜，才能去粗取精、去伪存真、由表及里。

三、没有预见性就不会有主动性

要唱响主旋律，还必须打好主动仗。而要打好主动仗，就必须增强预见性。万事预则立，不预则废。领导干部在总体工作谋划中，要把新闻报道工作作为一项重要内容，结合形势和任务，提前做出策划和安排。

（一）强化理论武装

新闻媒体的采编人员，通常都具有较高的文化素养，具备敏锐的感知性；采编队伍，基本上是由高素质的个体组成，具备明显的知识分子群体的典型特征。要想有效指引这支队伍更好地发挥作用，我们领导干部就要具备更高的素质和相应的能力，特别是对新闻工作的认知能力。

领导干部要正确引导媒体，必须认真学习，深刻领会中国特色社会主义理论体系、科学发展观的精神实质以及党中央的最新新闻工作部署，了解中央有关领导同志关于新闻宣传工作的一系列重要指示精神，提高指导新闻工作的针对性和有效性。至少要做到，在指导媒体开展新闻报道工作时，不说错话、不说外行话，这是领导新闻工作的底线。否则，受到公开抵触的概率将很大，这是领导新闻工作者与领导一般党政干部的最大不同之处。

领导干部要真正把握马克思主义基本原理，真正善于用辩证唯物主义和历史唯物主义世界观和方法论，观察问题、思考问题。要努力提高从政治上观察问题、从大局上分析问题的能力，始终保持思想上高度警觉和灵敏，心中要始终装有一架高分辨率、高灵敏度、高速运转的"雷达"。

在引导媒体开展新闻报道过程中，对任何事物、社会动态的判断，都要放在全党、全国、全省、全市、全县的大局上，看是否有利于团结、稳定，是否有利于改革开放、经济发展，是否有利于科学发展观的贯彻落实。

有了理论武装，有了政治意识，有了大局意识，就如同有了观察问题、分析问题的"望远镜"和"显微镜"，引导媒体有效开展新闻报道工作也就具备了坚实的基础和可靠的保障。

因此，领导干部，特别是分管新闻、宣传和思想工作的领导干部，必须把深入学习中国特色社会主义理论体系、科学发展观和党的路线方针政策作为必修课，加强理解和认识，经常对照和分析，并具体运用到引导媒体开展新闻报道工作的实际中去。

（二）增强政治敏锐性

领导干部要加强对社情、民意和舆情的调查分析。要善于见微知著，发现带倾向性、苗头性的问题，立即采取有效措施，将问题解决在萌芽之中。

拉萨"3·14"、乌鲁木齐"7·5"打砸抢烧严重暴力犯罪事件的发生，在这方面给我们再次敲响了警钟，应当吸取深刻教训。要防患于未然，就必须有先见之明。

要善于观察、善于发现。好的经验和好的典型，常常刚开始还不成熟、不完善，但一经发现好的"苗子"和"势头"就要注意关注，细心观察，着力引导、发掘，适时向新闻媒体推荐、介绍，使典型经验充分发挥榜样示范作用。

风起于青萍之末。各级新闻媒体和新闻工作者处在经济社会的前沿和敏感部位。各级领导干部要充分发挥媒体的这一独特作用，指导媒体以对党、对人民高度负责的精神，切实肩负起"前沿哨兵"的重任，为各级党委和政府准确判断形势，进行科学决策，提供及时、准确的资讯、信息和情报，尽最大可能打好提前量，力争各项工作的主动。

（三）重视运用新兴媒体

在当今信息大爆炸时代，新兴的网络媒体发挥着越来越重要的作用。互联网由于信息量大、覆盖面广、传递快捷，具有高度的开放性和全球交互性，为各国和社会各界所高度重视和利用，被称为"第四媒体"，许多事情最早最快的新闻信息披露传播都来自网上。因此，增强预见性和主动性，就必须加强网络意识。

中央领导同志为适应世界信息化的趋势，就加强互联网上的新闻宣传工作做出了一系列重要指示。这些指示是站在21世纪抢占现代传媒制高点的战略高度，争取最大主动的战略决策。对此，必须予以高度重视。

各级领导干部要加强对网上各种信息的筛选与管理。在网络建设、人才培养、信息的搜集发布上，下大力气适应信息化时代的要求，更好地利用这一现代传媒，兴利除弊。

【典型案例】

习近平总书记与新兴媒体

以习近平同志为核心的党中央十分重视网络媒体的新闻舆论。

习近平总书记明确指出，互联网已成为意识形态斗争的主战场、最前沿。老百姓上了网，民意也就上了网。强调各级党的机关和领导干部要学会通过网络走群众路线，积极回应网民关切、解疑释惑。并强调网络空间是亿万民众共同的精神家园。网络空间天朗气清，生态良好，符合人民利益。网络空间乌烟瘴气、生态恶化不符合人民利益。总书记特别指出，做好网上舆论工作是一项长期任务，要创新改进网上宣传，运用网络传播规律，弘扬主旋律，激发正能量，大力培育社会主义核心价值观，把握好网上舆论，引导时、度、效，使网络空气清朗起来。

在视察新华社过程中，习近平总书记观看了新华数据库、中国照片档案馆、数据管理系统等新闻信息产品展示，还点击手机屏通过新华社客户端为全国新闻工作者点赞。

习近平总书记重视新媒体、运用新媒体的事例充分说明，中国共产党作为与时俱进的政党，顺应时代变化，回应人民关切，主动借助新媒体传播优势，加快构建舆论引导新格局。将互联网作为践行群众路线、治国理政的重要载体和助推器。

（四）加强基层工作

"从群众中来，到群众中去"不仅是我们党的工作路线，也是辩证唯物主义认识论的体现。

在基层群众中，不仅蕴藏着极大的积极性和创造性，而且许多问题也最早发端和出现于基层。只有基层工作扎实了、基础阵地巩固了，工作的主动性才有良好的基础和前提。

因此，各级领导干部要注意引导新闻媒体，着力把新闻报道工作的重点前伸、下移，扭转上面"会海"、下面"会荒"，上面消化不良、下面信息饥渴，对基层新闻报道放任自流，疏于引导管理的局面。

要切实办好县乡的广播站、电视差转台、基层文化站、图书馆、电影院和各类群众文化活动，让积极、健康、向上的思想文化占领基层阵地。近年来，按照中央的部署要求，加快推进县级融媒体中心发展，适应互联网发展要求，重心下移，无缝隙、无死角覆盖。否则，新闻报道工作就有可能会被"架空"，就会出现中央领导所指出的"基础不牢，地动山摇"。

四、要争得主动，就必须精心策划、组织、部署

新闻报道工作也和其他工作一样，最忌打糊涂仗、打无准备之仗。俗话说，"谋事在人，成事在天"。江泽民在一次讲话中把后一句改成"成事也在人"，表现了无产阶级革命家彻底的唯物主义精神。

（一）新闻报道以"谋"为先

"谋"就是谋划、策划。一个好的策划，是事业成功的一半。特别是在当前错综复杂的形势面前，什么事情都要考虑在先，拿出预测，把方方面面谋划周全。

对于一些重大活动、重大典型、重大事件的报道，更是要未雨绸缪、及早谋划。从主题的确定、传播的方式、受众的心理到社会的反映，都要考虑深入细致。否则，一着不慎，就要大大影响新闻报道的效果，甚至陷入被动。只有调查，没有谋划，兵来将挡，水来土掩，穷于应付，就容易陷入被动。

（二）科学组织产生新的生产力

新闻报道工作，组织和不组织大不一样，组织得好与组织得差也不一样。一位长期从事思想宣传工作的同志曾经非常精辟地指出：精神文明建设重在组织活动。不仅是精神文明建设，新闻报道工作的其他领域也是如此。

例如，在新闻宣传工作中，要争得工作主动，就必须有计划地经常围绕党和政府的中心工作、人民群众关心的重大社会问题，有意识、有重点地组织一些战役性报道，从而形成接连不断的"冲击波"，进而形成强有力的舆论引导，不能来什么、登什么，有什么、播什么，或者片面迎合一些受众的心理，放弃了作为党和人民喉舌对舆论的引导作用。

如果我们每年都能围绕"主旋律"精心组织几组、十几组、几十组既有思想性又有生动性的重点报道、重点版面和重点节目，就不愁我们的新闻报道缺少影响力和吸引力。各级领导干部要高度重视，认真把握。

（三）精心部署，把握好节奏

对于反映实际工作的新闻报道，既不能"一窝蜂"地一哄而上，也不能稀稀拉拉，半天不见"一棵苗"。把握适度，对于新闻报道工作也十分重要。

"度"，作为一个哲学概念，是量变到质变的界定，在新闻报道工作领域有着极其重要的意义。要把握好新闻报道的"度"，就要精心部署。

一场规模较大的新闻报道战役，不仅要精心策划、精心组织，还要精心部署发稿的时机、发稿的节奏、发稿的方式。

比如，对于某个问题的反映，是报送内参、公开报道，还是先对外、后对内；是一次性播出，还是滚动发稿；是发通稿，还是发专稿；是只发文字稿，还是图文并茂；是各个媒体分别报道，还是广播、电视、网络新闻一齐上等，都要通盘考虑，精心安排，轻重有异，内外有别。

切不可小看这些"细枝末节"，处理不好，就会因小失大，影响报道效果。即使正面宣传报道，也必须把握报道分寸、讲究报道方式。否则，就会费力不讨好，甚至造成人们的逆反心理，形成受众的抵触情绪，带来负面影响。

邓小平曾经把新闻报道工作者称为人类灵魂的工程师，在整个社会转型期，肩负着特别重要的使命。江泽民在谈到新闻报道工作和精神文明建设的重要性时指出："越是深化改革、扩大开放，越是发展社会主义市场经济，越要重视和加强这方面的工作。"习近平总书记指出："我们正在进行具有许多新的历史特点的伟大斗争，面临的挑战和困难前所未有，必须坚持巩固壮大主流思想舆论，弘扬主旋律，传播正能量，激发全社会团结奋进的强大力量。"

新闻报道工作，作为一门同人打交道的专门的科学和艺术，不仅要求各级领导者和新闻工作者要具有高度的政治觉悟、大局意识、责任观念，还必须有良好的修养和丰富的知识。每一个领导干部和从事新闻报道工作的同志，都应有一种神圣的使命感，全身心投入记录和报道这一伟大变革年代的实践中去，为我们党的事业和中华民族的伟大复兴，提供强大的精神动力和强有力的思想保证。

第二节

多样与统一的和谐——引导都市类媒体和网络新媒体融入主旋律

唱响主旋律，简而言之，就是新闻媒体要保证宣传社会主义的声音、改革开放的声音、党和政府的声音，正面宣传的声音要占据主导地位，作为党和人民的喉舌，这是新闻媒体最重要的使命。

20世纪90年代以来，随着社会主义市场经济的建立和新闻传播业的发展，大批立足城市、面向大众的都市类媒体，如雨后春笋般诞生，并迅速适应传媒业的发展规律，在媒体经营和市场竞争中不断发展壮大。

时至今日，都市类媒体和网络新媒体已经成长为我国新闻传播事业中的生力军，在新闻宣传工作中的地位和作用越来越突出。在主旋律大合唱中，都市类媒体和网络新媒体的声音越来越令人注目。特别是在1994年我国全功能接入互联网后，以互联网为标志的网络新媒体更是迅猛发展。忽如一夜春风来，千树万树梨花开。网络已经成为舆论主阵地，网上舆论工作已经成为宣传思想工作的重中之重。能不能有效引导网络舆论关乎人心安定、社会和谐，关乎事业成败。如何有效引导网上舆论，已经成为摆在我们面前的现实突出问题，而绝不能将党和政府办的媒体和都市类及网络新媒体搞成"两张皮""两个舆论场"，那样必然出现一个时期"大报大台把导向、小报小刊走市场"的混乱局面。

要充分利用和发挥都市类媒体和网络新媒体的优势和作用，引导其积极宣传党的路线方针政策，使其围绕中心、服务大局，更好地把体现党的意志和反映群众呼声结合起来，在主旋律大合唱中发挥更大更好的作用，这既是都市类媒体和网络新媒体自身发展的客观要求，也是各级党委、政府和领导干部领导新时期新闻工作不断与时俱进的重要职责。

一、都市类媒体和网络新媒体——唱响主旋律的生力军

改革开放以来，都市类媒体和网络新媒体快速发展，新闻覆盖率不断上升。都市类媒体和网络新媒体有着与党报党台不完全重合的受众群体。充分发挥都市类媒体和网络新媒体的作用，可以有效提高新闻传播效果。新闻工作实践表明，都市类媒体和网络新媒体已经发展成为唱响主旋律的重要生力军。

唱响主旋律、打好主动仗，是新时期新闻宣传工作的指导方针，是新闻宣传工作实现围绕中心、服务大局目标的有效途径，也是新闻媒体肩负的时代重任。引导都市类媒体和网络新媒体加入主旋律大合唱，是实现把党和政府的声音传入千家万户的重要途径。唱响主旋律，不仅是党报党台的职责，同样也是都市类媒体和网络新媒体的职责。主旋律大合唱不能没有都市类媒体和网络新媒体的参与，也不应缺失都市类媒体和网络新媒体的声音。

导向正确是新闻媒体生存的首要条件。我们党一贯坚持正面宣传为主、团结稳定鼓劲，唱响主旋律、打好主动仗的新闻宣传方针。这是对包括都市类媒体和网络新媒体在内的所有新闻媒体的统一要求。

在我国，都市类媒体和网络新媒体同样是党的新闻事业的组成部分，是意识形态的重要传播阵地，担负着宣传贯彻党的路线方针政策和传播社会主义先进文化的重要职能。因此，都市类媒体、网络新媒体也必须以马克思列宁主义、毛泽东思想、邓小平理论和"三个代表"重要思想、科学发展观、习近平新时代中国特色社会主义思想为指导，遵循党的新闻宣传方针政策，坚持党性原则，坚持贯彻落实科学发展观，坚持社会效益和经济效益相统一、社会效益第一的原则，始终保持正确舆论导向，高扬时代主旋律，更好地服务于党和国家的工作大局，

服务于人民群众的根本利益。

媒体竞争与发展的新格局，迫切需要都市类媒体和网络新媒体加入主旋律大合唱。都市类媒体由小到大、由弱到强，目前，已经发展成为一支重要的、不容忽视的力量，都市类媒体要和网络新媒体获得发展，必须做到胸中有导向、心中有读者、眼中有市场。在坚持正确导向的前提下，更需要赢得读者、赢得市场。

几乎所有都市类报刊，都经历过创立之初以社会新闻为主、获得读者青睐、扩大自身影响的初级发展阶段。经过十几年的发展，读者的阅读欣赏水平不断提高，已不再仅仅停留在对新奇反常的社会新闻的阅知上，更希望能阅读到既关注民生、贴近生活，又具有较高品位、雅俗共赏的报刊。格调低下的小报小刊，必然遭到唾弃。网络新媒体也经历了最初的鱼龙混杂、泥沙俱下，为抢眼球、搏点击率、浏览量而不惜打擦边球、碰底线、触红线。

而媒介市场不断加剧的竞争形势，直接威胁着都市类报刊和网络新媒体的生存和发展。都市类媒体和网络新媒体要保持影响并做大做强，就必须要有明确的办报办网思想和准确的媒体定位，以适应读者需求，赢得市场份额。

许多都市类报刊和网络新媒体在成长期便充分认识到了这一点，不断增强政治意识、大局意识和责任意识，及时调整和修正了办报办网理念。比如，陕西的《华商报》确立了"办一张让党和人民都满意的报纸"的办报思想，广东的《南方都市报》旗帜鲜明地打出"主流，就是力量"的报纸定位语，《西安晚报》更是始终坚持党报的原则。又比如财经网秉承《财经》杂志理念，严守新闻专业主义精神，坚持客观、中立、理性、建设性前提下的批评性，为希望一览海内外重大财经新闻的读者提供全方位的原创新闻与分析文章，是资讯服务窗，更是开放的金融产品超市，走出了一条独特的成功之路。

这些都市类报刊和网络新媒体，既坚持社会文化生活类报刊和网络新媒体的风格，又融入传统主流媒介的做法；既在社会新闻中显示了自己的特点，又积极参与重大政治、经济新闻的报道。在近年来的历次重大新闻报道活动中，人们看到都市类媒体和网络新媒体同党报党台一起，同唱主旋律、共打主动仗。正是在一系列的重大新闻报道中，高扬的主旋律提升了都市类媒体品位，重塑了都市类媒体形象，取得了很好的成效，也赢得了各级党委、政府的肯定和读者的赞誉，成为主旋律大合唱中不可缺少的生力军。

二、都市类媒体承载——条条道路进万家

都市类媒体和网络新媒体天生亲民，是广大基层民众获取信息的主要渠道之一。引导都市类媒体和网络新媒体加入主旋律大合唱，是实现把党和政府的声音传入千家万户的重要途径。

在坚持正确导向的前提下，发行量和覆盖面就是政治，市场份额和点击率就是政治。各级党委、政府和领导干部要正确认识新时期都市类报刊和网络新媒体的性质和特点，积极发挥都市类报刊和网络新媒体具有的独特优势，牢牢掌握都市类报刊和网络新媒体这块广阔的宣传阵地。

引导都市类报刊和网络新媒体加入主旋律大合唱，对于及时把党和政府的声音传递给人民群众，更好地为人民服务、为社会主义服务，为党和国家工作大局服务，将起到十分重要的作用。

都市类报刊和网络新媒体强大的市场网络和广泛的读者群，为把党和政府的声音传入千家万户奠定了基础。应当实事求是地承认，在当今中国媒体传播格局中，都市类报刊和网络新媒体不仅种类多，而且拥有最大的发行量、最多的读者群、最广的覆盖面。

现在我国几乎每一个省市都有一家甚至数家都市类"大报""名报"及有名的新闻网站。在报业繁荣的北京、上海、广州、深圳、南京、武汉、成都、西安等城市，都有多家发行量巨大的都市类报纸。比如，江苏有《扬子晚报》，其日发行量已突破200万份；广东有《羊城晚报》《南方都市报》，其日发行量分别达到了150万份和120万份；上海有《新民晚报》，湖北有《楚天都市报》，它们的日发行量都超过了120万份；北京有《北京晚报》《北京青年报》，其日发行量也分别达到了98万份和65万份；陕西有《华商报》，四川有《成都商报》，河南有《大河报》，其日发行量都达到了60万份。这些年在网络新媒体的冲击下，报纸发行量、影响力虽有不同程度的下降，但仍不可小觑；特别是网络新媒体的兴起更是异军突起、势不可当。

都市类报刊和网络新媒体以普通群众和广大网民为主要读者群，其触角能够延伸到最基层，在群众中影响力非常强。这些都是党报、党刊、党台所无法比拟的，也是党报党刊目前所无法达到的。正视都市报和网络新媒体的存在，充分发挥其优势，将其纳入党的新闻管理视野，确保其正确的舆论导向，积极引导它们加入主旋律大合唱中，必能有效地将党和政府的声音传递到最广大人民群众中去。

都市类报刊和网络新媒体的新闻报道方式，更加符合"三贴近"原则，为群众和网民所喜闻乐见，有利于党和政府的声音入耳、入脑、入心。从某种意义上，衡量宣传报道的成效，根本上取决于老百姓是否听到、听懂，是否接受和认可了我们宣传的东西，单纯的发行量和覆盖面只能确保老百姓"听到"，但要让老百姓"听懂""接受""喜欢"、点赞则是办报办网质量和水平的具体体现，也是确保有效发行量、点击量、浏览量，提高新闻报道效益的基础。

对一份报纸、一张网来说，如果老百姓、网民不认可、不满意、不喜欢、看不懂、不点赞，即便是当作一项政治任务硬性发行，也难以确保把党和政府的声音有效地传入千家万户。即便把党报发到了干部群众手中，也难以做到入脑、入心。在当前传媒多样化和竞争白热化的情形下，能否发挥好党的新闻报道战线在整个社会舆论中的主导作用，不仅取决于能否唱响，更取决于能否唱好。这才是我们领导干部应该重点关注和认真研究的问题。

都市类报刊和网络新媒体面临激烈的市场竞争，为了"一天也不让读者、网民失望"，为了赢得读者和市场，都十分重视读者、网民的互动需求，建立起符合现代新媒体业发展规律和市场规律的办报办网机制，其新闻报道也更加符合新闻宣传规律，贴近实际、贴近生活、贴近群众、贴近网民，形式活泼、内容丰富，时代感、时效性强，内容更具可读性，更为大众所乐于接受和喜欢。

比如，在重要会议、领导活动、政策法规等重大宣传中，都市类报刊和网络新媒体往往不是全盘照登会议文件、领导讲话和政策法规原文，而是针对读者和网民需求，对确有新闻价值的内容进行灵活多样的报道和拆分、肢解，再分割，再组装，内容上求新，写法上求活，呈现形式多样，版面上"短、平、快"，读者爱读爱看，党和政府的方针、政策、精粹被有效地传递给了广大群众，在潜移默化中为群众所接受，较好地实现了宣传目的。

三、解放思想、与时俱进，积极引导都市类报刊和网络新媒体加入主旋律大合唱

目前，都市类报刊和网络新媒体已经成长为新时期一支重要的新闻宣传力量。加强对都市类报刊和网络新媒体的宏观管理，积极引导都市类报刊和网络新媒体加入主旋律大合唱，不仅是新闻管理部门的职责，也是所有党政干部责无旁贷的义务，更是加强和改进新闻报道工作的重要途径。

由于都市类报刊和网络新媒体在我国真正走向市场化并得以繁荣发展的时间还不长，整个社会对都市类报刊和网络新媒体的认识远未达成一致，各级党委宣传部门对都市类报刊和网络新媒体也多强调管理而少积极引导。只有解放思想、实事求是、与时俱进、尊重现实、尊重规律、顺应潮流、正确看待都市类报刊和网络新媒体，不断研究和探索引导都市类报刊和网络新媒体加入主旋律大合唱的有效措施，才能更好地实现党的宣传目的，才能促进都市类报刊和网络新媒

体健康快速发展和我国传媒业的繁荣昌盛。

不可否认，都市类报刊和网络新媒体在发展过程中，曾经出现过一些问题。比如，偏离正确舆论导向、刊载虚假新闻、竞相炒作负面事件、渲染格调低下的社会新闻等，在社会上造成了不良影响，给人们留下了不好的印象。正因为如此，社会各界一度对都市类报刊和网络新媒体评价不高。

形势在发展，社会在进步，都市类报刊和网络新媒体也在不断地成长、发展和进步。一些人忽视了都市类报刊和网络新媒体在丰富人民精神生活和唱响主旋律中所发挥的重要作用，仍然存在一些成见、偏见、误解。比如，将所有都市类报刊全部等同于小报小刊，认为缺乏文化品位，难登大雅之堂；将导向问题归咎于走市场化道路，认为都市类报刊和许多网络新媒体只顾经济效益、不顾舆论导向；把都市类报刊和网络新媒体的声音全部视为干扰主旋律的杂音、噪声。据此，还有人认为导向问题只是党报党刊的事，"党报抓导向，小报抢市场"；在区分主流媒体与非主流媒体时，认为党报、党刊、党台才是主流媒体，而不看媒体的社会影响力，将都市类报刊和商业网络新媒体一概排斥在主流媒体之外。

如果不能正确认识并准确定位都市类报刊和商业网络新媒体，一味把许多不合时宜的成见、偏见、误解等，都附加到都市类报刊和商业网络新媒体上，甚至把自己在舆论引导上的失误，都推卸到都市类报刊和商业网络新媒体上，无形中把都市类报刊和商业网络新媒体列为"异类""添乱"，把都市类报刊和商业网络新媒体推到党报党刊和党的新闻宣传工作的对立面，这样必然会导致我们的新闻宣传管理工作在实践中出现偏差，既不利于都市类报刊和商业网络新媒体的发展，也不利于新闻宣传形成主旋律大合唱。

因此，全社会，特别是各级领导干部和新闻管理部门，首先应该解放思想、转变观念，以与时俱进、实事求是的态度，正视都市类报刊和商业网络新媒体已经发展壮大并不断转型进步的现实，明确提出都市类报刊和商业网络新媒体也是党的新闻宣传事业的重要组成部分，也是党的重要新闻报道文化阵地，同样担负着宣传党的路线方针政策、传播社会主义先进文化的任务；唱响主旋律、打好主动仗，不仅是党报、党刊、党台的责任，同样也是都市类报刊和商业网络新媒体的责任，也需要都市类报刊和商业网络新媒体参与；在划分主流和非主流媒体时，不以党报和非党报定性，而以媒体自身社会影响力进行定位，对于那些有着较大影响力的都市类报刊，应以主流媒体标准进行要求和管理，并促使其发挥相应的作用。

要使都市类报刊和网络新媒体真正自觉加入主旋律大合唱，需要各级党委、政府和领导干部坚持对都市类报刊一手抓管理、一手抓引导。过去，新闻管理部门对新闻媒体的管理多是单纯的指导，告诉你应该怎么做、不应该怎么做，甚至具体事情该怎么做都提出严格要求。"规定动作"太多，严重束缚了媒体的创造力，容易挫伤其积极性，新闻报道也变得呆板、生硬、僵化，背离了"三贴近"的要求。

我们要尊重新闻传播规律和报业市场规律，对都市类报刊和网络新媒体要管理与引导并重，变指导为引导，寓管理于服务，为都市类报刊和网络新媒体创造一个良好的创新发展环境，积极引导都市类报刊和网络新媒体主动加入主旋律大合唱中来，并使之成为自觉行为。

管理要重宏观而轻微观，加强制度建设和队伍建设，从根本上确保舆论导向正确。制度建设是加强管理的根本途径，建立健全相关的管理制度，既让管理者加强管理有章可循，又让办报办网者正确办报办网，有"法"可依，就能有效地规范都市类报刊和网络新媒体的办报办网行为。队伍建设是保证发展的关键所在，持之以恒地开展马克思主义新闻观教育，加强新闻工作者职业道德建设，不断提高都市类报刊和网络新媒体新闻队伍的政治素质、业务素质和职业道德，才能从根本上保证导向的正确性。

在重大宣传活动中，要有意识地将都市类报刊和网络新媒体吸纳进来，同党报、党刊、党台一同高唱时代主旋律。要加强对都市类报刊和网络新媒体的新闻阅评，充分肯定其成绩，及时指出存在的问题，引导其舆论导向。新闻管理部门要增强服务意识，加强同都市类报刊和网络新媒体的沟通，及时向它们提供有关信息，帮助其解决发展中遇到的问题，为其创造良好的发展环境。

第三节

通俗，但不能媚俗——及时清除低俗报道之源

低俗之风，被认为是当前新闻报道中的四大公害之一，也是新闻战线开展"三项学习教育"活动要重点解决的问题之一。各级领导干部要协调新闻媒体，对新闻报道中的低俗之风，必须坚决予以抵制，提高新闻报道品位，提升新闻媒体公信力，为广大人民群众提供高尚的、先进的文化食粮，为改革发展稳定大局营造良好的社会舆论氛围。

一、低俗报道的种种不良表现

近几年，社会新闻和文化娱乐新闻，日益受到我国媒体和受众关注。不少社会新闻，宣传了新时期的好人好事，弘扬了社会主义新风尚，抨击了落后、低俗之风，揭露了形形色色的不良现象，社会效果是好的。新闻媒体的文化娱乐报道也因蕴含着丰富的知识价值、审美价值和健康的娱乐价值，深受人民群众的欢迎。

但是，一些新闻媒体特别是少数生活文化类媒体和网络媒体为了追逐经济利益，追求市场"卖点"和点击量，迎合猎奇心理，大肆炒作明星隐私和绯闻，渲染色情和暴力，许多新闻已变成"腥"闻、"性"闻和"星"闻，出现了一股愈演愈烈的低俗、庸俗、恶俗、媚俗之风，对社会文化娱乐生活产生了严重的消极影响，成为群众反映强烈的一大社会公害。

有的读者形容眼下一些媒体的文化娱乐版是"明星取代了模范，美女挤走

了学者，绯闻顶替了事实，娱乐覆盖了文化，低俗代替了端庄"，还有的读者尖锐地提出"某些媒体的娱乐报道该整风了"。

新闻报道中的低俗之风主要存在于社会新闻、娱乐新闻、法制新闻和体育新闻等几个领域，大体表现在以下几个方面。

（一）热衷各类淫秽色情报道

一些媒体充斥着利欲声色、低俗以至腐朽的垃圾秽物，污染着我们的社会环境。一些媒体特别是一些小报、小刊、小台、小网站的文娱报道，把肉麻当有趣，以媚俗为时尚，或渲染情欲早恋、卿卿我我，编造各种荒诞不经的三角、多角恋爱以至乱伦、情杀故事；或刊播袒胸露乳的图片镜头，极尽挑逗、引诱之能事；某些新闻事件的报道细致描写淫秽、黄色情节，最为典型的就是木子美事件。一些文化生活类报刊在这方面的现象也比较严重，这类报道也不时出现。

前些年，某省一家很有影响的报纸也以转载的名义刊登了《广州竟有"熟人性乱圈"》的报道，宣传的是"有性无爱"的性乱群体"只做爱不相爱、先做爱后相爱"的"新生活方式"，并配发了一幅插图，画的是一对办公室相向而坐的男女，桌子下的四条腿紧缠在一起，极尽低俗之能事，对低俗不但不抵制，反而加以渲染。

一些电视节目主持人也热衷于"情色话题"，当着众多电视观众的面，男女主持人之间常以"情"和"性"的内容插科打诨，说带暗示性的荤段子；国内一家省级电视台甚至连天气预报节目也打色情擦边球，在受到公众批评后，还辩称是情色而非色情。一本名为《天亮以后说分手》的图书出版后，某省一家市级大报随即跟风，竟然搞起了一夜情征文。

（二）炒作明星绯闻隐私和无聊琐事

娱乐新闻是从文化新闻中分离出来的一部分，最初真正的目的是传播文化知识和有用信息，寓教于乐，丰富传播形式，提高传播效率。可是，时至今日，娱乐新闻在丧失了原来文化新闻严肃面貌的同时，也几乎丧失了传播知识和有用信息的基本功能。

据统计，在如今报刊的娱乐新闻版面上，有关影视娱乐界人员的报道占到了近90%，而且这些报道大部分内容还集中在影视明星的婚恋、情变等内容上面，可谓如蚁附膻。

翻开某些报刊，尤其是一些娱乐类报刊，影视明星上至天王巨星，下至刚出道的三流小星之绯闻、嗜好，说什么话、干什么事、吃什么饭、穿什么衣、用什么化妆品，谁酒后骂人、谁怕耗子、谁喜欢什么颜色，甚至某个明星的猫肥了、狗瘦了，都是媒体关注的热点、大谈特谈的话题。

媒体对个别明星、影星的炒作可以说到了无以复加的地步。这些年来，这类炒作举不胜举，如刘晓庆偷税案、张国荣自杀事件、"皇阿玛"性骚扰案，还制造出了李雪健病故这样的假新闻。张国荣自杀后，社会文化生活类报刊十分舍得版面，少的两三个整版，多的达七八个版面，某报配以标题《最倾城倾国的告别》，说他"一跃成为最后的杰作"，追求所谓死亡的"唯美"，心态极不正常。

一些媒体的娱乐报道严重缺乏个性和审慎的态度，对明显是娱乐界的炒作行径，不加思考地跟风报道，先是曝光，接着是澄清，再接着是否认，接着又是官司，一出接一出，环环相扣。当事双方轮番唱主角，媒体跟着唱完红脸唱黑脸，没了主张，没了选择，成了娱乐圈操控在手的玩偶和工具。

（三）刊登具有色情意味的声讯广告

刊登具有色情意味的声讯台广告，是低俗之风的一个突出表现。在诸如《你要的我能给》《神秘女人专线》《夜来香》等标题下，附有电话号码的广告，充斥于一些报纸的中缝和版面上。一些青少年沉湎其中不能自拔，不仅延误学业和工作，身心还遭受摧残。

开办这种电话广告的业主或代理公司明知内容污秽却依然乐此不疲，纯属见利忘义。有的传媒刊登此类广告，也是为了追求"卖点"和诱人的广告收入。这类不良广告的出现，虽属个别现象，但影响很坏。

有的媒体一面刊文指出此类电话的危害性，一面却在刊登此类电话广告，使人感到有一种自掌嘴巴的可笑。

（四）宣扬低俗文化与不良习俗

2003年4月，不少媒体报道了成都市一对名贵宠物犬举行的中西合璧的隆重婚礼，详尽描述了它们的"结婚礼服"、红色婚车，在婚礼进行曲下举行婚礼的过程，并说婚礼"热闹非凡"。同年6月30日，又争相报道柏林、巴黎、维也纳、特拉维夫等地6月28日举行的"同性恋者大游行"，为同性恋者争取更多的权益，呼吁"将仇视同性恋的行为和言论定为犯罪行为"。

某省一家社会文化生活类报纸，也于同年6月连续两天刊登为猫找对象的消息，第一天的标题是《女猫罗西征佳婿 主人报纸登广告》，次日的后续报道为《西瓜做聘礼 记者做媒人 男猫愿意倒插门》，内容极其无聊。

2004年5月23日，某报纸以《精彩发帖》为栏目名称，以《人生百态四字篇》为标题刊载了一组顺口溜，包括所谓的"四大闲""四大希望""四大喜事""四知""四讲"等，内容低级下流，传播庸俗价值观、是非观，与一份大报的形象格格不入。

（五）热衷散布封建迷信，宣扬伪科学、反科学的东西

出于猎奇，一些媒体对于那些反常的现象兴趣浓厚，对于一些荒诞不经、离奇古怪的现象，甚至是伪科学、反科学的东西，不加分析、不假思索，照登照播不误。

一些报纸曾经报道，法国有一面250年历史的魔镜，任何人向它观看就会大脑出血死亡，魔镜迄今已杀死38人。2003年7月上旬，国内不少媒体报道，一科

研小组把电脑接口植入大脑，使常人变成智商达265的超人。2002年11月8日，南京某报报道，埃及2002年3月发掘出一具3000年前的女木乃伊，到11月发现她已怀孕8个月，是木乃伊看守者使她怀孕的。这些转自外国媒体的伪科学、反科学"新闻"后来都被证实是编造的。

同样，2004年5月，一家报纸刊登了一篇《87岁老人"死而复生"》的报道，称西安市灞桥区一老太太上午病逝，下午竟奇迹般活了，并且绘声绘色讲述了她离世期间的"经历"。老太太死前疾病缠身，生活不能自理，已有一个多月几乎没有吃饭，每天只能喝几勺水，连翻身都得儿女帮忙。活过来后竟然百病全无，眼不花了，耳不聋了，早先摔成骨折的左腿也好了，很能吃，嘴里还长出了三颗新牙，简直就是匪夷所思的现代"天方夜谭"。

现在一些媒体还十分热衷于宣扬兆头决定吉凶、灵魂存在、梦境灵验、生日星座姓名决定人的性格命运等封建迷信的东西。2003年，一家杂志在其第2～4期连续发表了根据一位作家和一位评论家的长谈整理成的文章，那位作家说，写店铺的门匾，字写得满意的，生意都非常好，凡是一拿到要写的店铺名，感觉不好的或那天字没有写好的，生意就潦倒。那位作家还说，灵魂脱离肉体，上升到天堂浮云一样飘荡，另外一个人也死了，灵魂也在飘荡，一起飘浮的时候下面正好有一对野兽交配，比如说一对狼吧，灵魂一下子住下来，就生了狼崽，狼再长大的时候也死了，灵魂同样飘浮，遇到一棵树的花在授粉，就成了一棵树了。而那位评论家说，人是有灵魂的……我相信生命是永恒的，灵魂是永恒的……

多家新闻媒体曾经报道过因梦中大奖的消息，典型的是一家晚报竟两次刊登同类消息，分别是《妻子梦授机宜 丈夫博中百万》《两个梦做来500万》，这种玄而又玄的报道，明显带有迷信色彩，误导彩民。

现在有些报纸刊登广告称：人的名字伴随人一生，时时刻刻对一个人产生影响！好的名字还对一个人的成长起积极推动作用！艺人、商人、政界人士，许多人原先名气不大，无人知晓，后经人指点，改用新名，转眼一举闻名天下，其中奥妙正在名字之中。欲解名字奥妙，请拨电话或者发短信。这类广告，既宣扬了封建迷信，又骗人钱财，动机卑鄙。

对一些带有迷信色彩的报道，我们的媒体大都热衷于跟风转载，却很少有站出来抵制、批判和揭露的。这是我们以传播科学文化为己任的现代传媒的一大悲哀。

（六）详尽展示作案细节和血腥场面

在法制新闻中，有些媒体往往以低格调的手法，渲染作案细节、展示血腥场面、披露作案手段，影响很坏。

前几年，新闻媒体广泛关注和报道的河南省平舆县农民黄勇两年残杀20多人的案件和漯河市杨新海横跨4省、杀死65人、强奸23人的案件。在报道中，个别媒体对两人残忍的作案手段和惨不忍睹的现场做了详尽描述。2003年12月3—4日，全国多家报纸刊登了德国食人狂迈韦斯出庭受审的消息。2001年，迈韦斯在互联网上刊登广告征集自愿被吃的人，随后把应征者杀死吃掉。有的报纸细致描写迈韦斯杀人和吃人肉的血淋淋场面。

现代报纸已经进入"读图时代"，图片在报道中占有重要位置，但是一些报纸在选择新闻照片时，将一些刑事案件现场血腥照片也登载在显著位置。而媒体在案件的报道中，将作案手段详细披露，客观上起到的是传播犯罪手段、教唆犯罪行为的作用，产生了负面社会效果。

当前新闻报道中，还有一个值得注意的现象，那就是在法制新闻这样严肃的报道中，一些人居然也搞起了"娱乐化"。马加爵凶杀案发生后，一些媒体不是探讨如何吸取教训，加强学生思想政治工作，提倡心理卫生，而是渲染什么马加爵有"同性恋倾向"，他的"生日星相"决定了他的"暴力倾向"等，还散布什么"马加爵铁锤销路不错"；马加爵在狱中受到"国宝级待遇"，是"智商极高的杀人犯"，表现出对马加爵的"无限同情"。

（七）体育报道哗众取宠不负责任

体育报道，是同文化娱乐报道可以并列的低俗之风泛滥的另一重灾区。一些报道完全不尊重客观事实，不尊重读者和当事人，制造虚假新闻。

比如，中马足球奥运之战失利，某体育类报纸立即发出消息，称沈祥福于赛后提出辞职，自动"下课"，沈祥福随即表态，声明下课之说纯系子虚乌有，而制造虚假新闻的媒体却并未站出来做出负责任的表态、说明情况，甚至连必要的更正和解释都没有。

有些体育报道，本质上已经脱离体育报道本身，一会儿是网坛美女绯闻，一会儿是足坛帅哥"婚变"，乱炒一气；还有的在报道中出现了低俗的谩骂和人身攻击，怼球员、怼裁判、怼领队、怼教练，逮住谁就骂谁，道德水准低下。

（八）不顾历史定论，肆意炒作某些特殊人物

有些媒体宣传"人性的复归"，追求"共同的人性"，对历史上的封建帝王雍正、杀人如麻的曾国藩等极尽溢美之词，是皇权意识、奴才意识的体现；对早有定论的历史人物、历史事件和英雄人物的评价，胡乱篡改，扰乱视听。

近年来，某些出版社为汉奸胡兰成出书，某些媒体则刊登报道称其"文学水平高"，并将其作品《今生今世》"列入2003年度十大好书"。

在某些影视作品中，阿庆嫂面目全非，杨子荣一身匪气，江姐的感情生活出了问题。有些人认为，以往的英雄宣传不可信，要还原所谓"原生态的人性"，完全抹杀了新闻报道和文艺创作中的马克思主义的立场和方法。

以上列举的诸种不良表现，尚不能对低俗之风进行完全概括，但主要集中在这几个方面。这些现象，早已受到广大群众、新闻业界同行和新闻主管部门的批评，但始终未能根绝，有的反而愈演愈烈。低俗之风已经成为群众反映强烈的社会公害，造成的严重后果既危害了社会，也危害了新闻媒体和整个新闻事业。

首先，严重损害了群众的精神家园，污染了社会风气，完全背离了新闻媒体、新闻工作者担负的传播先进文化、弘扬民族精神的社会责任和历史使命。如不坚决刹住这股歪风，我们将有愧于人类灵魂工程师这一神圣的称号。

其次，严重损害新闻媒体的公信力，损害新闻工作者的形象，给社会主义新闻事业带来严重破坏。公信力是传媒最有价值的内在品质，是传媒在市场竞争中制胜的关键性因素。公信力也是传媒舆论导向作用发挥的前提和保证。只有在公信力的基础上，传媒的社会效益与经济效益才能有效结合。

时下有些媒体为追求高发行量、高收视率、高收听率，追求广告收入和商业赞助，不惜牺牲自身的公信力，一味迎合受众，刊登低俗报道。这是一种典型的短视行为，媒体因此丧失的将是长远发展的根基，丧失的是一种社会责任和公德，这种发行量、收视率、收听率和经营收入的提高，是以牺牲社会效益为代价的，为有社会责任感和正义感的传媒所不齿，与建设社会主义精神文明格格不入。

二、低俗之风产生的原因

（一）新闻价值观扭曲

媒体为什么会刊发这些低俗的新闻呢？根本原因是，某些媒体负责人和新闻工作者没有树立起科学的马克思主义新闻观，而是盲目地接受西方资产阶级新闻价值观。

在新闻选择上，西方新闻价值观强调新闻也是一种商品，受众是消费者，新闻媒体要在竞争中取得胜利，就要为受众提供独特的新闻商品。因此，强调新闻的反常性、新奇性。在这种思想指导下的西方新闻媒体为了吸引受众，都在拼命地追奇猎艳，这就产生了黄色新闻、黑色新闻等。

一些新闻媒体的负责人和新闻工作者受西方新闻观的影响，认为只要政治方向没有错误，只要能吸引受众的注意，就什么都可以登、什么都可以播。媒介指导思想、编辑方针出现了偏差，作为这种思想方针的表现形式的新闻报道又怎么能不出问题？！

一些人还认为，新闻只要有确实新闻来源就可以报道，新闻的倾向性和真伪由新闻源负责，媒体对此不负责任。对某些采访对象的叙述和西方媒体的报道，他们不考虑也不去判断其品位的高低以及是否准确、真实，只要能"吸引眼球"，都照用不误。

有的新闻从业人员还认为，这类新闻能够满足受众趣味，是符合受众知情权和"三贴近"原则的。这是对"三贴近"原则的严重歪曲。事实上，不少采访对象的叙述是信口开河，是低级的，甚至是别有用心、夸大其词、向壁虚构的。

西方有的媒体也经常发一些宣扬低级趣味、迷信、伪科学的耸人听闻的"新闻"。例如，关于女木乃伊怀孕、电脑接口植入人大脑的伪科学新闻就来源于美国《世界新闻周刊》。我们的有些媒体却唯西方的媒体报道"马首是瞻"，不加分析地"跟风"，替西方人宣传。

马克思主义新闻观和我国新闻职业道德准则认为，对来自确实新闻源的这类新闻，媒体也要认真审核、判断，在确认其没有不良倾向和真实、准确后才能刊发。对于受众趣味要有所分析，对低级趣味绝不能迎合。

（二）片面强调经济利益

某些媒体只重视经济效益，不考虑或很少考虑社会效益，忽视甚至忘记了我国新闻媒体的根本任务。

在社会主义市场经济条件下，各媒体为生存、为发展，想方设法扩大发行量、提高收视率、收听率并增加广告收入。因而，千方百计吸引受众眼球。这本无可厚非，但任何事情走到极端，甚至为达目的而不择手段，不惜以牺牲社会效益、放弃传媒的社会责任为代价，竞相刊播甚至制造所谓"轰动""独家"和"猎奇"新闻为能事，就难免走向事物的反面。

江泽民指出，我们的新闻报道工作，必须以科学的理论武装人，以正确的舆论引导人，以高尚的精神塑造人，以优秀的作品鼓舞人。

党的十九大后，习近平总书记指出，中国特色社会主义进入新时代，必须把统一思想、凝结力量作为宣传思想工作的中心环节，要坚持把社会效益放在首位，坚决抵制低俗、庸俗、媚俗。

我们的一些新闻从业人员却忘记了这些要求。

（三）新闻从业人员素质不高

新闻从业人员新闻业务水平不高、现代科学知识不足，因而，难以识别低俗新闻、虚假新闻，反而把这类新闻误认为有重大新闻价值而采写刊播。

北京的一家报纸竟然刊文说，"对于很多事情，比如鬼神、星座，对于很多行为，比如烧香、念佛，是否是迷信，不可一概而论""而科学，也常常是迷信的对象""事实上，我们也很难区别，科学家的信仰与迷信的信念在心理上有什么区别""现实的科学毕竟还不能解释一切，凭什么我们应该相信，科学必然能够给人类带来幸福"，采编人员如果持有这种观点，怎么可能识别迷信和伪科学新闻呢？

何祚庥先生在一次访谈中说，一些伪科学的东西，之所以能在媒体上得到宣传，原因之一正是利用了新闻记者缺乏科学知识的弱点。而对伪科学，记者要懂得与科技人员打交道，懂得科学的基本判断准则，要树立神圣的责任感。

1999年7月5日，《人民日报》发表的评论员文章《加强学习提高素质——三论崇尚科学破除迷信》指出，"在新的时代条件下，如果愚昧落后，缺少科学文化知识，就可能被伪科学愚弄，陷入新的迷误和迷信"，就容易偏听偏信、人云亦云、随波逐流，把迷信当科学，把腐朽当神奇，以讹传讹，非但不加抵制、批判、揭露，反而推波助澜，加以渲染传播。一些编辑记者平时不注意加强对新的科学知识的学习，没有树立起正确的世界观、科学观，不具备现代科学意识，不能正确划清唯物论和唯心论、无神论和有神论、科学和迷信的界限，因而不能正确认识事物，不能透过现象抓住本质，让一些宣扬封建迷信和反科学、伪科学的东西借助现代传媒公然报道出去、传播开来，我们的媒体真可以说是"罪莫大焉"。

三、采取有效措施，抵制低俗之风

低俗新闻自产生之日起，无论是在中国还是在外国，均遭到了谴责和抵制。

邓小平在1980年8月的一次讲话中，严肃批评了某些人传播黄色、下流、淫秽、丑恶的东西，指出："如果听任这种瘟疫传布，将诱使意志不坚定的人道德败坏，精神堕落。"他在1985年9月23日讲话时强调："思想、文化、教育、卫生部门，都要以社会效益为一切活动的唯一准则。"

中国记协颁布的《中国新闻工作者职业道德准则》第2条"坚持正确的舆论导向"规定，新闻报道要有利于"坚持真善美、抵制假恶丑""新闻报道不得宣扬色情、凶杀、暴力、愚昧、迷信及其他格调低劣、有害人们身心健康的内容"。

刘云山同志在2003年10月的一次讲话中强调，"媒体的低俗之风污染社会风气，与新闻媒体担负的传承文明、宣传群众的职能格格不入"，这是新闻队伍建设方面存在的"不容忽视的问题"之一。

中宣部、广电总局、新闻出版总署、全国记协于2003年10月联合发出关于"三项学习教育活动"的《通知》指出：低俗之风是我国新闻界"特别要着力解决群众反映强烈的""消极腐败现象"。

在西方，20世纪初，随着商业报刊的迅速发展，报刊为了获取利润、争夺读者和销售市场，相互展开了激烈竞争，出现了不择手段抢新闻，以色情、凶杀、抢劫、揭露个人隐私等低级趣味新闻吸引读者、危害社会道德的种种弊端。西方报纸出现了"大报"和"小报"的分野。"小报"指报型小，报格也"小"，专门报道内容低俗、耸人听闻的新闻的报纸。有的报纸即使报型为对开大报，但内容不入流，也被称为"小报"。这类报纸受到西方正派报人和公众的鄙视。

美国报纸主编协会于1923年制定了《报业规则》，其中第7条是"庄重"，这一条明确谴责"报纸假借道德之理由，对于社会伤风败俗、奸淫、掳掠之犯罪事实着意描写，迎合低级趣味，煽动低级感情"的行为，并严正宣布："凡诲淫诲盗之报纸，必因读者的反对和同行的谴责，而日趋于失败。"

丹麦报业联盟于1960年通过的一项道德规则规定，对于性犯罪、杀人及类似的罪案，应避免对犯罪行为做详尽的描述。

意大利报纸发行人协会于1960年9月通过决议，要求全体会员报纸"尽量减少犯罪新闻的报道，尤其关于性犯罪、自杀案件以及少年犯罪的新闻"。

尽管如此，西方一些小报迄今仍热衷于低俗新闻。他们这种行径受到广大公众和西方主流新闻界的强烈谴责。

当前，我国正处于建立社会主义市场经济体制的社会转型初期，一些低俗新闻在我们的一些媒体上泛滥就不能不引起我们的高度重视，我们应下大力气加以抵制和整顿。

各级领导干部要引导媒体，认真查找新闻报道中存在的种种问题，清醒认识低俗之风的社会危害，牢固树立正确的导向意识，切实转变作风、改进文风，提高社会新闻、娱乐新闻、体育新闻、法制新闻等新闻报道的品位和格调，走出低级庸俗的误区，形成积极健康向上的主流文化娱乐氛围，向人民群众奉献更多更好的精神食粮。

（一）要始终坚持正确的舆论导向

要指导新闻媒体始终坚持以马克思列宁主义、毛泽东思想、邓小平理论和

"三个代表"重要思想、科学发展观、习近平新时代中国特色社会主义思想为指导，深入贯彻落实科学发展观，始终坚持党对新闻媒体的领导，切实增强政治意识、大局意识和责任意识，以体现先进文化的前进方向、推动社会主义精神文明建设和满足人民群众日益丰富的精神文化需求为目的，严格遵守国家的各项新闻活动管理法规，忠实履行报纸的社会责任，不以任何有损于社会和国家利益的、格调低下的报道内容作为传媒参与市场竞争的手段。

（二）要始终坚持社会效益与经济效益的高度统一

媒体是社会主义新闻事业，要始终把社会效益放在首位，力求实现社会效益与经济效益的最佳结合。文化娱乐报道不以"猎奇"为卖点，不炒作明星隐私绯闻和各种无聊琐事，不无中生有、捕风捉影、以讹传讹；不渲染色情暴力，不刊播暴露、暴力和血腥的图片镜头，不炒作低级庸俗的社会现象。坚持从改革发展稳定的大局出发，从党和人民的利益出发，唱响主旋律，弘扬人类美好情感，多出贴近实际、贴近群众、贴近生活，为人民群众所喜闻乐见的健康文化娱乐作品。

（三）认真开展"三项学习教育"活动，切实加强新闻队伍建设

要按照建设社会主义先进文化的发展要求，建立一支既有高超的艺术宣传力，又有较强的市场竞争力的高素质的文化娱乐新闻工作者队伍。要强化编辑记者的马克思主义新闻观教育，强化编辑记者的职业精神和职业道德教育，强化编辑记者的现代科技、文学艺术等专业知识的培训，教育编辑记者树立正确的价值观、世界观，反对功利思想、拜金主义。绝不能为了"吸引眼球"而成为"狗仔队"，降格以求；绝不能为了"轰动效应"而制造精神垃圾，要从源头上遏制低俗文化娱乐报道之风的蔓延。

（四）要自觉接受社会监督

我们要积极探索并努力建立对新闻媒体行之有效的社会监督机制，指导新

闻媒体通过各种渠道建立与广大读者广泛而密切的联系。各新闻媒体要开通与社会沟通的渠道，公布监督电话，建立举报制度，虚心听取社会各方面的意见，改进工作，改进作风，坚决走出低级庸俗的报道误区。各省记协可以考虑每年评选全省十大优秀社会文化娱乐新闻，同时评选十大低俗社会文化娱乐新闻，并且向社会公示，加强社会对媒体和舆论的监督。要坚持"三贴近"原则，鼓励编辑记者到群众中去，了解群众的真正需求，以群众好恶为标准进行新闻报道。对群众有意见的低俗报道，要追究有关编辑记者的责任；对造成严重社会后果的编辑记者，要严肃处理。

我们相信，随着越来越多的新闻媒体参与到抵制低俗之风的队伍中来，随着我们的媒体和编辑记者把笔触和镜头对准广大人民群众，对准社会昂扬向上的主流生活，社会新闻报道的精品力作将会大幅度地涌现，新闻媒体的品位和公信力将不断得到提高，新闻事业也将得到健康快速的发展。

第四节

媒体的"牛皮癣"——不良广告

近年来，新闻媒体的广告宣传得到了长足的发展，成为新形势下媒体做大做强的重要支柱。但随着市场经济的发展，媒体竞争愈来愈激烈，这样在广告宣传方面也就出现了一些突出的问题，主要表现为违法广告、虚假广告、低俗广告、色情广告、声讯广告等不良广告。这些不良广告既损害了广大人民群众的利益，又扰乱了社会主义市场秩序，更影响了媒体的形象。如何解决"不良广告"、提升广告的品位、加强规范管理是当前亟待解决的重要课题。

一、不良广告的具体体现

新闻媒体广告是新闻宣传工作的组成部分。好的广告，不但有利于市场的繁荣与发展，也给人们的衣食住行等带来了种种便利。置身于良好的广告氛围中，人们不但能获得视觉、听觉的精神享受，更能感受一种先进、高尚、文明的广告文化。而近来在一些新闻媒体上，含有不良内容的广告频频出现。不良广告带给人们的是一种污染和伤害，主要体现为以下几种形式。

（一）违法广告

所谓违法广告，即指广告违反了我国的《广告法》《广告管理条例》等法律法规，如在个别媒体上刊登的高易捷医疗器械广告、博凯减肥乐胶囊保健食品广告；某一阶段炒得沸沸扬扬的北京新兴医院广告；还有一些媒体违法发布性病、牛皮癣、癌症、癫痫、乙型肝炎、白癜风等广告。这些广告都多处严重违反了我国的广告法律规定，国家工商行政管理总局对此进行了公告，各地党委宣传部门也及时对这些媒体进行了纠正。

（二）虚假广告

广告的掺假"兑水"应当说是个老问题了。报纸、期刊、广播、电视上都有不少这类东西，有的是用名人、明星形象，有的是用常人、百姓形象。比如，不少药品、美容广告，就有鼻子有眼地标出消费者姓名，绘声绘色地借用消费者之口对相关产品进行鼓吹；有的是广告内容虚假，夸大功能及疗效，让人不知所从，不少人因听信虚假广告蒙受身体及财产损失等。媒体刊登这样的虚假广告、虚构广告，不仅误导了读者，也大大戕害了媒体的公信力。

2018年年末查处的天津权健公司，就是通过虚假广告和各类骗局将保健品吹得神乎其神，最终导致谋财害命，是一典型案例。

（三）有政治错误倾向的广告

某报曾经为公司打广告，其广告文字冠以《开拓"国退民进"新模式》的大字标题，文中还有《困扰"国退民进"的难题》的小标题。广告中"国退民进"的提法严重违背了党中央、国务院有关深化国有企业改革的方针政策，犯了严重的政治错误，产生了极其不好的社会影响。

（四）低俗庸俗广告

某段时间，部分电视媒体播出了某药厂"清嘴含片"的广告，"你想知道清（亲）嘴的味道吗？""我说的是清嘴含片。""你现在知道清（亲）嘴的味道了吧。"利用同音字的不同写法，玩文字游戏，把观众戏弄了一番，影响很不好。某年《西安晚报》7版刊登了一篇题为《致天下有情人的一封信——我给老公找个"小老婆"》实为维生素产品"黄金搭档"的广告。将黄金搭档比喻成"小老婆"，借"小老婆"的威力肆意宣扬黄金搭档的神奇功效，实属格调低下，负面影响大。我们应该及时协调新闻媒体避免刊登此类广告，以保证媒体自身版面与画面的洁净。

（五）声讯广告

有一阶段，一些媒体连续刊登带有色情服务色彩的声讯类广告，诸如"非常'信'冲动""声色麻将""女性空间""寂寞解药""出色男女"等，其广告用语低级庸俗，妨害社会公德，危害社会主义精神文明建设，在社会上产生了极坏的影响。省委宣传部及时下发通知，责令其改正，停止刊登类似广告。还有一些媒体刊登的标题为《名字的艺术》《寻找我的过去》《姓名追源》《前世爱人今生寻》《死亡通缉令》的声讯广告，或输入姓名看命运，或看自己的前世今生，或用生日看爱情……这些宣扬"封建迷信"的广告应该予以坚决清理。

除此之外，不良广告至少还包括如下内容：一是有歧视性的广告，尤其是存在男女性别歧视、民族歧视的广告；二是有黄色倾向的广告；三是贬低打压民族品牌的广告；四是恐慌性广告；五是激化社会矛盾的广告；六是朦胧性广告；七是挑逗性广告。

不良广告之所以屡禁不止，除了广告主、广告公司一味追求经济效益，刻意吸引读者、观众的"眼球"，还有一个重要原因是一些新闻媒体重新闻采编、轻广告管理。为了求得生存，增加收入，争夺广告市场，对所有的广告不分青红皂白，既不管是否合法，也不管内容是否健康，一律来者不拒。这既违反了职业道德，也背离了精神文明建设的要求，引起了群众的强烈不满。

二、指导新闻单位要坚持报道导向与广告导向相统一，自觉抵制各种不良广告

毫无疑问，新闻媒体作为社会主义精神文明建设的重要阵地，其传播的所有信息，无论是新闻还是广告，都必须以促进社会经济发展和文明进步为目的。如果只重视在新闻宣传中弘扬主旋律，而在广告中则充斥着"黄、赌、骗"之类的东西，这样的媒体，公信力何在？因此，正确的舆论导向，不但体现在新闻报

道中，还应体现在广告中。

各级领导干部要新闻媒体刊登好的广告，提高广告的品位，不断提升媒体的公信力，应注意做好以下几点。

（一）正确把握广告导向，确保广告格调健康向上

舆论导向不仅存在于报纸的新闻报道之中，也体现在报纸的广告信息之中。报纸作为社会主义精神文明建设的重要阵地，传播的所有信息，要与报纸的地位相吻合，与报纸的格调相一致，与新闻的职业道德相符合，新闻如此，广告也不例外。无论是新闻还是广告，都必须以促进社会经济发展和文明进步为目的。

广告是新闻事业繁荣发展的重要方面。这不单是指好的广告会成为新闻媒体的经济源泉，也意味着不良广告的泛滥会损害新闻媒体的公信力，最终损害自己的利益。新闻媒体广告是新闻宣传工作的重要组成部分，新闻媒体要坚持广告宣传的正确舆论导向，确保广告内容遵守宪法和有关法律法规，确保广告格调健康向上，充分发挥广告在促进社会主义精神文明建设中的积极作用。

（二）自觉抵制不良广告，切实提升媒体公信力

在一些媒体看来，产品有问题是厂家的事，而买不买是消费者的事，都与自己无关。事实上，绝大多数消费者缺乏相关的辨别知识，在很大程度上是靠着媒体的推荐或展示来进行选购的，而且越是信赖的媒体展示的商品他们越会购买。如果媒体刊登了各种虚假、侵权等不良广告，就是给不良厂家当了"帮凶"，其自身的责任不容推卸，同时也大大戕害了媒体自身的公信力。

要引导媒体从业人员树立以下几个观念：

一是树立为消费者服务的观念，要认识到刊登广告就是要提高消费质量、引导消费目标，刊登不良广告会严重伤害媒体的公信力；

二是要树立为广告主和厂家服务的意识，正确树立科学企业形象，要认识

到不良广告其实败坏了企业形象，更加败坏了媒体自身的形象；

三是要树立为社会健康有序发展服务的观念；

四是要树立为促进精神文明和物质文明建设服务的观念。

向不良广告说"不"，自觉抵制和彻底清理不良广告，切实维护媒体的公信力，不但应成为所有媒体的共识，更应成为其实实在在的行动。

（三）增强责任，保护未成年人健康成长

广告最能感动的消费者莫过于孩子和真性情的人。如今的孩子，已经成为广告商梦寐以求的"消费者"，更被广告商看中的是孩子会对父母的消费行为产生重大影响。像宣传健脑益智产品的广告，如"××一号"，在广告中有这样一组镜头：孩子喝了"××一号"后，头上竟出现了光环。究竟是示意孩子变聪明了，还是变"天使"了？还有什么"你'泡'了吗？你'漂'了吗？泡泡漂漂晾起来"——××洗衣粉的广告以及前面提到的"清嘴"含片的广告，如此误导孩子、家长，令人担忧。

媒体要热心关注未成年人思想道德建设，加强宣传报道，要积极制作、刊播有利于未成年人身心健康的公益广告，努力避免不良广告对未成年人身心健康的影响和伤害。广播电视媒体在播出治疗妇科疾病、泌尿生殖系统疾病和介绍丰乳产品等不适宜未成年人收听、观看的广告及其专栏节目时，应避开在未成年人相对较为集中的收视时间播放。要严格甄别介绍声讯热线电话的广告，各播出机构一律不得播出涉嫌黄色声讯热线的广告和游动字幕广告。要引导新闻单位进一步增强社会责任感，特别要为未成年人的健康成长创造良好的社会舆论环境。

三、采取有效措施，抵制不良广告，不断实现社会效益与经济效益的协调发展

维护广告市场秩序，是各级党委、政府、新闻管理部门和新闻媒体的重要职责，应依照《广告法》《广告管理条例》等法律法规，加强对新闻媒体广告的

管理，进一步规范广告发布行为，及时清理种种不良广告，为广告市场营造一个健康、有序与文明的良好环境。

（一）端正办报、办台指导思想，正确处理两个效益的关系

要指导新闻媒体从讲政治的高度，以"三个代表"重要思想为指导，以维护社会稳定、促进社会经济发展和文明进步为己任，以两个效益并重社会效益优先为原则，牢固树立政治意识、大局意识、责任意识，切实加强领导，进一步强化对新闻媒体广告活动的监管，确保广告宣传导向正确，确保广告内容遵守宪法和有关法律法规，确保广告格调健康向上，传播有益于经济发展和社会进步的先进文化，实现经济效益和社会效益相统一。

在处理社会效益和经济效益的关系上，要坚持两个效益一起抓，两个效益一起上，既讲经济效益，更要社会效益，千方百计促成两个效益齐头并进、协调发展。一旦两个效益发生冲突或相抵触时，要毫不犹豫地牺牲经济效益而坚守社会效益。要始终坚信德不高则行不远，坚信作为意识形态产品，如果没有良好的社会效益，再好的经济效益也毫无意义，也绝对不会有长远的经济效益。

（二）要指导新闻媒体加强行业自律，切实提高把关意识，自觉抵制各种含有不良内容的广告

各级党委、政府和领导干部要加强对新闻媒体的管理。作为新闻媒体，不能这边新闻采编唤起良知伸张正义，那边又为不良广告大开绿灯。应恪守职业道德，加强行业自律，提高把关意识，自觉抵制各种含有不良内容的广告。

一要对新闻媒体负责人和广告从业人员进行"三个代表"重要思想和科学发展观、马克思主义新闻观、新闻职业精神和职业道德教育，进一步增强贯彻执行有关法律法规和社会主义道德规范的自觉性、坚定性，增强识别和抵制含有不良内容广告的自觉性、坚定性。

二要坚持广告内容审检工作，安排专人对广告内容层层把关，对未经审检

发布的不良广告要追究当事人的责任。

三要进一步明确广告审查员的职责和义务，做到分工明确，责任到人，确保广告审查员权职到位，使"一票否决制"落到实处。

四要坚持总编辑、台长负责制。总编辑、台长要对广告版面内容导向切实负起责任，不得交由广告公司代行终审，对于严重违法违规的不良广告要追究新闻媒体有关负责人的责任。

四、努力增强品牌意识，不断提高媒介自身品位

在市场经济条件下，广告与媒体的关系十分密切，两者一损俱损、一荣俱荣。成功的广告作为连接新闻媒体与广告业主的纽带，可以良性互动、实现"双赢"。

广告是一种资讯，并且是最赏心悦目、最具穿透力的资讯。格调高雅、设计新颖的广告既是对新闻的有益补充，对报纸版面的合理搭配，也是提高报纸品牌的有效途径；而低级庸俗、虚假的广告，对媒体的公信力无疑是一种损害，对品牌广告也是一种伤害。

清除广告信息垃圾，对读者负责，是所有新闻媒体义不容辞的责任。

首先，对广告的合法性的判断。不良广告首先是违法广告，目前，对违法广告不能由工商管理部门一家来解决，在特殊情况下还应动员有社会责任感的媒体参与进来。

其次，有些不良广告手续合法，但格调不高，需要媒体进行选择，在这种情况下，有实力的媒体，才能有勇气做出正确的选择。

最后，能够拒绝刊登不良广告才是一个有眼光的媒体。广告作为媒介产品结构的一个组成部分，只有广告品位提高了，媒介的整体品位才能提高。随着现代传媒业不断发展，受众不仅有选择权，还具备了要求的权利，受众不仅要求读到媒体提供的报道，还要求媒体提供受众想知道的信息，这是媒介竞争向纵深发展的一个表现。

因此，媒体在不断发展中，应努力提升媒介公信力，提高自身品位，坚决拒绝不良广告，正确把握广告导向，真正实现社会效益与经济效益的协调发展。

五、关于新闻性广告的问题

近年来，广告经营行为介入新闻业务的势头很猛，出现了大量的"新闻性广告"，为我们的广告业造成了一定的混乱。

"新闻性广告"的内容往往是以类似典型报道的形式，介绍有关企业及其负责人的业绩、经验、事迹，颇多溢美之词，标题往往使用"侧记""纪实""来自××的报告""访谈"，甚至还有"答记者问""采访札记"等用语。这些宣传大抵篇幅冗长，它们和不良广告一样，给社会带来了不良影响。

（一）"新闻性广告"是广告从业人员承揽的以新闻形式发布的广告

广告刊播版面、时段是合法的，但"新闻性广告"的表现形式是非法的。此类广告使受众误以为是新闻，具有较强的欺骗性和诱导性，违反了《中华人民共和国广告法》第4条，"广告不得含有虚假的内容，不得欺骗和误导消费者"，也违反了《关于禁止用新闻形式进行企业形象广告宣传的通知》。

"新闻性广告"往往夸大其词，而又采用新闻形式进行采写，严重违背了广告的"思想性原则"和"真实性原则"，是新闻的异常形态。

（二）"新闻性广告"的危害

新闻媒介具有监测环境、指导行为、文化教育和提供娱乐的功能，而广告是企业、商家主动为自己做正面宣传，很难超出"在商言商"的立场。

"新闻性广告"的大量存在，干扰了媒体在舆论引导中的影响力，弱化了新闻媒介的社会功能。

此外，"新闻性广告"给新闻传播带来了混乱，蜕变了新闻媒体的社会角色，使新闻媒体由连接传播者与受众的公正中介，变成了广告主的传声筒、代言人，由注重社会利益变成代表广告主一方利益，模糊了新闻与广告的界限，从而导致受众对新闻的信任危机。

（三）"新闻性广告"扰乱了社会经济秩序

"新闻性广告"有类似"新闻"六要素的形式，迷惑消费者，使消费者减弱或丧失理智判断的能力，对广告信息产生误解。这对其他合法广告商是不公正的，对受众也是一种欺骗。"新闻性广告"违背了公平竞争这一市场经济的基本原则，不仅是新闻行业的不正之风，也干扰了广告业乃至整个市场的运作规律。

因此，新闻单位在刊登广告时，应拒绝刊登"新闻性广告"，确保和促进广告业的健康有序发展。

重要的是，加强对不良广告的监管，不仅是新闻媒体一方的责任，各级党政机关各有关部门要相互配合、加强协调，综合治理不良广告。

一要建立党委宣传部牵头，工商行政管理、广播影视、新闻出版部门参加的联席会议制度。联席会议要根据实际情况提出不同时期的治理重点，对现行法规界限不清而广大群众反映强烈的不良广告提出处理意见。

二要建立各部门工作情况通报制度。工商行政管理机关依法查处不良广告，要及时将有关情况向同级党委宣传部和广播影视、新闻出版等部门通报，各级党委宣传部和广播影视、新闻出版部门要及时向新闻媒体通报广告发布中带有倾向性和普遍性的问题，责令不良广告问题突出的新闻媒体进行整改。

三要共同做好群众投诉举报问题的处理工作。对于群众投诉举报的不良广告，各部门要充分发挥职能部门的作用，积极协助解决，对于一时解决不了的问题，要主动沟通信息，研究解决办法。要加强调查研究，不断改进和完善治理不良广告的方式方法，力求标本兼治，建立长效机制。各级工商行政管理部门也要切实负起责任。应加大执法力度，对不良广告依法严肃处理。性质严重、影响恶劣的，应对广告经营单位予以公开曝光。加强广告监测，拓宽信息渠道，对不良广告及时发现、及时制止、及时处理。同时，结合企业信用体系建设，将不良广告记录纳入经营单位的信用记录。

我们相信，有各级党政机关各相关部门的相互支持、协调、配合，不断改进和完善治理不良广告的方式方法，我们的广告宣传，一定能够坚持正确导向，保持格调健康向上，传播有益于经济发展和社会进步的先进文化，实现经济效益和社会效益相统一，使我国广告业更快更好地发展。

第五节

一枚硬币的两面——积极支持舆论监督

新闻媒体如何正确开展舆论监督，是广大干部群众关注的一个焦点。社会各界对新闻媒体积极开展舆论监督，既给予了高度评价，也寄予了很高期望。同时，还对当前舆论监督中存在的突出问题，有着比较强烈的意见，提出了比较尖锐的批评，呼吁新闻媒体和新闻从业人员能够正确开展舆论监督。

正如业内人士所指出的，"在我国，新闻媒介由于是党和政府的喉舌，是配合党和政府工作的宣传机构，它们获得了极大的权威性，对普通百姓和下级党政机构都具有极大的威慑力和'杀伤力'。同时，新闻媒介最大限度地掌握着舆论监督资源和舆论监督话语权，而国家、社会对新闻媒体的监督却很不完善。因此，规范新闻舆论监督在当前就显得尤为迫切和重要，也应当是加强和改进新闻舆论监督的题中之义和首先要解决的问题。"

无论是在座谈会上，还是在问卷调查中，无论是哪个地方、哪个阶层，大家都认为规范新闻舆论监督必须解决好指导思想、监督目的、监督选题、监督时机、监督艺术、监督效果等基本问题。虽然这些问题是长期以来新闻管理部门一直强调的，但在实践中有些新闻媒体并没有解决好。

目前，整个社会对于新闻媒体如何正确开展舆论监督的看法和要求比较明确、一致。在指导思想方面，大家认为开展新闻舆论监督，同样必须坚持以邓小平理论和"三个代表"重要思想为指导，深入贯彻落实科学发展观，坚持以习近平总书记新时代中国特色社会主义思想为指导。以推进社会主义物质文明、政治文明、精神文明、生态文明、社会文明建设为宗旨，坚持经济效益和社会效益相统一、社会效益第一的原则。

要正确有效地开展舆论监督，各级党委、政府和领导干部必须指导帮助新闻媒体，解决好以下七个问题。

一、开展新闻舆论监督要有正确的目的和出发点

新闻媒体和新闻工作者要正确认识到舆论监督的权利是党和人民赋予的，进行舆论监督代表的是党和人民的意志，不是新闻媒体和新闻工作者个人的监督。

舆论监督只是手段，解决问题、促进工作才是目的。新闻媒体进行舆论监督，必须要有利于党的路线、方针、政策的贯彻执行，有利于改革发展稳定大局，有利于党和政府改进工作，有利于人民群众增强对党和政府的信任，有利于社会文明进步，有利于实际问题的解决。

要站在党和人民的立场上，从党和人民的根本利益出发，坚持对党负责和对人民负责的一致性，坚决反对为监督而监督，更不能哗众取宠，追求轰动效应，要坚决反对以舆论监督谋私利、树威信、泄私愤、鸣不平等错误做法。

二、开展新闻舆论监督要正确选题，注重典型

我国正处在社会转型时期，社会各个领域都在发生着深刻变革，各种利益的调整和重新分配，引发了诸多错综复杂的矛盾和问题。

新闻媒体进行舆论监督，首先要坚决纠正有闻必录的错误倾向，应当围绕党和政府中心工作，围绕改革发展稳定大局进行正确选题，既不能事无巨细，"捡到篮里都是菜"，见到问题就曝光，也不能不分轻重缓急，"胡子眉毛一把抓"。

首先，要选择具有普遍意义的、与广大人民群众切身利益密切相关的重要

问题，而不能停留于抓那些鸡毛蒜皮无关痛痒的小问题。

其次，要选择那些能够体现事物发展规律和本质的问题，那些带有倾向性、苗头性的问题，克服个例报道容易出现的就事论事的不足，提高从全局上把握舆论导向的能力。

最后，要选择那些党和政府关心、人民群众关注，经过努力可以解决的问题作为舆论监督的对象。舆论监督既要考虑进行监督的必要性，又要考虑监督后问题解决的可能性，真正使监督报道起到促进工作、凝聚人心的作用。当前社会中存在的问题，有的是历史上形成的，短期内难以改变；有的是体制转轨过程中出现的，只能通过继续深入的改革才能解决；有的党和政府已经高度重视，正在逐步创造条件加以解决。对于那些既具有普遍性、典型性、重要性，又事关全局、涉及面广的问题，新闻媒体进行舆论监督时就不能脱离实际，不看条件，不计后果，大肆渲染，而要科学分析、因势利导，有选择地进行监督。

三、开展新闻舆论监督要实事求是，客观公正

真实性是新闻的生命，更是舆论监督的生命。

进行舆论监督，要以理服人，重事实，讲道理，分析科学，把握得当，增强舆论监督的说服力；要深入调查研究，多方核实情况，听取不同意见，把问题搞清，把事实搞准，给监督对象说话的机会和权利，增强舆论监督的公信力；要避免监督报道基本属实、细节失实，坚决反对对事实进行"合理想象"，添枝加叶。

舆论监督要坚持用事实说话，用事实本身所具有的力量表明倾向性。进行舆论监督要客观公正，新闻媒体和新闻工作者不能带着观点找证据，更不能先入为主、主观臆断，对采访对象的叙述和意见断章取义，取其于我有用的，舍其于我不利的，歪曲采访对象的本意。对监督的问题下结论要由权威部门和负责同志做出，新闻媒体和新闻工作者不要妄加评论、擅自定性。

四、开展新闻舆论监督要讲究艺术，把握好度

开展新闻舆论监督，不仅要敢于监督，还要善于监督。要提高舆论监督效果，就应当讲究监督艺术，改进监督方法，创新监督手段，不断增强舆论监督的针对性和实效性。

讲究监督艺术，就是要使舆论监督既得力，又得当，还得法；既增强舆论监督的战斗力，又避免新闻官司。什么时候切入，什么时候收篇；什么时候倾盆大雨，什么时候潺潺细流；什么时候用急火，什么时候用文火，都大有学问，需要很好地把握。舆论监督不仅要内容可信，而且要讲究语言的艺术、镜头的艺术、情感的艺术，使监督对象心悦诚服，广大群众也乐于接受。

舆论监督还要把握分寸，适时适度适量。不能以偏概全，把个人行为当作集体行为，把个别现象当作普遍现象，把局部问题当作整体问题，把偶然事件当作长期存在的问题；不能对一个地区、一个行业、一个部门甚至一个问题在一段时间内集中进行舆论监督，要留给监督对象采取措施、解决问题的时间和机会，不能一棍子打死；不能把已经处理过的问题再拿出来曝光。监督报道说话要留有余地，切忌把话说满、说过头。

五、开展新闻舆论监督要注重效果，有始有终

舆论监督要十分注重社会效果。监督的目的是解决问题促进工作，而不是制造新的矛盾。因此，要帮忙不添乱、解难不发难、加温不添火。

要从实际出发，灵活运用各种监督手段，有的问题可以公开曝光，有的问题适宜内参反映，还有的问题直接转交有关部门解决即可，哪种方式效果最好就采取哪种方式。

舆论监督一定要善始善终，注意报道监督对象采取的措施、所做的工作以及处理的结果、取得的成效。通过跟踪报道，促进问题彻底解决，或者消除负面影响，实现正面效应，达到推动工作的目的。

六、开展新闻舆论监督要寻求合作，争取支持

新闻媒体进行舆论监督不能单打独斗、孤军奋战，要寻求全社会的合作，争取各方面的支持，这既是新闻媒体的需要，也是社会各方面的需要。

首先，要寻求领导机关的合作与支持。各级党政机关既是舆论监督的重要对象，也是舆论监督的坚强后盾，获得他们的合作与支持，既能保证舆论监督顺利进行，也能促使其在各自职权范围内查处和解决舆论监督中暴露出来的各种问题，使舆论监督落到实处。

其次，要寻求执法部门的合作与支持。执法部门具有专业权威性，新闻媒体要主动配合或者联合执法部门，对行业问题和社会问题进行舆论监督，借助它们的力量，保证监督的科学性、可靠性和准确性。

再次，要寻求监督对象上级主管部门的合作与支持。这样既可以更加全面地了解情况，保证事实准确、政策明了，把握好度，还可以促进问题的解决，提高监督效果。

最后，要寻求人民群众的合作与支持。在舆论监督中，重视群众参与，可以形成强大的社会舆论，增强舆论监督的力量，给监督对象形成多方面的威慑，促进问题迅速有效地得到解决，同时也体现了舆论监督的人民性、民主性和广泛性。

七、开展新闻舆论监督要遵纪守法，恪守道德

舆论监督具有双重性，既受法律保护，也受法律制约。一旦越出法制轨道，不仅会损害国家和人民的利益，也有损新闻媒体和新闻工作者自身的形象。

进行舆论监督，必须在宪法和法律允许的范围内进行，必须遵守党的新闻纪律。舆论监督采访和报道要严格遵守法律法规，把握好法律界限，不得侵犯公民、法人的合法权益，避免新闻官司。

进行舆论监督，新闻工作者还必须遵守社会公德、恪守职业道德，努力做

到"敬业奉献、诚实公正、清正廉洁、团结协作、严守法纪",坚决抵制有偿新闻、有偿不闻、虚假报道、低俗之风等消极腐败现象,依靠行业自律,接受社会监督,维护舆论监督的严肃性、正义性和权威性。

近年来,在各级党委和政府的关注下,舆论监督得到进一步改进和加强。但在这一过程中,也出现了一些错误认识和不良倾向。干部群众也看到了这些问题,认为对这些问题必须及时给予纠正。

当前,在开展舆论监督过程中,各级领导干部要指导新闻媒体正确认识三个问题。

第一,舆论监督和党的领导的关系。

当前,在一些年轻新闻工作者和新闻教育者中还存在着一定的自由主义思想,"社会公器论""第四权力论""无冕之王"等论点都还不同程度地存在着。以此为据,一些人认为,要加强和改进新闻舆论监督,党管新闻就应该放松一些了。

对这一错误观点既要进行彻底批判,还要通过在新闻战线坚持不懈地抓好马克思主义新闻观教育来纠正。舆论监督是新闻工作的重要组成部分,而新闻事业又是党的整个事业的重要组成部分。因此不言而喻,舆论监督必须坚持党的领导。

舆论监督要坚持党的领导,就必须坚持党性原则,在政治上同党中央保持高度一致;必须坚持正确的舆论导向,始终坚持正面宣传为主,团结、稳定、鼓劲的方针。同样,舆论监督也需要党的支持。没有党和政府的支持,舆论监督难以顺利开展。

第二,舆论监督与正面宣传的关系。

当前,对舆论监督和正面宣传还存在片面认识和错误做法。有的认为舆论监督就是批评报道、负面报道,是同正面宣传相对立的。

在实践中，一些地方、部门和领导干部动辄以要正面宣传为主，拒绝、排斥甚至压制舆论监督；一些新闻媒体尤其是地方党报、党台不敢开展舆论监督。

现在，要在全社会宣传和树立一种观念，那就是，舆论监督和正面宣传不是对立的，而是统一的，舆论监督也能实现正面宣传的作用。正确开展舆论监督，可以发挥正面效应，对于弘扬社会正气、化解社会矛盾、平衡社会心态、维护社会稳定、促进社会发展都有着积极的作用。

没有舆论监督的宣传报道是片面的、不完善的，也不符合现代社会对新闻媒体的要求，不能满足党和人民群众的需要。

我们党提出新闻宣传要以正面宣传为主的同时，也充分肯定舆论监督的重要作用。舆论监督从另一个角度实现着正面宣传的目标。揭露、批评、否定并不是舆论监督的唯一任务和目的所在，它所具有的推动、建设、肯定、保障的作用更大。揭露是为了推动，批评是为了建设，否定是为了肯定。正是通过正反两个方面的宣传教育，引导全社会形成比较一致的价值取向和道德要求，实现了正面宣传的目的。

第三，舆论监督与新闻自由的关系。

加强和改进新闻舆论监督还要防止和批判"新闻自由化"倾向。

有人认为，新闻纪律限制了舆论监督；要加强和改进新闻舆论监督，就不应再过多强调新闻纪律，而是要给予充分的新闻自由。这种看法是极其错误的，也是十分危险的。

新闻自由从来都是相对的、具体的，而不是绝对的、抽象的。在任何历史时期、任何一个国家都不存在绝对的毫无限制的新闻自由，新闻自由始终伴随着一定的义务和责任。

同样，舆论监督既是一种权利，也是一种责任。党和国家给予了新闻媒体进行舆论监督的自由和权利，也提出了相应的纪律和要求。新闻纪律是正确开展舆论监督的前提和保障。没有新闻纪律的舆论监督，必将失去正确的舆论导向，出现违法违纪行为，不但不能实现正确的舆论监督的目的，反而会损害我们党、国家、社会和人民群众的根本利益。

第五章
金杯银杯抵不过群众的口碑
——如何正确引导舆论

习近平总书记指出，建设具有强大的凝聚力和引导力的社会主义意识形态，是全党特别是宣传思想战线必须担负起的一个战略任务。能否正确有效地引导舆论，不仅仅是宣传部门的事，也是一级党组织、一级政府执政能力的具体体现，是一个干部，特别是领导干部必备的素质。本章中，我们重点讨论在特别事件和舆论监督中，如何正确引导舆论。新闻宣传的新形式和传媒领域出现的新变化，对我们引导舆论提出了新的要求。

第一节

莫把杭州作汴州——消除认识上的误区

改革开放以来，媒体结构和传播形式发生了很大变化，因此，在管理媒体和引导舆论上，我们就不能再墨守成规，不能以不变应万变。或刻舟求剑，满足于用老眼光看待新形势，用老办法解决新问题；或将复杂事情简单化，一遇到问题，特别是突发事件，就采取简单划一的方法，或一律不报，或满足于发个"通稿"。我们要努力消除思想认识上的各种误区，适应形势发展和传媒出现的新变化。

一、通稿万能意识

现在，不少领导干部习惯于使用新闻通稿报道重要事务。不管是重要会议，还是有关领导人的重要活动，特别是出现特别事件、突发事件后，为了统一口径，避免出错，提高新闻报道的效率，领导干部常常是让机关干部或当地党报"写个通稿""发个通稿"，某某负责"严格审核把关"，并要求主要新闻媒体"一律使用新闻通稿，不准擅自报道"。

事实上，不少领导干部对新闻通稿的真正含义，缺乏深入细致的了解，对新闻通稿斟词酌句、反复推敲、改了又改、缩了又缩。最后，常常是把新闻稿几乎改成了机关公文，在形式上受众不喜欢看，在内容上表述不详细，造成传播效果很差，信息严重缺失，给猜测性报道和歪曲性传播留下了可乘之机，造成了工作的被动局面。

（一）新闻通稿的由来

从原始意义上讲，新闻通稿原本是新闻通讯社的专用产品，是新闻通讯社的主要新闻作品或新闻产品专门使用的稿件形式。

在新闻界，新闻通讯社是专门从事搜集、撰写和供应新闻稿件、图片和资料等新闻信息的新闻发布机构。新闻通讯社是成品新闻生产、流通、交流和传播最重要的骨干渠道，是最主要的新闻生产基地和新闻传输机构。被新闻界称为"消息总汇""新闻供应大动脉"。

在商品经济和市场经济条件下，新闻成为一种特殊的商品，除具有前面有关章节中介绍的特殊性质，也具有普通商品具有的一般性特征，还具有流动性和流通性。新闻行业，也像其他商品行业一样，存在生产、流通、销售、消费等领域。新闻通讯社处于新闻行业的生产领域，并主要占据流通领域的高端，是新闻成品的主要制造商和骨干批发商。

通常，新闻通讯社的机构比较庞大，触角非常广泛，采编力量比较强大，反应十分灵敏，其新闻产品的时效性很强，其新闻成品的供应对象主要是各类新闻媒体，以及一些行业和领域的高端用户。比如，美联社、法新社等，主要从事新闻互换、新闻销售。我国的新华通讯社也属此类。再比如，路透社、彭博通讯社等，通过提供大量新闻及金融数据，向银行、证券公司等机构投资者提供高效的信息资讯，收取高昂的费用。

从19世纪下半叶至20世纪的较长时期，由于信息传输手段比较落后、单一，各地记者和通讯员向外埠新闻通讯社传送稿件、新闻通讯社向外埠新闻媒体供应稿件，通常采用两种方式。

一种是通过电信局拍发电报。

电报传输信息，按字数计费、收费。使用电报传输新闻稿件，费用昂贵。为了降低新闻生产成本，增强新闻的时效性，记者、通讯员及新闻通讯社只能对新闻事件进行提炼、概括和压缩，形成了只包含"新闻五要素"的非常简短的消息稿。这种稿件通常只有二三百字，少则只有百十来字，最多也不会超过四五百字，其撰写格式也逐渐固定、统一。另外，因为新闻报道的时效性要求很强，为了满足各类新闻媒体和各类用户对新闻信息的需求，在内容准确的前提下，要求越快越好。所以，新闻通讯社向各媒体供应的稿件，也基本上采用这种形式。消息稿，一般都比较快速准确、言简意赅、传信达意。久而久之，形成了新闻界约定俗成的惯例和通则。直到现在，消息稿仍然是各种新闻媒体应用最多、广大受众最常见的新闻报道形式。

另一种是通过邮局邮寄信件。

如上所述，消息稿主要追求"快捷"，并受到电报传输方式的极大制约，所以，篇幅很短，几乎只保留了"新闻五要素"。对事实的表述，往往只有一句话，最多几句话，只是报道了事件的发生，常常是语焉不详。为了解决这一问题，记者、通讯员在向外埠新闻通讯社拍发消息稿电报的同时，往往会通过邮局以信件的形式寄出另一篇稿件。这篇寄出的稿件是消息稿的"姊妹"篇，比较详细，用来进一步说明和解读消息稿，全面反映消息稿中报道事件的来龙去脉。新闻通讯社向各新闻媒体供应新闻稿件，也大致如此。因为这种稿件是以通信的形式传输的，所以，新闻界称之为"通信稿"。20世纪20年代，才逐渐改称为"通讯稿"。

因为新闻通讯社发布的"消息稿"和"通讯稿"是各新闻媒体和用户通用的，所以称之为新闻通稿。新闻通讯社发布、供应的新闻稿件，绝大多数是新闻通稿。也就是说，最初，新闻通稿是由新闻通讯社采写的、提供给其他新闻媒体或用户，公开报道或使用的新闻稿件。

（二）新闻通稿的作用

新闻通稿在新闻发掘、新闻生产、新闻报道、记录历史、满足最广大的受众对信息的需求上，发挥了十分重要的作用。

在我国，新华通讯社发挥的作用尤其突出。长期以来，我国的国情特殊，在生产力水平和技术条件较差的情况下，一些特殊情况、重要场合，由于政治、技术、安全、保密等多种原因，许多媒体的记者无法到达第一现场进行直接采访，而只有新华社等中央大媒体能够有条件、有资格进行现场采访，并被授权撰写、播发新闻通稿。新华社通过认真采访，以一种统一的稿件形式，供给其他新闻媒体使用，这种新闻稿件，就是新闻通稿。新闻通稿记录了大量的历史史实，有效地满足了更多人民群众的新闻需求，为我国的新闻事业做出了不可替代的贡献。

新闻通稿主要适用于党的路线方针、重大决定决议，政府的重大政策、规定、措施以及重大事项、重大事件和重大科研成果的发布。近年来，各级党委、政府也在使用这一新闻形式，收到了较好的效果。

（三）新闻通稿使用中存在的问题

近年来，新闻通稿在一些地区、一些单位出现了异化的趋势。有些地区和单位的领导干部、机关干部，不理解新闻通稿的真实含义，不分情况地乱用新闻通稿。特别是在负面事件报道和舆论监督过程中，表现得比较突出。面对负面事件的报道，他们的第一反应往往就是让当地党报负责，拿通稿出来，供其他媒体使用。

有些领导干部认为，新闻通稿是统一口径、防止媒体对负面事件的关注和炒作最有效的办法。有些领导干部认为，新闻通稿是提高报道效率、防止事态进一步扩大化的最好办法。有些领导干部认为，新闻通稿是政府正确有效地引导社会舆论的首选形式。

更有个别领导干部甚至把"发新闻通稿"作为推卸责任、大事化小、打发媒体、搪塞公众的托词和挡箭牌。负面事件发生后，不是诚心诚意地深刻反省自身存在的问题和原因，不是严肃认真地解剖查找履行职责过程中的缺位和过失，而是致力于组织力量、挖空心思，撰写所谓新闻通稿，准确地说是消息稿。撰写原则是斟词酌句、避重就轻，移花接木、李代桃僵，文过饰非、巧言令色，企图用一篇或数篇消息稿欺骗上级、欺骗媒体、欺骗公众，蒙骗过关。

如上所述，新闻通稿中的消息稿，最大的特点和优势是快、短、精。在突发事件特别是突发性负面事件中，受现场条件、时间、抢险、救援等多方面因素的制约，发布新闻的形式受到了较大限制。在这种紧急情况下，要坚持边调查、边处理、边报道，那么来自事发现场的简练、准确、快捷的新闻通稿，对于随时发布现场最新消息、满足受众的知情权、防止传闻和猜测、有效引导社会舆论，为事件的妥善处置营造良好的舆论氛围，具有十分重要的作用。可以说，在突发事件处置过程中，新闻通稿是随时向社会各界发布最新消息的首选形式。

但是，必须强调，新闻通稿绝对不是发布突发事件最新消息的唯一形式。按照新闻通稿的原意，新闻通稿主要有两种基本形式，分别是消息稿和通讯稿。

新闻通稿通常都是以平面媒体稿件形式为基础，其他类型的媒体摘编使用。在平面媒体报纸上，这两种形式的新闻通稿具有明显的标志和区别。我们每天在报纸上看到的新闻，凡是新闻正文前面有：新华社北京×月×日电、新华社香港×月×日电、本报讯（记者×××）等字样，然后才是新闻正文的，都属于消息类新闻通稿。凡是新闻正文前面是：本报记者或只在文章最后才署记者名字的新闻，则绝大多数属于通讯稿。

新闻通稿的消息稿，是为了以最快的速度，在第一时间发出的最新消息，突出强调的是消息的时限性，以实现首声效应为目的，防止社会各界的无端猜测和不实传闻。消息稿在突发事件的初期，特别是第一次发布突发事件消息时，应该是首选形式。因为此时，事件刚刚发生，我们党委和政府有关部门对于事件的起因、性质、规模、危害、损失以及造成的社会影响等，都不是十分清晰、明确，我们对于整个事件的全面认识，要经历一个由表及里、由浅到深不断深化的过程，并不断接近事实真相。新闻通稿的消息稿及时快捷，不拘泥于形式，能够即时反映事件发展和处置的最新情况。

新闻通稿的通讯稿，则是新闻通稿的另一种更为重要的形式。相对于消息稿来说，通讯稿是对某一事实更加深入的报道。通讯稿所报道的新闻事实，可以从正面、反面、侧面、鸟瞰、平视、仰望、远眺、近看等不同角度进行观察和报道。通讯稿写作方法灵活多样，除了对事件的叙述，还可以进行描写、议论，也可以穿插人物对话、自叙和作者的体会、感受，既可以用第三人称的报道形式，也可以写成第一人称采访的形式等。总之，通讯稿形式更加灵活、内容更加丰富，报道更加深入，能够更好地反映事物、事件的本质和细节，对于客观分析事件的原因、全面报道处置的措施、有效消除公众的猜疑、正确引导社会舆论，为抢险救灾营造有利的舆论氛围，具有十分重要的作用。

（四）如何正确运用新闻通稿

要正确发布突发事件新闻，必须牢牢把握以下方法和要点。

一是尽快形成首声效应。发生突发事件，特别是负面事件后，当地党委和政府在组织人力物力处置的同时，要指定主要领导专门负责新闻发布工作。在最快的时间，引导主流媒体发出第一声，形成强大的首声效应，抢占舆论制高点，争夺舆论主动权。

二是成对发布新闻通稿。要在第一时间组织撰写事件消息类新闻通稿的同时，立即组织当地党报核心力量，第一时间进入事发现场采访，尽快撰写通讯类新闻通稿，协调中央、地方主流媒体及网络媒体，及时予以刊播、报道。争取消息稿和通讯稿同步刊发，至少要确保消息稿和通讯稿一前一后刊发、"成双成对"出现。

三是连续发布新闻通稿。突发事件的发生、发展、处置、衰减，直到最后化解，中间过程复杂多变，常常充满了不可预见性、不可确定性。各级领导干部绝不能错误地认为新闻通稿发布一次就完事了。否则，很可能造成社会舆论的反复、倒戈、逆转、变异，很可能引发新一轮、更大的舆论危机。为此，至少要确保在处置事件的每一个关键节点上，都要"成双成对"地发布权威信息。这样，就形成了消息稿随时向公众说明了"事件是什么"、通讯稿及时向公众说明了"事发为什么"。这样，就能有效填充舆论洼地，满足公众的知情权，避免各种猜疑，不给谣言预留传播空间，防止形成舆论洼地效应。

四是及时组织其他媒体进行报道。突发事件历来是新闻媒体关注的热点和焦点，这是由新闻媒体本身固有的属性决定的，是不以人的意志和各级领导干部的好恶为转移的。特别是都市类媒体和新兴媒体，热衷于充分报道突发事件，特别是负面事件，不仅是其职责所在，也是其重要"卖点"之一。对于这一点，我们领导干部既不能有反感思想，也不能有抵触情绪，更不能以种种借口与之对立，增加新的矛盾，树立新的对立面，无端消耗正面引导舆论的力量。应该牢固树立都市类媒体、新兴媒体是有效引导社会舆论的一支强大生力军的意识。都市类媒体、新兴媒体覆盖面更广，报道负面事件更加迅速、角度刁钻，对受众的影响力也更大。主动组织都市类媒体、新兴媒体加入正确报道事件的行列，多为其提供采访便利和行政支持，可以有效赢得舆论支持。对于都市类媒体、新兴媒体报道中存在的偏差和问题，要及时、正面、明确地指出和纠正，确保其发挥积极的作用。

五是不强制使用新闻通稿。在指导新闻媒体报道突发事件、负面事件过程中，除党报、党台必须刊播新闻通稿，尽量不要运用行政手段强制新闻媒体必须使用新闻通稿。党报党台在按照要求刊播新闻通稿的同时，要给予其足够的自由报道空间，支持鼓励其充分发挥积极性和主动性，采取适合媒体自身特点的手法，运用受众喜闻乐见的形式，从多种角度展开报道，尽量增加媒体舆论场中党报党台的话语比重，最大限度影响和引导社会舆论，满足社会各界的信息需求。对于都市类媒体、新兴媒体的基本要求应该是实事求是、注重策略，不一定强制其必须使用新闻通稿。要支持和鼓励都市类媒体、新兴媒体充分发挥自己的特长，采取更加灵活的形式，正确开展新闻报道活动，使之成为社会舆论场中重要的有生力量，确保社会舆论场的积极、健康。但要时刻注意把握，都市类媒体、新兴媒体每一个阶段报道的主体事实，必须与相应新闻通稿的消息稿相一致，报道基调不得违背消息稿中反映的客观事实。

二、舆论一律意识

有些同志对媒体和新闻舆论，存在认识上的偏差和误区。或不加区分，把所有媒体都当作党报党刊来看待，不切实际地要求舆论一律，要求所有媒体都要"正面报道"，不能进行舆论监督；要求所有媒体必须严格按照领导干部的要求，让报道什么媒体必须报道什么；让怎么报道，媒体就必须怎么报道。在现实中，这是不可能实现的。而且，随着形势的发展，会变得越来越不可行。

舆论的非一律性或者说舆论的多样性，是由舆论的本质内涵和本质特征决定的。舆论监督是舆论多样性最重要的表现。新闻媒体开展舆论监督，也是由新闻媒体本身固有的职责决定的，是不以任何个人的意志为转移的。

（一）舆论的概念和特征

"舆论"一词，在我国史籍中有多处记载，《三国志》和《梁书》中都有关于"舆论"的记述，泛指众人的看法，与现代意义的"舆论"有一定区别。也就是说，在西晋和唐代时期，我国社会各界就在与"舆论"打交道了。

1762年，卢梭在《社会契约论》一书中首次把"公众"和"意见"两个词组合起来表示"舆论"，丰富了舆论的内涵。

马克思、恩格斯则把"舆论"高度概括为"不可数的无名公众的意见"。

《辞海》对"舆论"一词的解释是：公众对共同关心而又有争议的问题所

持的大体一致的意见。对人们的行为有支持、约束作用。

从"舆论"一词的定义，我们可以领悟舆论的完整内涵。

一是舆论具有多样化特征。舆论产生的基础是社会公众，没有社会公众，舆论将成为无源之水、无本之木，不可能产生舆论。同时，舆论又是公众的意见和看法，常常无法实现绝对的一致。所以，舆论天生具有多样性特征，不可能实现"舆论一律"。

二是舆论具有集中性特征。一方面，只有公众的注意力在同一时间段，相对集中到了同一问题或同一类问题，才有可能形成舆论。在同一时间段，公众的注意力十分分散地指向不同的问题，是不能形成舆论的。在不同时间段，公众注意力即使关注同一问题或同一类问题，也不一定形成舆论。另一方面，公众必须对同一问题或同一类问题达成相同或相似的看法和意见，才能形成舆论。

三是舆论具有约束性特征。社会舆论是由现实社会的道德规范、价值取向和意识形态等深层次观念所决定的，对人们的思想和行为具有明显的约束性。特别是在过去漫长的人类历史长河中，在生产力水平不高、法律法规不健全的情况下，社会舆论是约束人们行为的主要规范，相对于法律法规，社会舆论是层次更高的行为规范。即使在法律法规相当健全的当今社会，社会舆论对于社会公众仍然具有强大的约束力，有时甚至超过了法律法规对人们的约束力。

（二）舆论监督的二重性

我们所说的舆论监督，是新闻媒体运用舆论的独特力量，帮助公众了解政府事务和涉及公共利益的社会事务，并促使其沿着主流价值取向、法律法规和公共社会生活准则的方向正常运作的一种媒体传播行为。舆论监督通常有两种形式：一是新闻媒体代表公众舆论实行监督，二是公众借助新闻媒体实行监督。

舆论监督的本质是新闻媒体报道的、反映人民大众共同关心的利益和问题的公众舆论。不论是中国共产党的党章，还是党领导下的各级人民政府的职能规范，都明确规定，各级党委和政府是代表广大人民群众根本利益的，是没有自己特殊利益的。

从这个意义上讲，我们的新闻媒体所进行的舆论监督具有双重属性。

一是新闻媒体所进行的舆论监督，大多是代表广大人民群众，对社会公共管理机构及其人员，以及违背社会主流价值取向、公共行为规范等负面事件和问题进行舆论监督；对人民群众反映突出的违犯法律法规、违反社会公德的问题进行舆论监督。新闻媒体通过深入采访，搞清事实真相，在大众媒体中予以曝光，形成社会舆论，促进问题的解决，约束有关社会群体和个体的行为，维护社会公众的利益，确保社会秩序正常、和谐稳定。

二是新闻媒体所进行的舆论监督，绝大多数是以党的路线方针政策、国家的法律法规为基础的，主要监督的是损害党、国家和广大人民群众的现实利益和长远利益的行为。舆论监督的目的是促进问题的解决，有效化解社会矛盾，巩固党的执政基础，强化党的执政地位。

所以，各级党委和政府及其领导干部，都应该真心实意地欢迎和支持舆论监督。害怕舆论监督、排斥舆论监督的单位和个人，常常是思想和行为出现了与党的宗旨相背离的倾向，应该认真反省、加强自律。从这个角度讲，舆论监督又是对我们工作、生活、行为和思想的一种检验与警示。

（三）舆论监督的必要性

舆论监督的必要性，也可以说是舆论一律的不可行性。

新闻媒体最基本的职能就是报道客观事实。客观事实本身就包括正面事件和负面事件。所以，新闻媒体除报道正面事实外，报道负面事实，进行舆论监督，也是新闻媒体与生俱来的工作职能和社会责任。

同时，新闻媒体开展舆论监督，也是我们共产党人一贯的坚定主张。

早在1848年7月，马克思就在《普鲁士出版法案》中写道，报纸是对国家官员、警察等"唯一有效的监督"。

1848—1849年，马克思和恩格斯在创办《新莱茵报》期间，将报刊的监督权提到报刊首要职责的地位。马克思指出："报刊不仅有权利而且有义务严密地监督人民代表先生们的活动……想剥夺报刊评论人民代表的议会活动的权利吗？那么，又何必要报刊呢？"

马克思、恩格斯曾经指出："报刊按其使命来说，是社会的捍卫者，是针对当权者的孜孜不倦的揭露者，是无处不在的耳目，是热情维护自己自由的人民精神的千呼万应的喉舌。"

19世纪60年代，马克思、恩格斯指出，党的报刊不仅是党带领无产阶级与敌人斗争的武器，是党的宣传和组织工具，它同时还应该成为党内批评斗争的阵地。党的报刊要坚决捍卫党的原则。当党的领导人中有人违背党的纲领时，党报就应该站在坚定的立场上，对其进行批评。

1879年，恩格斯指出，当不负责任的党团议员违反纪律，使党蒙受侮辱时，党的刊物将其卑鄙的言论以及更加卑鄙的行为公之于世，可以挽回党的荣誉。

马克思、恩格斯关于舆论监督的思想和论述，超越了新闻媒体的阶级性，揭示了所有新闻媒体开展舆论监督的普遍规律，内涵十分丰富，为新闻媒体开展舆论监督提供了理论支撑和思想指导。时至今日，认真解读，仔细品味，对各级领导干部有效消除舆论一律的错误认识、正确对待舆论监督，仍然具有十分重要的现实意义。

马克思、恩格斯认为，舆论监督是新闻媒体的重要使命。舆论监督，实质上是人民群众的监督。舆论监督，主要是针对执政者的监督。舆论监督是党内批评的重要阵地，是维护党的荣誉的有效手段，是社会安全的报警器，是维护社会秩序的重要工具。同时，舆论监督是最为有效的监督。

十月革命胜利后的第二天，列宁就宣布："我们愿意让政府时时受到本国舆论的监督。"列宁还指出，应当"通过报刊来揭露各个劳动公社经济生活中的缺点，无情地抨击这些缺点，公开揭露我国经济生活中的一切弊病，从而呼吁劳动者的舆论来根治这些弊病"。

中国共产党十分重视舆论监督，并对媒体开展有效的舆论监督指出了正确的方向、提出了明确的要求。

1953年1月5日，毛泽东在为中共中央起草的一个文件中提出："凡典型的官僚主义、命令主义和违法乱纪的事例，应在报纸上广为揭发。"

1950年5月16日，邓小平在西南局新闻工作会议上说："报纸最有力量的是批评与自我批评……报纸搞批评，要抓住典型，有头有尾，向积极方面引导，有时还要有意识地做好坏对比，这样的批评与自我批评才有力量。"

党的十三大报告明确提出，新闻和宣传工具要"发挥舆论监督作用，支持群众批评工作中的缺点错误，反对官僚主义，同各种不正之风做斗争"。党的十四大报告郑重指出："重视传播媒介的舆论监督，逐步完善监督机制，使各级国家机关及其工作人员置于有效的监督之下。"党的十五大报告则明确提出，要把完善民主监督制度，作为当前和今后一段时间政治体制改革的一项主要任务，并且强调要"把党内监督、法律监督、群众监督结合起来，发挥舆论监督的作用"。

新形势下，党的新闻工作方针明确指出，新闻工作要坚持团结稳定鼓劲、正面宣传为主。同时，要进一步改进和加强舆论监督。

习近平总书记早在福建宁德做地委书记时就明确提出："在加强舆论引导工作的同时，还要重视发挥舆论监督的作用。舆论监督是加强党的建设和民主政治建设的一项重要内容……各级党组织和政府应欢迎新闻工作者报喜也报忧，拿起舆论监督武器，对自己工作中的问题和各种腐败现象进行揭露批评。各级党政领导要正确对待新闻监督，要树立开放、开明的态度，对记者不应求全责备，要与新闻记者交朋友，把新闻监督看作对地方工作的支持，为新闻监督创造一个良好的政治环境。"在任浙江省委书记时以"哲欣"为笔名在《浙江日报》的《之江新语》上发表《莫把制度当"稻草人"摆设》一文也明确指出，充分发挥新闻媒体的监督作用，该曝光的要曝光，该通报的要通报，该惩处的要惩处。党的十八大后，习近平总书记也多次强调加强舆论监督的必要性、重要性："我们加强舆论监督，注重对比宣传，既发挥先进典型示范引领作用，又发挥反面典型警示震慑作用。"（2014年10月8日在党的群众路线教育实践活动总结大会上的讲话）"舆论引导和正面宣传是统一的。新闻媒体要直面工作中存在的问题，直面社会丑恶现象，激浊扬清、针砭时弊，同时发表批评性报道要完全准确、分析客观。"（2016年2月19日在党的新闻舆论工作座谈会上的讲话）

所以，舆论监督是新闻媒体必不可少的职能和义务，是体现新闻媒体批判性最重要的形式，是任何国家、任何时期、任何政治背景的新闻媒体共同具有的基本属性和特征。

媒体新闻舆论属于意识形态范畴，其内容和形式是由相应的经济基础决定的。经济结构的多元化，决定了媒体舆论的多样化。纵观我国新闻事业史，即使在高度集中、高度单一的计划经济体制下，我国的新闻媒体也没有完全丧失批判性，没有根绝过舆论监督，更没有放弃对党内错误思潮的批评，从来没有停止对不良社会现象的抨击。舆论监督是推动社会进步不可缺少的强大动力。

"舆论一律"会造成十分严重的后果。在这方面，我们曾经有过沉痛的教训。20世纪50年代末，由于经验不足、头脑不清醒，我们曾经片面强调"舆论一律"，新闻媒体一度放弃了独立思考能力，缺乏判断能力，舆论监督职能弱化；唯上级领导之命是从，领导说什么媒体就报道什么，领导怎么说媒体就怎么报，造成了浮夸风盛行，教训十分深刻，我们绝不能再犯同样的错误。

三、讳疾忌医意识

目前，大多数政府职能部门和领导干部都能以正确的态度对待舆论监督。当群众反映的问题或记者调查的问题见报后，立即就能引起有关领导干部的高度重视。被批评的职能部门也会马上反省、检查自身的问题，迅速采取有效措施，纠正或改正工作中的偏差与不足，并及时将问题的处理情况向新闻媒体反馈，受到了广大人民群众的理解、谅解、欢迎和支持，维护了党和政府的形象。

但也有一些地区、某些部门和单位及其领导，不能正确对待舆论监督。平时工作不尽职、不负责任、失职、缺位、工作存在严重弱项，违反党纪条规，损害群众利益，败坏党的形象。在人民群众通过新闻媒体对其实施舆论监督、促其改正缺点时，不是虚心接受、尽快采取措施、妥善解决问题，而是百般阻挠、排斥监督。

（一）死顶硬抗

有些领导干部对于明明存在、群众反映强烈的问题，矢口否认、死不认账，企图通过这种简单强硬的方式，使媒体记者产生畏难情绪、知难而退，自己得以蒙混过关。这种做法不仅很不明智，而且大错特错。

主流媒体在采编舆论监督报道时，通常都是指派资深记者采访。这些有着丰富采访经验的记者，工作作风都很扎实，不会根据风闻传言、道听途说写稿子、做节目，到达采访地后，都要进行深入细致的调查和采访。这些记者通常都十分敬业，为了核实事实中的一个环节，不惜翻山越岭、渡江涉河，哪怕知情群众住得再远、再难寻，他们也会将其找到，以确认事实。另外，这些记者调查采访某个事件的每一个环节，一般不会只采访一个人，通常会采访多个人进行相互印证。

我们的领导干部一定要认识到记者是一个十分独特的群体，没有他们查不清的事，没有他们访不到的人。主流媒体的资深记者采访某些领导干部之时，往往就是他们采访结束之日。此时，可以说他们已经掌握了足够的事实材料，基本搞清了事实真相；找领导干部采访，多数情况是看一看当地党委、政府对此事的态度，看一看主要领导干部在这一问题上的立场。而此时，如果个别领导干部采取死顶硬抗的态度，你的表现就会被完整形象地记录下来，作为此篇舆论监督报道的结尾，原原本本地暴露于光天化日之下。采取这样的态度，不仅丝毫改变不了事实，而且会立即成为众矢之的，对自身形象和党委政府的形象，都会造成很大伤害。我们有不少干部在这个问题上，屡屡"吃亏"。

最高明、最正确的做法，常常是最简单、最直白的做法。那就是实事求是、勇于担当、善于改正，这是一个普通共产党人应该具备的最基本的素质，也是一个领导干部执政、行政最基本的底线，每个领导干部都必须做到。否则，通常会受到撤职查办和党纪条规的严厉处分。我们领导干部要时刻牢记，记者是代表新闻媒体来采访的，其背后是广大人民群众。所以，面对舆论监督采访，一定要端正态度，善待记者；如果问题确实存在，就要坦诚地承认，明确表明党委政府和自己的态度，立即采取有效措施，纠正错误，改进工作。如果问题不存在或明显与事实不符，就要拿出确凿的证据，耐心向记者进行说明和解释，有效消除误会。同时，本着有则改之、无则加勉的态度，把记者提出的问题作为镜鉴，避免类似问题的发生。

需要特别重视的是，面对舆论监督采访，出现死顶硬抗现象的当事人之中，党政副职领导干部和一般机关干部的比例很大，主要表现有三种：一是硬顶，态度蛮横、恶劣，对铁的事实矢口否认；二是软抗，面对记者的提问，或顾左右而言他，或自言自语、自说自话，或态度热情而装傻充愣；三是失语，面对记者采访提问，听而不闻，视而不见，一言不发，转身回避，落荒而逃。此三种表现，刊播于新闻媒体之上，暴露于大庭广众之下，可谓出乖露丑、劣态百出，极大地损害了党和政府的形象。出现这种现象最重要的原因是，党政一把手没有授权，副职领导干部和机关干部不敢说话，更不敢说真话。如果出现了这种情况，当地党政一把手不应该迁怒于这些当事的干部，主要应该认真剖析自己，深刻反省自己平时的作风，仔细审视本单位长期以来形成的风气。

（二）曲线灭火

有些党政机关、企事业单位及其领导干部，把新闻媒体正常开展的舆论监督视为"失火""火灾"等不祥之事，把封堵新闻媒体的舆论监督统称为"灭火"。所谓"灭火"，就是一旦发现新闻媒体在其行政辖区或工作"辖区"内从事负面事件调查和舆论监督采访、报道，主要领导立刻就会高度重视，指令有关人员，使出浑身解数，动员一切力量，不顾影响，全力以赴，想方设法，化解报道。其"灭火"措施大致有以下几种。

一是釜底抽薪。一旦探听到记者要来采访某一负面事件，便立即行动起来，分别寻找事件当事人，四处游说，软硬兼施，诱使当事人"撤诉"、回避、缄口、改口、倒戈、反水，想尽一切办法，人为淡化、扭曲客观事实，刻意虚化、掩盖新闻线索，着力干扰、影响记者视听，力求大事化小、小事化了，最终实现瓦解采访、化解报道的目的。

二是拉拢记者。一有记者采访负面事件，立即来到记者身边，时刻不离左右，出车保障，派人陪同，以给记者采访提供服务之名，行监视干扰调查事实之实，充分满足记者之需，天天好吃好喝，最好顿顿醉酒误事。备以恰到好处的土特产品，施以不多不少的封口费。

三是托人说情。首先是挖空心思地调查寻找采访记者的上级、同行、亲属、朋友、同学、同事等，对记者实施围堵式说服，动之以情。其次是想方设法，寻找记者所在媒体的主管单位，对媒体和记者实施直接影响，施之以压。最后是以维护地方社会稳定、呵护地方经济发展、支持地方党委和政府工作之名，找到上级新闻主管部门，晓之以理，迫使新闻主管部门运用行政手段，封堵媒体的舆论监督。

四是媒体公关。这是个别地方和单位封堵舆论监督报道的最高手段和最后手段。上述几种措施如不奏效，则紧急派人赶赴新闻媒体，与媒体负责人展开多种形式的斡旋。或出钱买下舆论监督稿件；或洽谈投放媒体广告，替换舆论监督稿件；或邀请媒体为其刊播形象宣传稿件，李代桃僵。

上述举措，均属于不负责任、得过且过的权宜之计。客观上，助长了新闻行业的不正之风，阻碍了舆论监督作用的正常发挥，在社会各界造成了很大的负面影响。特别需要指出的是，即使"灭火"成功，客观存在的问题并未得到有效解决。经验表明，凡是过分看重"灭火"的主要领导人，多数不把有效解决实际问题放在心上，往往是"灭火"之前"高度重视"，"灭火"之后依然故我。事后，常常是把全力"灭火"的干部置于非常尴尬的境地。矛盾不真正解决，封堵、积累的结果，很可能会产生溃坝效应，引发更大的事端，甚至激起民变。

（三）打击报复

个别地方领导干部，特别是主要领导干部，形成了严重的家长作风，凡事独断专行、只听赞美之词，容不下一点不同之声，听不得半点逆耳之言。遇到媒体舆论监督，一触即跳；见到记者采访负面之事，恼羞成怒。有的采取"高压政策"，警告甚至恐吓记者终止采访；有的强捂严盖，甚至动粗，打记者、抓记者、抢设备、毁资料，使问题进一步扩大化、复杂化；有的威逼、强迫举报人或记者承认所反映的问题"不实"，打击报复举报人；有的设置陷阱，制造案件，倒打一耙，恐吓、诬告记者；有的运用多种手段，胁迫新闻媒体撤稿；有的甚至大量收购刊登批评报道的报纸，不准群众议论所披露的问题……

谎言终究遮不住真相。这样做的结果，常常使矛盾被迅速激化，使问题的性质发生根本性的演变，不仅当事个别领导干部会受到党纪国法的严惩，而且会对当地党委和政府的形象造成极大的损害，也会极大地损害党在人民群众中的威信。

舆论监督是社会主义政治文明的重要标志，是民主监督机制的重要组成部分。同时，也是各级党委、政府和领导干部的"保健医生"。自觉接受媒体的舆论监督则是国家公务员，特别是领导干部的义务，也是共产党人胸怀坦荡的具体体现。拒绝接受舆论监督，必有不可告人之处。失去监督的权力必然导致腐败和灭亡。

河北省委原书记、省人大常委会原主任程维高打击报复举报人郭光允，阻止舆论监督，迫害新闻工作者石坚，受到开除党籍处分。程维高事件再次证明，失去监督、没有制约的权力，必将给党的事业造成很大危害，甚至带来灾难性的后果。从这个意义上说，政府有关部门正确对待舆论监督，及时纠正存在的问题，可以有效化解社会矛盾，防止问题扩大化。

早在1962年，毛泽东在主持召开七千人大会时，对于领导干部自觉主动地接受人民群众的批评监督就有过一段精彩的论述，至今读来，言犹在耳，发人深省。现摘录如下，与各位读者共勉。

我们有些同志，对于马克思、列宁所说的民主集中制，还不理解。有些同志已经是老革命了，"三八式"的，或者别的什么式的，总之已经做了几十年的共产党员，但是他们还不懂得这个问题。他们怕群众，怕群众讲话，怕群众批评。哪有马克思列宁主义者怕群众的道理呢？有了错误，自己不讲，又怕群众讲。越怕，就越有鬼。我看不应当怕。有什么可怕的呢？我们的态度是：坚持真理，随时修正错误。我们工作中的是和非的问题，正确和错误的问题，这是属于人民内部矛盾问题。解决人民内部矛盾，不能用咒骂，也不能用拳头，更不能用刀枪，只能用讨论的方法，说理的方法，批评和自我批评的方法，一句话，只能用民主的方法，让群众讲话的方法。

不论党内党外，都要有充分的民主生活，就是说，都要认真实行民主集中制。要真正把问题敞开，让群众讲话，哪怕是骂自己的话，也要让人家讲。骂的结果，无非是自己倒台，不能做这项工作了，降到下级机关去做工作，或者调到别的地方去做工作，那又有什么不可以呢？一个人为什么只能上升不能下降呢？为什么只能做这个地方的工作而不能调到别的地方去呢？

……

现在有些同志，很怕群众开展讨论，怕他们提出同领导机关、领导者意见不同的意见。一讨论问题，就压抑群众的积极性，不许人家讲话。这种态度非常恶劣。民主集中制是上了我们的党章的，上了我们的宪法的，他们就是不实行。同志们，我们是干革命的，如果真正犯了错误，这种错误是不利于党的事业，不利于人民的事业的，就应当征求人民群众和同志们的意见，并且自己作检讨。

四、官僚主义意识

有些领导干部在执政理事过程中，不能切实贯彻落实科学发展观，只注重经济指标的增长，忽视了全面、协调和可持续发展，治下辖区的社会矛盾不断积累。

在工作方法上，有些领导干部不顾及群众，只重视政令的实施，不注重做政策宣传和思想疏导，不注重发动群众，常常采取压制强迫等简单粗暴的方式，习惯沿用行政命令的方式开展群众工作，伤害群众感情。有的"钦差大臣"满天飞，老子天下第一，把自己的意志强加于人，为了自己的威信而坚持错误，出口伤人、以权压人，甚至动用专政手段对付群众。

在感情态度上，有些领导干部疏远群众，对群众的困难不闻不问，不关心人民群众疾苦，特别是对一些贫困地区以及矛盾和问题比较突出的企业和单位，不是为群众鼓与呼，不是满腔热忱地帮助他们解决实际困难，而是遇到问题绕道走，对群众的困难、愿望和意见，漠不关心，麻木不仁。有的特权思想严重，服务态度生、冷、硬，不给好处不办事，给了好处乱办事。有的办事拖拉，人为设置障碍，能马上办的事拖着，不能办的事敷衍着。

在思想认识上，有些领导干部轻视群众。不认真调查研究，不虚心向人民群众学习。做决策不同群众商量，主观臆断，制定的措施经常让群众想不通，造成执行难。常常把工作中的错误和失败归咎于群众思想落后，使群众失去信心。有的领导干部瞧不起群众，把群众的善良当成软弱，把群众的信任当成负担，把群众的呼声当作刁难。

在行政作为上，有些领导干部秉持"独善其身论"的狭隘思想，片面割裂工作的连续性。对于群众反映的问题，如果是自己在任时形成的，就管上一管；如果是上一任领导任期内出现的问题，就不想插手，或想方设法予以推脱，或虚与委蛇，或装聋作哑。在任期间，有时碰到困难、遇到矛盾，或绕道而行，或刻意回避，得过且过，试图拖到任期一满，一走了之。

由于官僚主义的存在，群众的切身利益不断被侵害，群众的实际问题长期得不到有效解决，问题会越拖越大，矛盾会越来越尖锐。地方政府和领导不能为民做主，群众向新闻媒体反映情况，通过舆论监督，形成一定的社会压力，引起上级党委和政府的重视，如果能够促成问题的解决，则对于地方党委、政府，对于党的事业，对于广大人民群众，甚至对于有关领导干部来说，都应该是一件好事。不仅是有效化解社会矛盾的好事，还促进了多赢局面的实现。这应当视为新闻媒体的善行义举，新闻媒体及其记者应当受到善待，而不应当受到排斥。

【典型案例】

陕西横山官煤勾结事件

2009年7月20日，中央人民广播电台中国之声的记者采访得知，最近，陕西省榆林市横山县两位老师被强令停课，原因是县里让他们回家阻止亲属上访向中央和省里等有关领导机关反映当地煤矿私挖滥采的问题。如果阻止不了亲属的上访行为，就不能回学校上班。

中国之声的记者调查发现，在陕西横山，有多名政府官员和公职人员暗中参股煤矿经营，被陕西省政府明令关闭的煤矿仍在非法开采。

在采访中，记者找到横山县委书记核实情况，问道：在横山县，是否还有其他官员暗中参股煤矿经营？县委领导对此又是怎样的态度呢？

横山县委书记苏志中面对记者的突然到访和提问，显得有些急躁，说："你们中央台的记者管得也太多了吧？你问的事我一概不知道。所以，你要我给你说情况，我一概不知道怎么给你说情况嘛。"

媒体报道，自2009年4月20日以来，陕西横山县殿市镇胡楼房村前店组发生3宗群众集体赴京上访风潮。上访群众反映：村子附近的雷阳畔煤矿和西塔沟煤矿，有多名公职人员暗中参股煤矿经营。被陕西省政府明令关闭的煤矿仍在非法开采，导致村庄成了采空区，出现山体塌陷，水源枯竭，人畜饮水困难。

6月19日，赴京上访的11名群众，其中10人刚返回当地，就因"非正常上访"被行政拘留。但群众"拼了命的上访"并未被阻止成功。21日，同村另外8名群众又进京上访。

2009年7月20日，中国之声播出《陕西横山官员参股煤矿 明令关闭煤矿依旧非法开采》的报道后，引起了强烈的社会反响。横山县当天组成工作组展开全面调查。同时，榆林市纪委也介入了调查。当地群众纷纷致电记者表示感谢，并称报道中提及的雷阳畔煤矿和西塔沟煤矿已被关闭，老百姓收听到广播后拍手叫好。

【案例剖析】

一、认为中央台记者多管闲事的认识是非常片面的

从马克思、恩格斯、列宁到中国共产党的几代领导集体和领导人，都对新闻媒体开展舆论监督做过明确论述和指示。任何政治背景、任何国别归属的新闻媒体，都承担着舆论监督的共同职责，都有权利和义务对执政者进行舆论监督。这一点是所有新闻媒体的共性。

舆论监督是新闻媒体的重要职责，认为中央人民广播电台等主流媒体只能搞正面宣传，开展舆论监督就是"管得太多"，这是"舆论一律"意识的表现，是对新闻媒体非常片面的认知。

二、指责新闻媒体舆论监督是违背党的主张

从1987年起，"舆论监督"的概念持续出现在党的十三大至十九大的政治报告中，多次对新闻媒体开展舆论监督活动提出明确要求。

《中共中央关于构建社会主义和谐社会若干重大问题的决定》指出："新闻媒体要增强社会责任感，宣传党的主张，弘扬社会正气，通达社情民意，引导社会热点，疏导公众情绪，搞好舆论监督。"赋予了新闻媒体包括舆论监督在内的六项职责。

2005年12月，胡锦涛在中共中央政治局第二十七次集体学习时指出："认真推行政务公开制度，完善人大、政协、司法机关、人民群众、舆论依法进行监督的机制。"把舆论监督作为推行政治体制改革五大监督系统的重要组成部分。

习近平总书记在任浙江省委书记时就撰文指出："各级领导干部都要欢迎舆论监督，主动接受舆论监督，通过运用舆论监督，改正缺点和错误，努力把工作做得更好。"（《领导干部要欢迎舆论监督》，2004年5月26日《浙江日报》以"哲欣"笔名发表）。党的十八大后，习近平总书记说："我多次强调，要把权力关进制度的笼子里，一个重要手段就是发挥舆论监督包括互联网监督作用。这一条，各级党政机关和领导干部特别要注意，首先要做好。"（2016年4月19日在网络安全和信息化工作会上的讲话）

对新闻媒体开展舆论监督活动横加指责，是对党的路线方针政策把握不全面的表现。每一个领导干部都要十分重视并加强学习，确保在执政理事过程中，时时处处与党中央保持高度一致。

三、排斥舆论监督是党性缺失的表现

真正的共产党人是不怕并欢迎舆论监督的。关于领导干部如何面对群众的批评，如何面对舆论监督这一问题，毛泽东早在20世纪就已经详细具体地教授给了我们。

毛主席说："因为我们是为人民服务的，所以，我们如果有缺点，就不怕别人批评指出。不管是什么人，谁向我们指出都行。只要你说得对，我们就改正。你说的办法对人民有好处，我们就照你的办。

"错误和挫折教训了我们，使我们比较地聪明起来了，我们的事情就办得好一些。任何政党，任何个人，错误总是难免的，我们要求犯得少一点。犯了错误则要求改正，改正得越迅速，越彻底，越好。

"我们揭发错误、批判缺点的目的，好像医生治病一样，完全是为了救人，而不是为了把人整死。一个人发了阑尾炎，医生把阑尾割了，这个人就救出来了。任何犯错误的人，只要他不讳疾忌医，不固执错误，以至于达到不可救药的地步，而是老老实实，真正愿意医治，愿意改正，我们就要欢迎他，把他的毛病治好，使他变为一个好同志。"

领袖的教导，朴实而无华，循循而善诱，通俗而易记，简单而深刻，可谓大谋略、大智慧，这不仅是我们正确对待群众批评的上善之法，也是我们正确面对舆论监督的高明之策。笔者认为，在如何面对媒体舆论监督上，任何应对之法，任何机巧之术，都不及毛主席教导我们的方法简单睿智、高明高效。严格按照毛主席的教导办事，不仅能够迅速化解危机，而且能够有效增强党的凝聚力和战斗力，并不断巩固和加强党的执政基础。

四、官僚主义有损党的形象

所有的新闻媒体都是大众媒体。实质上，记者的背后是新闻媒体，新闻媒体的背后是社会公众。如何对待媒体和记者，实质上是如何对待社会公众的问题。通过记者的采访录音，广大听众感到县委书记对待记者的态度非常恶劣，感到官僚主义作风的盛气凌人。

领导干部对待记者的不良态度，引起了广大受众的强烈不满。如此之下，社会各界淡化了对于横山县煤矿违规违法、私挖滥采的核心事实，而把目光和注意力集中到了横山县委、县政府的立场和态度上。

同时，作为县委书记，对辖区之事一概不知道，是不是一种严重的失职行为？县委书记因此受到社会各界的强烈质疑，并成为又一个新闻素材。

第二节

民为贵，社稷次之——牢固树立以人为本意识

以人为本，执政为民，不仅是我们党执政的根本宗旨，也是有效引导舆论的基础和保证。只要平时按照党的宗旨执政、行政，自然就会赢得社会舆论的支持。做到了这一点，则对媒体越开放、越透明，舆论氛围就越有利。

一、以人为本是有效引导舆论之基

以人为本，是科学发展观的核心，是共产党坚持全心全意为人民服务的党的根本宗旨的体现。

首先我们来了解一下以人为本的哲学内涵。从根本上说，人类哲学社会科学研究的范畴归结起来有三个，即人、物、神。哲学主要关注和研究的是人、神、物之间的关系。

在相当长的历史时期中，西方哲学主张以神为本，人要从属于神，神权至上；以物为本，人要从属于物，奉行拜物主义。

而以中国为代表的东方哲学则主张以人为本，强调人是天下最贵重的，人贵于物。《论语》记载："厩焚。子退朝，曰：'伤人乎？'不问马。"意思是说，马棚失火，孔子赶到火灾现场，首先问：伤人了吗？而不问马的死活。孔子把人看得比马重要。

《孟子·尽心下》记载，孟子曰："民为贵，社稷次之，君为轻。是故得乎丘民而为天子，得乎天子为诸侯，得乎诸侯为大夫。"意思是说，人民放在第

一位，国家其次，国君在最后。这是因为，有了人民，才需要建立国家；有了国家，才需要有国君；有了国君，才需要设立政府；有了政府，才需要设立官员。国家是为民众建立的，政府是为民众设立的。这就是我国古代哲学中的民本思想，也就是代代相承的"重民"理念。

实践证明，我国古老哲学中的民本思想是先进的理念，能够促进经济社会的全面、持续、快速发展。在我国，从西汉时期汉武帝"罢黜百家，独尊儒术"开始，儒家思想成为历代治国理政的正统思想。到唐朝，中国的综合国力已是举世无双，GDP占到了全世界的80%。直到明朝前期，仍然是世界上第一号强国。

以人为本思想是中国共产党借鉴世界各国经验教训，针对我国当前发展中存在的突出问题提出来的，主要意图是克服发展就是经济快速增长、就是国内生产总值快速提高而忽视人民群众的根本需求、损害人民群众的根本利益等违背科学发展的突出问题。

面对现代新闻舆论的多维立体传播，面对新闻媒体这把"双刃剑"，要想正确面对媒体，有效引导舆论，不被"斩落下马"，每个领导干部必须在思想上真正树立起全心全意为人民服务的宗旨，正确理解党的事业和人民利益的关系，坚定不移地在思想上、行动上做到权为民所用、情为民所系、利为民所谋，躬身践行科学发展观，真正做到替人民办事、为人民说话、对人民负责。

科学发展观的核心是以人为本。坚持以人为本，就是坚持以民为本。各级领导干部想问题、做决策、办事情，都要把实现好、维护好、发展好最广大人民群众的根本利益作为出发点和落脚点，这才是正确面对媒体之根，有效引导舆论之本。

2009年6月30日，中国共产党成立88周年之际，在全国优秀共产党员代表座谈会上，习近平同志向广大共产党员提出了五点要求，即自觉实践全心全意为人民服务的根本宗旨，把对上级负责和对群众负责统一起来，爱民、为民、利民想问题，依法、公正、公平办事情，在联系群众、服务人民、造福百姓中实现自己的人生追求。

河南省内乡县有个保存完好的县衙，那里有副对联写得很好，发人深省。上联是"得一官不荣，失一官不辱，莫道一官无用，地方全靠一官"，下联是"吃百姓之饭，穿百姓之衣，勿言百姓可欺，自己亦是百姓"。封建官僚尚能如此，我们共产党人更应当努力做好。

二、统筹安排，重视舆论引导

不少基层干部反映，要想促进和谐，必须推动发展。在推动发展过程中，干部殚精竭虑地谋划，竭尽全力地工作。但是，对于许多具体工作，群众就是不支持、不配合、不买账，动不动就找来记者，通过媒体"曝光"。总会存在问题，总能找到问题。当事干部轻则受处分，重则丢饭碗，基层工作越来越难，基层工作越来越没法做。干部说出了实情，道出了苦衷。

存在这样的矛盾，归根结底是群众不知情的问题，主要是我们对群众的动员发动工作不够造成的。长期以来，我们动员发动群众，习惯于开会布置，逐级传达到基层，基层农村、社区再面对面地向群众解释、说明、宣传。目前，我国正处在经济快速发展时期，民众的工作节奏和生活节奏变得很快、很紧张，人员流动性大大增加，很少再像以前计划经济时期那样，一声令下，就能把一个地区、一个单位的几百、几千、几万男女老少全部召集起来，开个大会，我们要做的事情，就尽人皆知了，群众就发动起来了。

另外，我国目前已进入问题多发期和矛盾凸显期，越是基层，离群众越近，面临的实际问题越多，出现的矛盾就越多。而这些问题和矛盾，往往集中堆积在离群众最近的干部面前。所以，当遇到落实重要决策需要群众支持时，当遇到突出问题需要向群众说明时，当遇到大的困难需要群众帮助时，仅仅依靠居委会大妈、村支书、村主任面对群众动员宣传，是远远不够的。动员、说明、解释的机关和领导干部级别越高，民众的信任度就越高。而新闻媒体是发动群众、动员群众的最好工具。

各级党委、政府和领导干部，要高度重视新闻事业的发展，在人力、物力、财力上，要支持当地新闻传媒事业的发展。市级新闻媒体种类比较齐全，通常是报纸、广播、电视全部都有，而报纸一般是只有面对市级机关和干部的党报，没有覆盖面更广的都市类报纸。所以，市级党委和政府，在重点办好党报的同时，要着力办好广播电视事业。而县级及以下党委和政府，由于本级没有党报，大众信息的传播只能依靠广播和电视。据了解，有些地区的有线广播早已处于瘫痪状态，遇到紧急情况，非常无奈，十分被动。比如，2009年7月17日，河南省杞县发生全县群众大规模恐慌外逃事件，由于有线广播系统早在9年前就已瘫痪，正在外逃或正在准备外逃的群众无人看电视，通过电视进行辟谣毫无效果，县委、县政府领导干着急、没办法。所以，市、县、乡、村一定要重视发展广电事业，特别是广播电视村村通工程。

各级党委和政府要把新闻舆论工作纳入重要工作议事日程，在谋划重要工作时，要把新闻报道工作放到重要地位，统筹协调，全盘考虑。在重点工作实施过程中，特别是在触及敏感问题的工作中，新闻报道要先行，要主动公开信息、及时告知公众，让新闻报道为实际工作鸣锣开道、鼓劲加油，发动群众参与监督，动员群众积极支持。

【典型案例】

小凤雅慈善事件真相大反转

有网友发文，指认河南省太康县女童王凤雅家人将募集用来为其治疗眼癌的15万元善款给儿子治疗兔唇，放任女儿眼病不断恶化最终死亡。针对网上舆情，太康县成立专门的调查机构。调查信息显示，王凤雅父母实际上收到捐款

38638元，都用在王凤雅的治疗上，不存在被挪用，结余的1301元已于5月25日由王凤雅的爷爷转捐太康县慈善总会。调查结果公开后，众多曾转发指责王凤雅家人文章的网友删帖并道歉。

【案例剖析】

在网络高度发达的当下，网络舆情已然成为影响社会持续有序发展、维护社会和谐与稳定的重要因素。如何因势利导、提高新形势下舆情信息的分析能力，及时准确地掌握社会舆情动态，积极引导社会舆论，是政府机关职能部门所面临的严肃课题与严峻挑战。

一、舆论引导应及时主动

舆论阵地，正确的声音不去占领，错误的声音就会蔓延。网络时代更是如此，如果对一些新闻事件不能第一时间做出反应，就可能时时落后、处处被动。从传播学的角度来说，存在首因效应，受众对于第一时间的报道会有先入为主的思想，一旦观念形成，即便信息接收的是片面的、存在误区的，也很难通过后期的完整真实报道进行修正。要想正确发挥引导作用，获得主动权，就必须在各类利益和突发事件中第一时间以权威口径及时发布第一手资料，准确、全面地报道事实真相，掌控舆论主导权。当然，做出快速反应并不等于匆忙表态，有些事件刚刚发生，后续究竟如何发展还有待观察，舆论引导决不能盲目跟风，甚至推波助澜，而是要形成成熟独特的判断，根据舆情变化做出调整，抓住时机，把握节奏，讲究策略，适时适度引导舆论导向。

二、舆论引导应求真务实、讲求方法

引导过程中应坚持不回避、不遮掩，主动出击还原事实、解读热点，要以大局为重，以人民的根本利益为主要出发点，耐心引导，围绕突发性事件引起的社会热点和网民的关注点做新闻，满足民众对事件了解的欲望和诉求，也使媒体自身的信息与观点富有社会价值。舆论引导还应解决好"说多少、说多久、怎么说"的问题,"火候"太过或者不到,都可能产生相反的效果,要拿捏分寸、掌握火候,讲究适时适度;把准舆论引导的实效和质量,既要尊重受众的知情权、参与权,回应大众关心关注的热点问题,又要善于因势利导,引导受众正确认识事物真相,确保取得最佳舆论引导效果;高度关注网络舆情,对于一些不实的传言,主流新闻网站要及时澄清,用大量事实攻破,改善舆论环境;加强对网络评论的跟帖引导,正面回应社会质疑和纠正错误信息,有效地主导舆论导向,引导受众明辨是非、认清形势。

三、舆论引导应增强预见性和可控性

与传统媒体相比,新型媒体具有传播性快、互动性强、隐蔽性高、分散性广的特点,在极短的时间内可以形成巨大的信息量,随着事件不同时间段的走向会产生不同的效应,任何一个极微小的信息点都有可能引发不可控的舆论效应。职能部门要及时跟踪信息,全面监测舆情,研究分析事件发展阶段的可能趋势和特点,寻找合理的对策和疏导办法,从而有效化解负面公共舆论影响。

三、善待人民群众,避免危机事件

我们常说"百姓之事无小事"。其实,百姓之事也无太大的"大事"。不少媒体和记者反映,基层许多久拖未解的事,其实只不过是一些干部举手之劳的事,有关领导费心过问过问,有关部门协调协调,就可以很好地解决。为什么非要推、拖?日积月累形成矛盾后,老百姓到新闻单位讨公道,找新闻媒体曝光,通过舆论进行监督,以求得问题的解决。平心而论,这是老百姓采取的既冷静、理智,又合法、有序的方式,也是一种非常温和的行为。否则,一旦矛盾激化,很可能会引发大的事端,甚至激起民变。

有些干部认为,群众上访大多是无理取闹、胡搅蛮缠,给工作添乱,给政府抹黑，破坏稳定，影响和谐。

现实中，的确有无理上访、缠访之人。但多数情况下，群众上访，特别是集体上访，都是事出有因，定有冤情。这样的判断，既不唯心，也不武断。我们不用去调查，只需设身处地地想一想，就能得出这样的结论：在北风凛凛的寒冬，在烈日炎炎的盛夏，如无冤情，谁会大老远地跑到党委、政府的大门口，进行无理纠缠？谁愿意去面对机关门卫威严的面孔、承受警察冷峻的眼神？谁会无事生非、自取其辱？谁又敢轻易地去当地最高行政机关没事找事？

有些领导干部认为，老百姓一点规矩都不懂，有事你可以去找相关部门。对征地有意见，你可以去找国土资源管理部门；对拆迁有意见，你可以去找城建部门；对国企改革有意见，你可以去找国有资产管理部门；实在不行，你可以到法院去告状、打官司，为什么非要找领导机关和党政领导说事、违法封堵党委的大门？

对于这个问题，我们往深层次想一想，很容易就明白了。有些问题摆出来，可能显得很尖锐，有些话说出来、听起来，可能感到很刺耳。但我们是共产党人，要实事求是，不能掩盖和回避矛盾，应该面对现实。下面，我们边深入分析边进行必要的假设。

分析假设之一：老百姓一有"冤情"，马上就来找我们一级党委，说明他们现在还最信任共产党，还相信共产党能够为他们撑腰做主、主持公道。如果老百姓不再信任共产党了，认为共产党不再代表他们的利益了，那么，他们再有了冤情，也就不会找共产党了。假设有一天，老百姓有了"冤情"，不再找共产党的组织主持公道，而是去找其他党派或政治势力，我们共产党离失去执政地位的时间就不远了。

分析假设之二：老百姓一有"冤情"，马上就来找我们一级党委，是因为我们共产党是执政党，说话算数、有分量，能够管得住政府职能部门的官员。政府职能部门的官员还听共产党的话、还按共产党员的要求办事。假如我们共产党丧失了执政地位，说话不算数了，没人听党的话了，那么，老百姓有了冤情还会来找我们共产党吗？当年国民党在大陆也是执政党，最初，老百姓有事也是找国民党，后来，老百姓有事不找国民党了，改找我们共产党了。共产党专门替老百姓办事，老百姓都跟着共产党走，国民党很快就丧失了执政地位。

分析假设之三：老百姓有了"冤情"来找我们一级党委，对我们共产党来说，是天大的好事。这说明我们党现行的方针政策得民心、顺民意，受拥护；老百姓发现身边党政组织或人员明显违背党的主张、损害群众利益、败坏党的形象，经过在局部冷静、理智、合法、有序的抗争，无法抵制，才来向更高级的党委反映和举报，以求得问题的快速解决，使党的执政基础得以巩固和加强，这相当于老百姓在每地每处、每日每时自觉主动地为我们共产党看堤守坝，发现蚁穴险情，自己无法排险，及时自发地跑来向我们报告、预警。这对于我们共产党来说，还不是天大的好事吗？对于任何执政党特别是我们共产党来说，老百姓就是天。即使老百姓来找我们主观上是为了维护和争取自身的利益，也与我们党的性质和宗旨是一致的，一点儿都不矛盾。客观上，对党是有益无害的。

分析假设之四：老百姓有了"冤情"来找我们一级党委，是对我们共产党充满希望的表现。老百姓有了困难、疑问来找我们，是对执政党有信心，满怀希望的最直接、最具体的表现。如果老百姓对执政党丧失信心，彻底失望，那么，老百姓通常会采取两种态度。一是听之任之，对其存在的问题不闻不问，漠不关心。对其暴露的问题视而不见，冷眼旁观，决不出手相助，甚至巴不得见到你堤坝上的"蚁穴"发展成"管涌"，最好是马上"决堤溃坝"。二是转身倒戈。或舍你而去，瓦解你的执政基础；或背你而去，转身加入其他政治势力的阵营；或揭竿而起直接与你为敌，赶你下台。这样的教训在东欧比比皆是。

四、站在人民一边处理复杂问题

对于同一个问题、同一个事件，站在不同的立场分析、处理，会产生截然不同的结果。我们说话、想问题、办事情，首先要解决的是立场问题。立场错误，绝对办不好事情，更谈不上正确引导舆论。

1947年，毛泽东转战陕北，在榆林、佳县14个村庄生活战斗了100天，亲自指挥了沙家店战役，起草颁布了《中国人民解放军宣言》和《中国土地法大纲》两大重要文件，在中国革命史上留下了浓墨重彩的一笔。同时，毛主席为中共佳县县委题词"站在最大多数劳动人民的一面"，题词精神体现了中国共产党的性质、宗旨，也是我们正确处理新形势下的复杂矛盾和问题、有效引导社会舆论的根本所在。

目前，个别党政机关的领导干部，不知不觉模糊了自己与群众的关系，在想问题、做决策时，没有切实把人民群众放在主人的地位，也没有真正把自己定位在人民公仆的位置，导致自己和人民群众的关系产生了错位，甚至颠倒。在推动工作特别是涉及群众切身利益的工作上，没有把群众纳入视线，没有运用新闻媒体对群众进行必要的宣传和发动，导致办好事群众不理解，甚至不知道，产生了抵触情绪和行为，人为增加了社会矛盾，影响了工作的开展。出事后，又不及时公开信息，导致猜测和传闻四起，致使事件进一步复杂化。

通过跟踪研究群体事件，可以发现：除"3·14""7·5"等敌我矛盾事件，绝大多数群体性事件都属于人民内部矛盾。事件的初始阶段，群众聚集成群、打出标语、高呼口号、封堵道路、围堵党政机关大门等行为，多数是因为基层解决问题不力，群众为了引起有关部门和领导的重视，寻求问题的快速解决。这一阶段，群众的行为基本上是冷静理智、合法有序地表达自己的利益诉求。

在群体性事件的初期，领导干部要坚持以人为本、千方百计地化解矛盾，防止事件升级。主要领导尽快出面接待群众代表是第一要务，有效疏导群众的情绪是首选方法，认真妥善地处理群众反映的问题是核心和关键。

有些领导干部对待上访群众的态度不认真，遇到群体上访，随便派个一般干部，出面应付应付，把群众打发走了事。群众回去后，反映的问题迟迟得不到有效解决，因产生受欺骗的感觉而形成情绪的叠加，造成重复上访，甚至导致事件升级。

有些领导干部，或不愿为群众解决问题，或感到没有能力解决问题，而错误地采取拖、磨、耗等消极办法，任凭群众在门口晒着、淋着、冻着、渴着、饿着，错误地认为群众熬不住了，自然就散了，就回家了。

有些领导干部在处理群体事件时，习惯于动用警力，派出警察与群众对峙。同时，闪着警灯的警车上的高音喇叭专门选择有关法律、法规中的处罚条款，一遍又一遍地反复广播，说群众的行为违法，如不散去，必受严惩。不断挑逗苦苦忍耐煎熬、长时间等候的群众。这样的做法，表面上或主观上是想警告群众，防止群众行为过激扩大事态，但实际上、客观上就等于把群众推向了对立面，把群众当成犯罪嫌疑人进行防范和警告。此时，群众的情绪很容易被激怒，先是产生情绪对抗，进而出现语言争辩、恶语相向，直到肢体冲突，最后导致冲突升级，形成恶性群体事件。这样的教训很多。

更有个别蜕化变异的领导干部，其本身就是侵害群众利益、引发群体上访事件的始作俑者之一，或本身就是侵害群众利益的利益链上的一环，出于坚决维护自身利益和少数人利益等不可告人的目的，不仅不化解矛盾，反而采取多种手段，刻意激化矛盾。

目前，不少群众认为，有些领导干部"不怕见官，就怕见报"。于是，有些群众遇到难以解决的问题，常常找记者、找媒体，试图通过舆论监督寻求问题的解决。平心而论，这也是群众的一种合法、有序、冷静、理智的行为。媒体派记者调查采访、公开报道后，有些领导干部不能够正确面对，在与新闻媒体的交涉中出现失误，让受众的误解加深，或又使受众增加了新的误解，造成了新的被动。

【典型案例】

北京丰台闹市抢孩子事件

2018年10月4日，微博用户"六月的雨在哪里"发文称，其与妻子在丰台区大红门一家商场买奶粉时，婴儿车内未满周岁的儿子遭遇了三名前来抢夺孩子的妇女，在其妻子的呼救和现场人员的帮助下，儿子未被抢走。报警后，警方以"认错孩子"为由，对当事人处以行政拘留5日的处罚，丰台公安分局也未予立案。"抢孩子"却没有受到刑罚的言论传遍网络，民众对警方执法是否得当提出广泛质疑。10月5日北京市公安局回应对案件开展复核，10月6日北京警方通报调查情况，称涉事老太与儿媳关系不合一直见不到孙子，误将女事主张某认成自己儿媳上前讨要孩子。此事件引起民众广泛争议。

【案例剖析】

此次"抢孩子"事件中，民众讨论的关键词之一是"人贩子"。人贩子问题的屡禁不止，早已使人们的负面情绪积累到了相当程度，而这起事件再次触及了社会的底线和民众最敏感的神经，此时任何一条相关事件都可能成为引爆民众情绪的导火索。这起事件中，警方在事件之初的简单处理就成了导致事态扩大的直接原因。

从后续警方的通告看，从法律角度分析，警方的处理程序合法、结论合规，但站在民众的立场，由于初期警方通告过于简单，信息缺失导致民众对警方的处理产生质疑，感受到的是安全保障的缺失和职能部门的不作为。虽然广大网友并不是事件当事人，但覆巢之下安有完卵？身处同一社会，谁又能确保类似事件不会在自己身上发生？正是因为对社会安全环境和自身安全利益的关切，民意沸腾也就显得顺理成章了。

舆情是民意集合的反映。换句话说，民意是形成舆情的始源，没有民意，就没有舆情。职能部门应更加重视民众诉求，在具体问题处理上，真正做到以群众满意为标准，更多地想民众之所想、急民众之所急。此次事件中，如果警方能够更多地关注当事人的诉求，事件之初便充分地做好调查处理和解释沟通工作，事态应能得到很好的控制。

从节约社会资源的角度，警方对案情清晰、定性明确的案件进行直接处理，本无可厚非。但"防民之口，甚于防川"，一旦事件因处理不当导致舆情爆发，后续处置不仅耗时费力，更会影响到职能部门的公信力，造成不可挽回的损失。如何权衡把握、统筹兼顾是政府机关职能部门必须面对的重要课题，负面情绪清单制度为此提供了解决方案。利用大数据和智能分析技术，对社会痛点、民众关切进行统计、梳理和分析，列出负面情绪清单，对发生的列入清单的相关事件，合理分配资源力量，专事专办妥善处理，防止矛盾激化。

第三节

防民之口，甚于防川——坚决摒弃封堵思想

中国早有"防民之口，甚于防川；川壅而溃，伤人必多；民亦如之。是故为川者决之使导，为民者宣之使言"的古训。在今天的媒体管理和舆论引导上，要借之、鉴之。

近年来，随着改革开放的不断深化，我国综合国力的全面提高，广大民众的民主意识显著增强，知情权需求和话语权诉求空前高涨，这就决定了我们的新闻管理应主要采取以疏为主的方式，坚决摒弃封堵思想。

一、新闻资源的不可封堵性

随着人类社会的不断进步，人们对于新闻信息的需求与日俱增。经过多年的繁荣发展，特别是近年来科学技术的进步，极大地推动了新闻事业蓬勃发展，新闻已成为一个涉及面宽、覆盖面广的综合性行业。目前，新闻行业不仅是一种重要的公共事业，也成了一个体系庞大的产业，其运作方式与一般工商企业没有根本性区别，实现利益最大化是所有新闻媒体具有的共性之一。

国外的新闻媒体，大多数是独立的企业。在我国，新闻媒体除党报党台属于事业单位性质、企业化经营管理，其他新闻媒体绝大多数都属于文化企业，完全实行企业化运作。新闻媒体也与其他工商企业一样，在遵纪守法的前提下，追求新产品的开发，追求产品的最大卖点，追求利益的最大化。

如同其他工商企业的生产经营一样，各新闻媒体对于生产高质量产品所需

的原材料的争夺是相当激烈的。新闻媒体开展生产所需的原材料，就是新闻资源。

新闻资源是新闻媒体开展新闻传播活动所需要的所有资源的总和。从广义上讲，新闻资源包括硬资源和软资源。硬资源包括信息资源、媒体资源、受众资源和社会环境资源等。我们这里所说的新闻资源主要是指狭义上的新闻资源，即生产新闻产品所需的信息资源。

通常，新闻资源以复杂多样的形式客观存在于现实生活中。新闻资源具有显形和隐形之分。显形新闻资源是指新闻价值十分明显、非常容易被人们发现的新闻事件、新闻人物等。隐形新闻资源，是指新闻价值隐含潜伏、不太容易被人们发现的新闻资源，或显形新闻资源背后的、深层次的新闻含义。

显形新闻资源无疑是各新闻媒体容易发现并相互争夺的对象。但由于竞争激烈，大家共享，要想对这类资源进行富有特色的开发和独出心裁的报道，显得非常困难。对于这类新闻资源，大多数新闻媒体往往不会投入太大的精力去挖掘，而主要是争夺报道的时效性，只要不落在其他媒体之后，客观地进行例行报道是非常普遍的做法。平时，我们常常可以见到，在同一个时段，所有新闻媒体都关注的重要会议、重大事件的新闻报道，要想出新出彩、胜人一筹，十分不易。

而隐形新闻资源对于新闻媒体来说则恰恰相反。由于隐形新闻资源是隐藏的、潜在的，所以，这种新闻资源不易被发现，一旦被发现并进行有效开发，就如同独自发现了一个宝藏一样，从中发掘的内容及其内涵对于其他媒体来说，都是深层次、独家材料，都是与众不同的独家视角。这样的报道，往往能够独具匠心、独树一帜，取得不同凡响的收效，是赢得新闻市场竞争的上选内容和独特利器。深入挖掘隐形新闻资源，要进行智慧角逐、抽丝剥茧、去伪存真、去粗取精，要能够寻根究源、还原事实真相。所以，隐形新闻资源最能刺激新闻记者的"揭盖子"冲动，使之变得异常亢奋；这类素材最能满足新闻媒体所追求的最大卖点，实现利益最大化；这类报道最能引发社会各界受众的广泛关注，满足公众的好奇心和知情欲。

出现负面事件，如果我们不试图封堵，那么，这样的新闻资源就是显形新闻资源。新闻记者来采访，我们毫不掩饰、毫不回避、实事求是，主动公开与此有关的大量材料。怀着无私的心地，秉持坦荡的胸怀，有问必答，有疑则解，积极提供方便，主动配合采访，是事实就承认，有误会就解释，有错误就改正。对待所有媒体公平公开、一视同仁。这样的处理方式使得所有新闻媒体都在同一条起跑线上，任何一家新闻媒体要想将其做花、炒热是很难的，大家都只能进行一些常规性、例行性的报道。

出现负面事件，如果我们心怀种种私利，试图封堵和掩盖，本属于显形新闻资源的事件，马上就会转变为隐形新闻资源。新闻媒体和记者本身固有的特点就是求新、求异，你越是堵，他兴趣越高；你越想掩盖，他越是盯住不放。媒体和记者就是"事来疯"，事情越多、越大，他越亢奋。所以，这就决定了新闻资源的不可封堵性。你不通过正当途径提供新闻信息，他就会从旁门左道挖掘小道消息，甚至凭空猜测、主观臆断。所以，有时权威部门如果不及时主动地向媒体发布新闻，很可能会导致事态急剧恶化，甚至造成无法收拾的局面。

随着广大人民群众民主意识的增强，普通民众不但越来越成为新闻报道的主角，普通群众向新闻媒体提供的资源也越来越多。广大人民群众千万双眼睛，时时刻刻在注视着社会生活的方方面面，成为新闻资源最重要的提供者。随着新闻媒体竞争的加剧，对信息渠道的开拓越来越受到各新闻媒体的重视。目前，为了征集新闻线索，各类新闻媒体纷纷开设了"新闻热线""新闻信箱"等。

据媒体报道，《成都商报》和《华西都市报》媒体，以新闻热线形式代替了社会新闻部和通联部。《大河报》也把热线作为新闻素材的主要来源，配有6名值班员，24小时值班接听热线电话，每月评出新闻线索奖，一等奖可获千元奖金，每天平均接听整理有效线索数百条，热线稿占自采稿的一半以上，有力地增强了报纸的新闻竞争力。《郑州商报》天天奖励新闻"线人"，一等奖500元。《北京晚报》除了热线版，都市版、社会版、百姓版纷纷开通了热线。

广大民众成为新闻资源开发的主力军，新闻线索推介的全民性，决定了新闻资源的开放性和不可封堵性。

新闻管理以疏为主，是形势发展的必然选择。实事求是地讲，就是想堵也堵不住了。目前，新闻报道的时间界限、空间界限、属性界限等都被打破了，对于一些新闻资源和新闻事件，根本无法封堵。新闻资源的不可封堵性，是由新闻媒体的多样性决定的。堵得住地方媒体，堵不住中央媒体；堵得住国内媒体，堵不住境外媒体；堵得住传统媒体，堵不住新兴媒体。

二、封堵消息后果严重

保证公众信息安全是新闻媒体的重要责任和义务。

在计划经济时期，社会的组织管理形式呈现出"单位制"特征，政府实施社会管理的信息传播主要通过文件和会议逐级传达，形成了独特的"文山会海"现象。

目前，随着经济体制的变革，社会组织管理形式由"单位制"转化为社会制，社会个体也由单位人转化为社会人。政府在实施社会管理过程中，政府传递信息、人们获取信息，基本上都是通过大众媒体，新闻媒体在社会管理中的作用越来越重要。同时，新闻媒体也成为政府搜集社情民意、传递施政信息、动员组织民众最重要的工具和手段。

所以，各级政府要特别重视发挥新闻媒体在沟通政府和公众之间的桥梁和纽带作用。从政府行政管理的发展趋势来看，最大限度地满足社会的需要、实现公众的利益是政府的宗旨。也就是说，政府的行政行为，不但要出于维护公共利益的善良愿望和良好目的，而且最终要达到切实维护公共利益的目标。要做到这些，政府不及时公开信息，不充分发挥新闻媒体的作用，是不可能实现的。封堵信息、遮遮掩掩、躲躲闪闪、善意的谎言等，都会对政府的形象和公信力造成难以修复的伤害。

我国目前已处于问题多发期、矛盾凸显期和突发事件高发期，特别事件的舆论引导越来越受到各级政府的广泛重视。有些地区和部门仍然不同程度地沿袭过去"报喜不报忧"的现象和习惯，政府对于突发事件往往只处理不报道，或者先处理后报道。在舆论引导方面，主要表现为不直接面对媒体、封锁和压制消息源、封堵传播渠道等。这些做法给人的第一印象就是政府在封堵消息，所造成的后果，不仅会影响整个事件的处置，还可能贻误最佳处置时机，诱发危机的连锁反应，损害政府的形象和公信力。

公众的恐慌来自情况不明朗。在突发事件中，不少领导干部受到严厉的处分，并不是因为他们是事件的直接责任人，而是因为应对媒体不当，没有及时发布信息，引起了公众恐慌，影响社会稳定，败坏政府形象，产生了严重的后果，因而被问责。认真总结教训，其中，虽然有体制机制等客观原因，但对媒体的重要性认识不足、存在封堵消息的思想是最重要的主观因素。

特别事件、突发事件以及突发灾难的发生，常常不是领导干部直接造成的，他们往往只负有间接的领导责任。但是，如果隐瞒不报，蓄意遮掩，天灾就很可能变成人祸，事情的性质就会发生急剧的转变。

近年来，从"非典""3·14"事件到汶川大地震等许多特别事件，都从正反两方面无可争辩地证明了信息的公开、透明，对于危机事件妥善处理和有效化解的重大意义。特别事件发生后，当社会公众对一些情况感到疑惑和恐慌时，就会急切关注党委政府的声音和主流媒体的报道。如果党委政府缄口、封堵消息、主流媒体失语、对社会公众解疑释惑的信息需求置之不理，社会公众就会通过上网查询、四处打听、道听途说等形式获取信息，任由社会公众如此获取信息，是相当危险的。社会公众长时间无法通过正当途径获取信息，就会对党委政府和主流媒体产生失望和愤怒情绪，这种负面情绪借助新兴媒体特有的汇聚效应、放大效应、扩展效应，会进一步引发公众对社会和政府的不满。所以，封堵信息是一种狭隘守旧的执政理事策略，其弊端往往是旁观者清、当局者迷，说起来清、做起来迷，众人皆知、唯有决策者不明。

【典型案例】

"非典"事件

"非典"事件，又称SARS事件，指严重急性呼吸道综合征，在中国广东首次爆发后，引发恐慌，并波及世界较大范围的公共卫生事件。该事件影响到很多国家，引发联合国、世界卫生组织（WHO）以及各国政府、民众与媒体的广泛关注。

一、"非典"疫情爆发及政府隐瞒事实

2002年11月，在广州市发现第一例"非典"患者。广州市和广东省政府要求媒体不要过度渲染该地区的疫情，以免引起民众恐慌，也没有向香港方面通报情况。

2002年12月底，广东民间出现了关于一种致命怪病的传闻，传说煲醋和喝板蓝根可以预防怪病。为此，市面出现抢购米醋和板蓝根的风潮。不少人由于买不到米醋和板蓝根，转而致电在香港的亲友协助，使疫情被香港知悉，"非典"疫情的消息开始在互联网上流传。由于人们当时不了解病情，网上相关评论非常混乱。

在2003年2月之前，由于政府封锁疫情消息，没有向世界卫生组织通报广东地区的疫情，延误了有效控制疾病的蔓延。至3月，"非典"传至香港，引起了香港政府、传媒的高度重视。由于没有及时向国际社会通报疫情，香港和世界各地媒体纷纷指责中国政府应该对SARS在全球范围的扩散负责。

3月12日，世界卫生组织向全球发出警告，同时，建议隔离治疗疑似病例，并建立了一个医护人员协助研究"非典"疫情的网站，该网站能够进行X光片诊断研究，能够进行国际视频会诊会议。

4月上旬，国内新闻媒体对"非典"病例的报道开始逐渐增多，只不过报道的说法都是小心翼翼讲疫情已经得到控制。4月3日，中国卫生部在北京召开的新闻发布会上，时任卫生部部长的张文康表示，疫情已经得到有效控制，在中国工作、旅游都是安全的。张文康通报，北京当时"非典"病例只有12例，死亡3例。他还笑着说，戴不戴口罩都是安全的。张文康的言论，对国内外的民众和政府都有很大的误导，使人们对疫情重视不够。由于他的误导，世界卫生组织把北京从疫区中挪掉。

二、揭露"非典"疫情的事实真相

解放军301医院退休医生蒋彦永认为，张文康没有透露实情，在说谎。从他掌握的情况来看，当时情况远比张文康说的要严重。

当时，解放军防治"非典"疫情中心设在309医院。3月底，蒋彦永得知，309医院有40个病例，死亡6例；过了一天，增加为60个病例，死亡7例。同时，302医院也有40个病例。所以，蒋彦永认为，张文康公布的数字被严重缩小，是对中国民众、卫生部门的误导，是对人民健康不负责。蒋彦永依次向上级主管、国内媒体、香港凤凰卫视写信反映情况，但都没有结果。

最终，蒋彦永向美国《时代》杂志揭露中国的"非典"疫情，并得以发表，人们才了解到疫情远比中国官方公布的疫情严重。世界卫生组织重新提出旅游警告，对中国政府提出批评，再次把北京列为疫区。多家国际媒体指责中国政府企图隐瞒疫情，导致病毒在全球扩散。国内新闻媒体也认为，政府的做法暴露了医疗体制信息管理存在的严重问题。

三、政府公开防治

截止到2003年5月18日，中国内地SARS疫情蔓延至24个省、自治区和直辖市。共有4698个病例，死亡224例。疫情暴露后，面对国际社会的指责，中国政府多次道歉，接受世界卫生组织的协助调查，宣布将与世界卫生组织积极配合，进一步调查国内疫情发展状况，共同阻止疫情的进一步扩大。

2003年4月2日，世界卫生组织进入中国的广东省，与地方政府合作，对疫情实施防治。

19日，国务院总理温家宝警告地方官员，要对瞒报漏报疫情的官员进行严厉处分。

20日，中国政府再度召开新闻发布会，宣布北京的疫情从原先报告的37例增加到339例。几小时后，中共中央宣布，北京市市长孟学农、卫生部部长张文康引咎辞职。同时，提名王岐山担任北京市市长，高强任卫生部党组书记，国务院副总理吴仪兼任卫生部部长。

中国政府宣布，暂停五一黄金周旅游，减少疫情的进一步扩散。北京多所高校宣布停课。23日，北京市宣布全市的中小学从24日起停课两周，确保疫情不在校园扩散。军委主席胡锦涛下令，动用军方力量，在北京郊区紧急开设小汤山野战医院，从各大军区医院抽调医护人员，迅速投入疫情防治。这一果断措施，成功地隔离、收治了许多患者，被国际社会称为防治"非典"最有力的措施。

【案例剖析】

2003年，"非典"疫情快速、大范围蔓延，虽然存在传播机理和传播途径不明、缺乏有效防治经验等许多客观原因，但主观上，人为封堵消息，是重要原因之一。

按照当时常规的做法，卫生管理部门在没有搞清疫情的传播机理、传播途径以及有效的预防和治疗手段之前，是不进行公开报道的。因为"非典"是一种新发传染病，医学界对疫情缺乏必要的了解，所以，卫生管理部门一些领导干部认为，无法向社会公开。另外，认为公开报道一种卫生部门都说不清、治不了的疾病，担心社会心理承受能力不够，可能会引起民众的恐慌，影响社会稳定。而正是由于信息不公开，造成各地各级毫不知情、毫不设防，导致疫情迅速蔓延，不断扩散，殃及了更多的地区和人群。

在消息不胫而走、实在无法隐瞒、备受国际社会指责的情况下，才遮遮掩掩，公开发布虚假消息，在很大程度上误导了国内外的民众和政府，进一步加剧了疫情的蔓延。

特别是疫情流行早期，由于缺乏有效的预防和治疗手段，无法对患者进行有效救治，无法对疫情进行有效的控制，加上一些参与救护的医务人员也被感染死亡，加剧了社会公众的心理恐慌。

信息公开是相当重要的。由权威的卫生机构及时发布准确、明晰的相关信息，对于指导公众应对疫情、稳定人心至关重要。

长期以来，国家有关部门视疫情为机密，不允许对外公布。即使允许对外公布，也是经过多方、多次"技术处理"后的消息和数字。因此，基层医疗卫生部门不能及时获得准确信息，遇有疫情不知如何处理，应急处理机制和措施不能及时启动，延误了控制疫情的战机。"非典"爆发、流行中的最大问题之一，就是在初始阶段封锁消息、隐瞒疫情，致使医务人员不能得到及时、准确的相关知识，不能及时进行有效的防护。公众得不到有关信息，造成人心不稳，教训十分深刻。

【典型案例】

石家庄三鹿奶粉事件

在石家庄"三鹿奶粉事件"中，早在8月初，厂方就已知晓售出了问题奶粉，并向当地政府做了报告。当地政府有关部门没有采取果断的措施，没有充分利用现代传媒的力量及时告知公众、迅速召回问题奶粉，而是采取了以堵为主的做法，试图绕过媒体、绕过公众，私下处理，导致了事态的恶化。新西兰大股东恒天然公司，在与当地政府有关部门交涉几周未果的情况下，毅然向新西兰政府做了报告。新西兰总理克拉克得知情况后，于9月8日，命令其下属绕过当地政府，直接向中国中央政府反映情况，问题奶粉事件立即被查处。由于当地政府有关部门放弃了新闻媒体这一便捷、有效的工具，于是，错过了宝贵的补救机会，对国家和人民造成了重大危害，在国际上产生了十分恶劣的影响，教训极其深刻。

三、有效避免新闻群体事件

当今社会已进入信息时代，新闻媒体已经高度渗透到国际社会和人类生活的方方面面，人们对信息的需求和依赖从来没有像现在这样迫切过，广大人民群众真正成了新闻信息的创造者、生产者、传播者和接受者，广大受众推动、左右着新闻传播事业的发展。同时，新闻媒体既在时时刻刻反映着客观世界，又在永不停止地塑造着世界、引导着人们。人们对客观世界和身边事物的了解和评价，几乎都与新闻媒体有着千丝万缕的联系。特别是一些隐形新闻事件，即使是眼前和身边发生的，如果没有媒体的报道，也有可能不被人们纳入视线、不被人们重视、不为人们所知，更不会引起社会各界的广泛关注。

作为大众传媒，新闻媒体对事件的关注程度和舆论导向，常常会影响社会公众的态度和事件本身的发展。新闻媒体通过对某些具体事件的报道，很可能会对政治、经济和社会生活等多个方面产生广泛的、深远的甚至是决定性的影响。同一个事件，有无媒体的介入，其结果有可能大相径庭。在某种程度上，舆论事件因新闻媒体的存在而存在。现实中，由于新闻媒体的介入，社会大众所看到的以及诱发舆论关注的常常已经不再是客观事件本身，而是以事件为标志的深层次的、抽象的内涵，笔者称之为新闻群体事件。

所谓新闻群体事件，是指特别事件发生后，因新闻媒体传播，凸显了事件所体现的深层次、抽象的内涵，而引发了社会各界超越事件本身表象的联想、思考、争论、抨击等深度广泛关注，进而对公众认知、思想观念、价值取向、意识形态、政府决策、公共秩序、社会发展等方面产生不同程度影响的事件。新兴媒体的异军突起，使得新闻群体事件更加凸显，发生的频率越来越高。以网络媒体为代表的新兴媒体，其本身固有的广泛性、开放性、交互性、实时性、隐匿性和互动性等特点，使得广大网民能够随时随地公开发布信息和观点。同时，新兴媒体特有的汇聚效应、放大效应、扩展效应，能够迅速放大具有代表性的观点和倾向。同时，借助网络独特的双向互动作用，循环往复，产生叠加效应，形成共振，不断扩展共振的区域、幅度，形成新闻群体事件，最后产生难以预料的后果。

突发事件和新闻群体事件既相互区别，又相互联系。突发事件处置不当，特别是封堵消息，常常会衍生和诱发新闻群体事件。自然灾害、事故灾难、公共卫生事件等突发事件，损害的是国家和人民的生命财产和安全健康，而新闻群体事件损害的则是政府的公信力，是执政党的群众基础。为此，各级党委、政府和领导干部要千方百计地避免新闻群体事件的发生。

笔者认为，目前，我国不仅已经进入了问题多发期和矛盾凸显期，而且也进入了新闻群体事件多发期。力戒封堵消息、及时公开信息是有效避免新闻群体事件的重要基础和前提。新闻媒体在特别事件的发展、演变中，常常发挥重要的影响作用。在当前所处的大传媒时代，新闻媒体正在由过去单纯的宣传工具迅速转变为信息传播的主要手段和形式，各级党委、政府和领导干部要尽快地、最大限度地适应并掌握这一新变化，把新闻媒体作为执政、行政不可缺少的重要利器，把握特点和规律，为我所用。

【典型案例】

陕西省丹凤县徐梗荣案件

2009年2月10日，丹凤县发生一起高二女生在丹江边被害案。经过侦查，公安部门认定丹凤中学高三学生徐梗荣有重大嫌疑。28日23时，徐梗荣被公安机关传唤。3月8日，徐梗荣在审讯时死亡，遗体布满伤痕。

9日，陕西省检察院和商洛市检察院对徐梗荣的尸体进行了解剖检验。尸检表明，徐梗荣心脏较其右拳大，重约395克，与正常人明显不同。尸检发现，其部分心肌肥大，部分心肌萎缩，有相当一部分心肌细胞变性坏死。鉴定结论为：徐梗荣患有原发性心肌病，由于外伤、疲劳等原因引发心搏骤停死亡。

12日，丹凤县政府和徐家签订了协议，支付了12万元丧葬抚恤费，徐梗荣的父母和奶奶终生享受当地最高标准低保。随后，许多媒体进行了大篇幅、追踪性报道，该案引起了社会各界的广泛关注。

16日晚，丹凤县公安局纪委书记王庆保被刑事拘留，其他涉案人员也开始接受调查。

丹凤县通知新闻媒体，17日10点30分召开新闻发布会。按照通知的时间和地址，许多新闻媒体记者会聚丹凤县新闻发布会会场。将近11时，丹凤县委宣传部部长赵宏侠来到会场宣布：接有关部门通知，新闻发布会取消。此举引起了到会媒体记者的强烈不满。从各地远道而来的记者，无法获取政府的信息，只好各自为战，分头就地进行采访，四处打听事件细节、处理情况、政府态度以及事件的内幕和背景等。面对媒体记者，当地群众尽自己所知，回答提问。其中，不乏道听途说、民间传闻、演义化的情节和情绪化的表述。于是，这些信息堂而皇之地上了新闻媒体，成了正式报道。

直到28日，丹凤县检察院才在商洛市乾元宾馆召开新闻发布会，但到会的新闻媒体只有十几家，到会的记者也比上次"流产"的新闻发布会记者少了很多。丹凤县检察院检察长冀俊英通报了有关情况。

检察机关认定，自3月1日起至8日早上6点多，办案人员对徐梗荣进行了长时间、不间断的疲劳审讯，少数民警在审讯中对徐梗荣还实施了肉体侵害行为，致使徐梗荣身体极度疲劳引发心搏骤停，经抢救无效死亡。

商洛市检察院查明，丹凤县公安局专案指挥部及专案组在审讯嫌疑人徐梗荣过程中，存在严重的违法行为。个别指挥人员和少数民警存在刑讯逼供行为，有的已经涉嫌犯罪。

依照有关法律规定，丹凤县检察院对包括丹凤县公安局局长闫耀峰、纪委书记王庆保、刑警大队大队长孙鹏在内的7名涉案民警进行了立案侦查。

徐梗荣案造成了十分恶劣的影响，而且，由于政府不及时公开案件的查处信息，严重损害了政府的形象和公信力，进一步放大和强化了这种不良影响。

【案例剖析】

由于新闻发布工作失误，使本来就是恶性事件的徐梗荣案，迅速演变为新闻群体事件，进一步加剧了社会危机。

失误之一：试图封堵消息，诱发了不满情绪

临时取消新闻发布会的做法很不可取、很不明智，使本来就沸沸扬扬的事件更加"火上浇油"。不仅有损党和政府的公信力，加剧了公众对当地政府的猜疑，也给不确定性报道、无序性报道、猜测性报道甚至谣传性质的传播提供了更大的空间。

媒体和记者，代表的是社会公众。按照政府的通知，记者从四面八方赶到丹凤县，就是为了了解真相、报道真相，向社会各界说明真相。由于当地政府试图封堵消息，新闻记者为了完成各自媒体交办的采访任务，只好自行采访、自由采访。

有些记者反映，如约来到丹凤县后发现，当地政府不但不履行承诺、公开发布新闻，反而设置障碍、干涉采访，一些人警告记者：不要扰乱社会治安，不要影响社会稳定。这些做法，加剧了记者的不满情绪和逆反心理。

失误之二：政府主动放弃话语权，出现了舆论洼地

事件发生后，由于政府主动放弃了话语权，迟迟不发出自己的声音，民众对政府产生了种种猜疑和怀疑。包括徐梗荣家人在内的许多人，很快全面质疑专案组的职业道德和专业操守。公众普遍认为，即使有徐梗荣的口供，也是刑讯逼供得来的。

同时，各种传闻迅速填充了政府主动放弃的舆论场。社会上有传言说，徐梗荣并不是在县公安局接受审讯时死的，而是在一个派出所。还有的说，是在一家木材加工厂。很多人在网上发帖子，有的讨论案情，有的进行推测，有的发表观点，有的探求案件真相，有的使用不同的文字和语言表达激愤之情。

一时间，丹凤县立即成为舆论洼地，社会各界的种种舆论泥沙俱下、奔腾而至。舆论洼地的形成，预示着被动的局面很快就会出现。

失误之三：权威信息持续缺失，形成了洼地效应

不少媒体报道，丹凤县一名高二女生被害，虽然当地公安机关投入大量警力破案，但由于滥用公权、刑讯逼供，结果却是旧案未破、又增新案，一名高中男生在接受审讯时突然死亡，造成命案叠加。

由于权威信息长时间缺位，使这个陕南山区小县城阴霾密布、观点四起、传闻蔓延。其中，既有当地老百姓对未能及时抓获真凶的急躁和不安，更有社会各界对滥用公权的质疑和不满。

联系起云南发生的"躲猫猫"事件，当地政府及公安部门很快成为众矢之的，社会各界指责之声一浪高过一浪，舆论滔滔，来势汹汹，相互激荡，形成了舆论洼地效应，非常被动。

失误之四：控制不利，洼地效应迅速演变为新闻群体事件

当地政府在舆论引导方面长时间的消极被动，无异于默认了公众的猜测和舆论的指责，非理性的社会舆论和社会情绪相互作用、相互推动，不断发酵、不断膨胀，不断发展、不断恶化，舆论的指责迅速指向了更宽的范围、更深的层面。

有的媒体认为，事件发生后，政府不是伸张正义、为民做主，而是试图"捂盖子"，想大事化小。有的媒体评论，政府很快坐到了受害者的"对立面"：一方面，表面声称"必须做出结论"；另一方面，却以县政府名义与死者家属签订协议，先支付12万元丧葬抚恤费，承诺死者亲属终生享受最高标准低保，表面有担当，实质只能将水搅得更浑。

有的媒体公开发问，我们对死者家属满怀同情，但在真相未明之前，政府有没有权力用纳税人的钱为个别人的滥用公权行为"擦屁股"？这些钱与待遇算什么？是国家赔偿、政府补偿，还是息事宁人的交易？

至此，舆论环境的恶化，标志着徐梗荣事件经过舆论洼地的酝酿、洼地效应的催化，由刑事案件演变为新闻群体事件，对党和政府的形象、声誉和公信力造成了严重的、难以修复的伤害。

笔者认为，面对这样的情况，政府最需要做的，应该是坦诚面对、不偏不倚、不遮不掩，公正调查、公开信息、公布处理结果，还死者一个公正，给家属一个抚慰，给社会一个真相，给公众一个信心，才能有效化解危机。否则，只能使问题越拖越大，矛盾越来越多，影响越来越坏，伤害越来越深。

四、负面事件中的舆论引导艺术

现实中，任何地区、任何单位都无法确保不出问题。最重要的是出了问题能正确处理，科学运用媒体，这样不仅不会产生多大的负面影响，而且还可能成为"扬名立信"的契机。比如，三菱帕杰罗汽车、东芝笔记本电脑等国外商品，经常通过媒体大张旗鼓地召回、检修，不仅没有影响公司的声誉，反倒成了这些公司对客户、对社会高度负责任的标志。

负面事件发生后，在新闻报道和舆论引导上，要多疏少堵，力争做到只疏不堵。要在各级和各部门建立新闻发言人和新闻通报制度，加强与新闻媒体的沟通，争分夺秒，全力抢占权威信息发布的制高点，及时、准确、不间断地发布权威信息，紧紧抓住战机，至少要在事件发生、处置的每一个关键节点，使权威信息形成首因效应，注重把握信息发布、舆论引导的时机、节奏、频率、密度等技巧和艺术，就能够牢牢把握引导舆论的主动权，变被动为主动，为事件的妥善处置营造积极、有利的舆论环境。

其中，最重要的、最基本的、最有效的方法是连续发布新闻，形成积极舆论的叠加效应。下面，我们结合实际案例进行讨论，以供参考。

【典型案例】

陕西省陈家山矿难舆论引导的启示

一、事故之初非常被动的局面

2004年11月28日7时10分，陕西省铜川矿务局陈家山煤矿发生特大瓦斯爆炸事故，166人被困井下。事故发生后，陕西省高度重视，立即成立事故协调处理领导小组，全力开展事故救援和善后工作。

当时，具体组织事故协调处理的有关部门和同志，对抢险救灾工作中新闻管理重要性的认识，还没有像现在这样全面、清晰、深刻。事故一发生，迅速组织了抢险组、医疗组、接待组、抚恤组等紧急工作组织，唯独没有成立宣传组，也没有正式通知省委宣传部参与事故的协调处理。这不能不说是事故处理之初的一个明显失误。

陈家山矿难，是中华人民共和国成立以来我国煤炭行业最大的安全事故，震惊全国，世界关注。事故发生后不到一小时，就有十多名记者赶到了陈家山煤矿。10点30分，新华社刊发了第一条事故消息，随后两天，包括港、澳、台在内的全国各地媒体记者蜂拥而至，达200多人。

由于负责协调事故处理的有关同志经验不足，加之不熟悉新闻工作，未能对媒体记者和新闻报道进行及时、有效、科学的疏导和管理。为了不使救援行动受到干扰，陈家山煤矿大门被警察封锁，现场拉起了警戒线，把矿工、家属和大多数记者全部挡在了矿区之外，只允许省内主要新闻媒体的少数记者入内，既没有组织有序采访，也没有公开发布新闻。

警戒线之外，号啕哭喊的孩子、瘫倒在地的妇女、心急如焚的老人、情绪不稳的矿工、急等发稿的记者等上千人，通宵达旦地等候。从四面八方赶来的大部分记者，既进不了矿区大门，又得不到可靠消息，想打电话采访有关人员，但矿难发生后，现场移动通信信号中断，急得像热锅上的蚂蚁。29日，人群中的各种情绪开始互相影响、迅速"发酵"。"7天前，井下工作面就发现了明火""矿长只图赚钱，不管矿工死活""煤矿强迫矿工下井，硬逼矿工冒着浓烟采煤"等传言越传越多、越传越凶。中午，出现了矿工家属殴打陈家山煤矿副矿长和现场工作人员、打砸接待站等过激行为。此时，许多记者在其单位的催促下开始在事故现场的外围挖线索、找新闻，四处窜访，对抢险救灾人员和死难者家属围追堵截。各地媒体出现了越来越多的负面报道，不仅干扰了抢险救灾工作，对陕西省的形象也造成了严重损害。

二、科学的新闻管理迅速扭转了被动的舆论态势

省委主要领导敏感地意识到社会舆论的重要性，11月29日晚，指示省委宣传部立即赶赴事故现场，紧急成立了事故宣传报道组，迅速对新闻报道实施科学有效的管理。省委宣传部的介入，强化了对记者采访的服务与管理，规范了采访秩序，打开了权威信息渠道，新闻报道和社会舆论迅速朝着有利于事故处理的积极方向转变，很快扭转了被动的舆论态势，为抢险救灾赢得了正面舆论空间，促进了抢险救灾工作的顺利进行。

（一）加强记者管理，规范新闻采访报道秩序

11月30日，宣传组成立后，立即着手对矿区所有记者进行身份确认登记造册，全面了解和掌握记者情况。同时，给持有有效证件的记者统一发放采访证；要求所有记者必须持证采访，服从宣传组的现场协调与管理；积极帮助记者联系采访对象，主动为记者提供相关背景资料，为记者打印文稿、传送稿件提供便利的服务。不到半天时间，采访秩序得到有效规范。

省委宣传部积极协调中宣部和外省区市党委宣传部，请求协调做好事故的新闻报道工作和记者管理工作。11月29日晚，省委宣传部即向中宣部书面报告了陈家山矿难的新闻宣传情况，请求中宣部协调中央新闻单位，对事故的报道坚持正面性和建设性，以报道有利于妥善处置事故的消息为主；协调其他省、区、市党委宣传部，规范所属新闻媒体的报道形式和内容，力求客观、正确地报道此次事故，尽量避免和防止不负责任的新闻炒作。

（二）建立新闻发布会制度，主动正面引导新闻舆论

宣传组把建立新闻发布制度，及时发布权威消息，作为正确引导新闻舆论的中心环节，扎扎实实地办好每一个新闻发布会，为记者提供翔实、丰富的新闻素材。

从11月30日起，宣传组固定在每天10点30分和16点30分，在铜川银河酒店会议中心召开新闻发布会，邀请有关方面负责人，重点围绕事故原因、抢险、救治、善后、抚慰、捐助等方面，主动向新闻媒体通报事故处理的最新进展情况，正面引导新闻舆论。11月30日，邀请三位专家，从技术方面回答了事故抢险救援中面临的困难和问题。12月1日，邀请省卫生厅副厅长黄立勋通报了医疗救治情况。3日，邀请中国工程院院士、国务院事故处理专家组组长张铁岗，就抢险的最新方案和记者关心的问题做了详细通报。4日，邀请省政府副秘书长司南，通报了善后处理工作进展情况。从11月30日至12月4日，宣传组共组织了7场新闻发布会，连续4天邀请省煤炭工业局局长霍世昌通报抢险救灾最新进展情况，充分满足了媒体记者的需求，有效避免了因消息来源失真产生的猜测性报道和失实性报道。

同时，宣传部将新闻发布稿提供给陈家山煤矿党委宣传部，通过广播、印发材料等方式，向矿区职工和现场群众及时公开、说明，满足了群众的知情权，有效避免了猜疑和误会，消除了产生矛盾的根源。

上述措施，开通了大路，堵住了小路，增强了信息发布的针对性和有效性，受到了媒体记者的认同和好评，得到了现场群众的认可和配合，取得了社会各界的信任和关切，新闻报道和社会舆论回归了理性、正常和积极。

（三）召开专题新闻通气会，加强省内新闻媒体管理

及时召开新闻通气会。11月30日下午，宣传组召开了第一次专题新闻通气会，在铜川采访的省内记者全部参加，省委宣传部对事故的新闻报道提出了明确要求。12月2日10点，事故协调处理领导小组例会结束后，宣传组立即召集省内现场所有记者，召开了第二次专题新闻通气会，转达了省委、省政府对全省新闻媒体前期报道的充分肯定和对全体新闻工作者的问候，对前期新闻报道工作进行了分析和小结，对随后的新闻宣传工作提出具体要求，适时打招呼、提要求。根据事故处理进展情况，4日下午的新闻发布会结束后，宣传组又向省内媒体打招呼，要求从现在起对事故的报道做淡化处理，不得渲染和炒作，逐渐降低社会各界的注意力，为事故的顺利处理营造有力的舆论环境。在此期间，省委宣传部多次逐个向《陕西日报》、陕西电视台和《华商报》等新闻媒体单位负责人打招呼，提出报道策划意见，指出应当注意的问题，确保了新闻报道重点突出、导向正确、把握得当、引导有力。

集中办公统一把关。宣传组要求，省内各新闻单位均选派一名负责同志，到铜川集中办公，对所属记者采写稿件进行审核、把关，对一些拿不准的问题和稿件及时向宣传组请示，从源头上规范了省内新闻报道。指导所属记者深入抢险救灾、医疗救治、接待善后一线，重点报道党和政府采取的积极措施，采写了大量鲜活事例，挖掘出了一批典型人物，运用感人的细节和温暖的语言，使新闻报道富有人情味、充满关爱感。协调各新闻单位，把现场记者采写的感人文稿、正面消息、采访随笔等未能正式刊播的稿件，及时发布到所属媒体的网站上，努力扩大正面影响。

（四）及时组织网上报道，正确引导网络舆论

通过努力，到12月1日，传统主流媒体导向发生了根本的变化。但网络舆论仍然我行我素，炒作势头丝毫不减，若不加强引导，来之不易的良好势头，很快可能被网上的全面炒作和不良言论所抵消和淹没，为此，提出了网络舆论引导工作方案，受到了当时任代省长的陈德铭同志的高度肯定和大力支持。

整合网络宣传资源。12月2日，召集古城热线、华商网、陕视网、金号网、白鸽网等全省主要新闻网站负责人，研究网络引导工作，对陈家山煤矿瓦斯爆炸事故网络新闻报道做出了明确指示。当时在抢险第一线的巩德顺副省长向网站负责人介绍了事故处理进展情况，并提出了相应要求。紧急制订了详细、具体的网上新闻报道工作方案，统一了思想，统一了认识。

启动网络正面宣传。按照方案，全省主要新闻网站迅速建立了专题页面，将前期新闻发布会的稿件全部整理上网。组织网络新闻采编人员，使用网友习惯和喜欢的网络语言，采写了大量的新闻稿件，随采随编，随编随传，即时上网。不受版面限制、不受时段约束，大量的网络新闻稿件，加之多媒体网络传播形式，大大加强了正面报道力度。采取措施疏堵结合。针对网上的虚假报道和负面报道，积极组织力量，进行有力回击和有效引导。组织省内新闻网站的骨干力量，登录各大论坛，及时进行跟帖，纠正错误言论，澄清有关事实。采用技术和人工相结合的手法，严把论坛关，及时发现、屏蔽、删除不良帖文。安排专人每天24小时关注人民网、新华网以及新浪、搜狐、网易等门户网站论坛，发现倾向性言论和问题，及时上报省委宣传部。同时积极与国务院新闻办联系、沟通，争取中央和各地新闻网站的支持，并及时向他们提供最新、最快、最全面的新闻素材，共同做好网上新闻报道。组织西安交通大学、西北工业大学、西北大学等省内重点高校，密切关注校园论坛动态，及时解疑释惑、提供真实信息。通过积极引导、疏堵并举，到第二天，网上舆论趋于理性，正面报道成为主流，人性化的网络舆论引起了网友的广泛关注，前期被动的网络舆论局面得到扭转。

【案例剖析】

目前，我国进入了矛盾凸显期和问题多发期，广大民众的民主意识普遍增强，知情权、话语权、监督权要求空前高涨，新闻舆论的地位和作用越来越重要。回顾陈家山矿难的成功处置，联系近年来全国发生的一些突发事件处理过程，给了我们很多的启示，值得思考和借鉴。

启示之一：突发事件极易引发新闻事件

事实证明，突发事件发生后，如果不能迅速发布可靠、权威的消息，六小时之内，就会依次出现猜测性报道、谣传性报道、无序性报道。如果试图封堵消息，两天之内，突发事件就很可能演变成新闻事件，甚至群体事件。突发事件损害的是局部的生命或财产，而新闻事件损害的是党和政府的整体形象和威信，其危害远远超过突发事件本身。所以，处置突发事件，及时、公开、透明、健康的新闻舆论至关重要，能够有效避免新闻事件的发生。

启示之二：新闻舆论的能动作用越来越明显

随着形势的发展，新闻舆论对社会生活的影响越来越深刻。及时、正确、理性、负责任的新闻舆论，能够有效化解矛盾、理顺情绪、聚集智慧、动员力量，促进和推动突发事件的处置工作。反之，错误的、不负责任的新闻舆论场，与情绪不稳定的当事人偏激言论形成的舆论场，会相互引用、相互策动、相互叠加，形成共振，并迅速演变成非理性的社会情绪，推动事件不断升级。所以，在突发事件发生后，一定要在第一时间，牢牢掌控新闻舆论的制高点。

启示之三：必须充分整合新闻报道资源

充分整合新闻媒体力量，有计划、有组织地报道突发事件，能够放大主流新闻舆论的正面效果，能够壮大主流新闻媒体的传播声势。协调平面媒体、广电媒体、移动媒体等大众传媒，打破"门户壁垒"，相互合作、有效协同、联动互动，统一思想、统一口径、统一行动，相互联系、相互策应、资源共享，能够充分发挥新闻报道的合力，汇成主流舆论强势，形成非常有利的社会舆论态势。

启示之四：寻求上下左右的支持十分重要

及时请求汇报，积极寻求中宣部的支持，可以在纷繁复杂的舆论形势下，有效避免新闻报道失误和舆论引导失效。加强联系沟通，积极争取中央媒体和兄弟省市媒体的支持，可以防止不实报道、虚假报道、猜测性报道和炒作渲染。注重联系协调，加强对境外媒体的服务与管理，可以确保省内外、国内外新闻舆论的一致性，增强新闻报道的真实性和可信度，维护党和政府的形象与威信，有效提高舆论引导的效率和效益。

启示之五：新兴媒体的地位举足轻重

随着科技的进步，传播手段日新月异。特别是以互联网、手机为代表的新兴网络媒体，其传播无国界，不受时间限制，不受空间约束，具有很强的隐匿性、广泛性、开放性、交互性、实时性，极大地满足了现代人对公共话语权的需求。特别是受年轻网民求新、求异等心理因素策动，网络媒体对于负面新闻具有很强的汇聚效应、放大效应和扩展效应，很容易使分散问题汇集成焦点问题，局部问题放大为全局问题，一般问题演变为政治问题，个人的偏激言论扩展为非理性的社会情绪。在突发事件新闻报道管理中，应给予足够的重视。

第四节

宁吃鲜桃一口——及时抢占舆论先机

在新形势下，要正确有效地引导和控制众多媒体组成的庞大舆论场，就必须牢固坚持和培养辩证思维，唱响主旋律，尊重新闻规律，科学地开展舆论引导工作。而要做到这一点，最重要的是及时抢占舆论先机，关键在第一时间发声。引导媒体在第一时间发声，十分关键。

社会舆论就像一首宏大的乐章，具有完善表现喜怒哀乐、正面负面现实活剧的功能。要想使这首乐章激扬、正确、和谐，实现理想的表现效果，就必须具有较强的指挥协调能力，充分发挥每一个声部、每一种乐器的应有作用，协调一致、节奏正确，才能产生动人的效果，最大限度地感染台下的受众，从而，形成乐队协调配合、受众响应喝彩、台上台下相互感染的良好氛围。

一、新闻传播的首声效应

心理学原理揭示，人们第一次与某物或某人接触时留下的印象，在头脑中占据着主导地位，这种现象叫作首因效应。

所谓首声效应，是指新闻媒体对某一人物或事物的首次传播、报道，在受众头脑中形成的先入为主、根深蒂固的印象和烙印。

首声效应包括以下内涵：在信息传播和信息接收这一社会认知过程中，第一次传播和接收的信息，对受众的作用最强、影响最大，并形成受众的第一印象；第一印象，在受众头脑中持续的时间最为持久；受众首次接收的信息，居于基础性地位和主导性地位，后续信息居于服从性和从属性地位；人们对后续信息的接受，将以首声效应为依据和指导，有选择地接收信息，对符合首声效应的信息予以接受，对不符合首声效应的信息予以排斥。

在新闻传播过程中，第一时间、第一声音、第一报道、第一现场等，均属首声效应范畴。受众对于新闻信息的接受，首声效应形成的、先入为主的印象和概念十分顽固，很难得到根本扭转和完全消除。

所以，各级领导干部要时刻谨记首声效应对于新闻传播效果的极端重要性。在特别事件发生后，要实事求是，先声夺人，争取信息发布的主动权。要引导主流媒体在第一时间发声，形成强大的首声效应。在特别事件舆论引导过程中，各级党委、政府和领导干部，一定要摆脱以往的被动局面，不仅要指挥协调主流媒体在第一时间发出第一声，而且要发好第一声，抢占舆论制高点，形成并不断强化首声效应，牢牢占领引导新闻舆论的主导地位，通过新闻舆论，有效引导社会舆论。

二、新闻媒体的合声效应

新闻媒体的合声效应，是指多种类型、多个数量的新闻媒体，按照科学的分工和特定的规律，对同一事实或同类事实，围绕相同的目标和任务，运用不同的形式和手段，同时进行阶段性报道形成的舆论传播效果。

新闻媒体的合声效应具有覆盖面宽广、形式丰富多样、传播力度大、舆论层次多、社会影响大等主要特点。

大众舆论场，主要由传统媒体舆论场、新兴媒体舆论场和社会公众舆论场三部分组成，很像一场宏大的舆论交响音乐会。

三、唱响主声部

党报党台，无可争辩地占据着社会舆论的主声部地位，应当充分发挥主旋律的作用，时刻引领社会舆论的走势。

在计划经济时期,我们的党报党台较好地发挥了主旋律的作用,是引导社会舆论的主力军。长期以来,《人民日报》《解放军报》《红旗》杂志"两报一刊",具有几乎等同于中央文件的影响力和公信力,是全党、全军、全国人民思想和行为的引领者,是社会舆论导向的排头兵。

社会存在决定社会意识,社会意识要适应社会存在的需求。在社会主义市场经济条件下,作为社会意识组成部分的新闻舆论管理,也具有继承性、传承性和滞后性,主要表现为新闻管理的理念和方式滞后于经济的发展,必然带有许多不适应当前形势发展需要的计划经济时期的痕迹,使得党报党台在引导当今社会舆论中,还存在一些亟待改善的问题。

党报党台正面报道形式存在呆板化,不能有效吸引受众的注意力。政务报道往往程式化、公式化,过分突出领导,淡化了内容的报道,造成言之无物。或报道的内容很重要,但形式不生动,群众不爱看、不愿听。特别是在负面事件报道过程中,作为主旋律、主声部的党报党台,普遍反应太慢,常常缺位失语。

报道负面事件,本来就是一首庞大而复杂的乐章,很容易出现混乱和跑调。此时,党报党台作为主旋律、主声部,如果缺位、失语、失声,其演奏效果必然是混乱的。出现这种情况,主要责任往往在于"指挥",在于领导干部指挥不当,而不能把责任归咎于新闻媒体。

从这个意义上讲,有些领导干部对新闻媒体"要帮忙、不要添乱"的要求,是站不住脚的、不能成立的,今后,应当慎用或终结这样的说法。新闻媒体是新闻舆论场中的众多元素和要素,都有自身特定的作用和功能。如果指挥得当,则每个新闻媒体就都能够充分发挥自己的积极作用,与其他新闻媒体形成和谐、动听、强大、震撼的合声效应,有效实现传播意图,达到传播目的。如果指挥不当,则必然导致新闻舆论场的混乱,甚至推动公共危机升级,引发新闻群体事件。

　　长期以来，有些领导干部对党报党台的认识和要求存在偏差，对党报党台放得不开、管得太多，放得不活、管得太死，只要求党报党台搞好正面宣传。遇到负面事件或特别事件，常常因为人为的因素和行政的干预，党报党台不能在第一时间发声，长时间失语缺位，不能发挥主旋律、主声部的作用，而把吸引受众注意力、引导社会舆论的主动权拱手让给形形色色都市类媒体和新兴媒体。所以，出现舆论混乱、导向错误的不良后果是必然的。

　　在许多特别事件报道过程中，往往都是等到"千树万树梨花开"、特定强大的舆论场业已形成之后，有关领导干部感到非常被动，再也不能沉默了，才让党报党台发一个经过当事部门有关机关干部反复修改后的、公文式简短的消息通稿。这样的新闻通稿，大多显得语焉不详、相当弱势，与强大的社会舆论场形成了严重的不平衡和强烈的反差。一经刊播，就会迅速淹没在浩浩荡荡的社会舆论洪流之中，甚至招致一片指责之声。此时，在指挥不当、缺失主旋律而形成的新闻舆论的引导下，整个社会舆论一定是一片嘈杂、一片混乱。

【典型案例】

"3·14"打砸抢烧事件的教训

　　在少数藏独分子策划的"3·14"打砸抢烧严重暴力犯罪事件中，由于种种原因，没能引导我们的主流媒体及时发出我们的声音，新闻报道比境外媒体晚了整整两天，导致了西方主流媒体的联手，形成了"反华大合唱"，使我国的形象被进一步"妖魔化"。尽管事件背后是复杂的意识形态和民族问题，但我们的媒体没能在第一时间客观、真实地报道正在发生的事实，客观上，造成了流言四起、张冠李戴，甚至无中生有的歪曲性报道迅速充斥了国际舆论场。两天后，我们虽然花了很大力气，但很难彻底纠正。传播学认为，要纠正一条错误的新闻，至少要花7倍的力量。这就是新闻规律，我们必须重视。

四、努力形成合声效应

就如同一场宏大的音乐会一样，党报党台、都市文化类媒体和新兴媒体，三者共同构成新闻舆论场。广大社会公众的街谈巷议、口口相传，形成公众舆论场。

新闻舆论场和公众舆论场相互作用、相互联系、相互影响。在两者共同形成大众舆论场的过程中，新闻舆论场居于主导地位，发挥着引导公众舆论的作用。新闻舆论场传播的内容和情绪，对公众舆论场具有强烈的影响力和感染力。同时，大众舆论场对于新闻舆论场又具有能动作用和反作用。公众舆论场中传播的情绪，对新闻舆论场具有明显的影响作用。

指挥各类新闻媒体报道正面事件或负面事件，就如同演奏表现不同内容的乐章，要想形成声域更宽、气息更长、力度更大、音色更多、曲调更美的混声大合唱，最大限度地感染台下观众，则必须使合唱包含领唱、重唱、同声、混声、齐声、轮声，以及和声、支声、复调等。指挥协调新闻媒体也是如此，要科学指挥，统筹协调，努力使新闻媒体形成合声效应，最大限度地发挥其引导社会舆论的作用。

合声效应不同于组织新闻媒体开展主题报道活动，而是充分调动各类新闻媒体的积极性，扬长避短、方法各异、形式多样、各尽所能，为实现同一个目标和任务，在同一个时间段、不同的传播领域开展大容量、高密度、多层次、全方位的新闻报道活动。

形成新闻媒体的合声效应，必须具备几个基本条件。

一是科学的组织性。新闻媒体的组织指挥者，是形成合声效应的关键。要求组织指挥者要具有较强的组织协调能力、辩证的思维能力以及开明的思想观念，要深通新闻规律、熟悉新闻媒体，并对客观事实了如指掌，要具有科学策划新闻报道的能力，要具备科学决策的地位，要具有驾驭新闻媒体必需的、足够的能力。

二是明确的目标性。新闻传播的目标和任务，是新闻媒体形成合声效应的核心。各个新闻媒体必须紧紧围绕特定的目标，结合自身特点，充分发挥自身优势，从不同角度、不同层面，在不同的传播领域，积极主动、创造性地开展新闻报道工作，才有可能实现合声效应。

三是高度的统一性。各个新闻媒体必须听从指挥、令行禁止、密切配合、团结一致、不遗余力，才能够实现合声效应。

各级党委、政府和领导干部，如果能够注重把握新闻规律和各类新闻媒体的特点，注重培育与新闻媒体之间的感情，提高自身在新闻媒体中的威信，充分发挥新闻媒体积极的合声效应，那么，不但可以轻松便利地使正面事件形成正面社会效益的最大化，而且可以在处理负面事件过程中，有效引导社会舆论，迅速化解社会矛盾和公共危机。但是，如果指挥不当、引导不力，就会使新闻媒体形成消极的合声效应，由现实社会问题引发新闻群体事件，并以合声效应的巨大影响力，推动事态不断扩大、促进事件不断升级，进一步激化社会矛盾，产生难以预料、难以控制的严重后果。

各级党委、政府和领导干部要高度重视新闻媒体的合声效应。合声效应形成的强大新闻舆论场，在大众舆论场中发挥着统率作用和主导作用，在引导社会舆论、维护公平正义、推动问题解决等方面发挥着不可替代的重要作用，甚至能够颠覆和终结国家的某项政策和法规。新闻媒体的合声效应是新闻舆论和社会舆论凝聚在一起的一只铁拳，具有明显的两面性。如何有效掌控这只铁拳，趋利避害、为我所用，更好地实现党委和政府的意图和目标，是考验各级党委、政府和领导干部执政能力的一道既无法回避又十分严峻的现实课题。

五、处处抢占舆论先机

特别事件的发生、发展、处理、衰减、化解等过程，存在明显的阶段性特征。每个阶段之中，每个阶段之间，都存在若干不同的关键节点。各级党委、政府和领导干部要认真分析和善于把握其中的阶段性特征和关键节点，指挥协调主流媒体，特别是党报党台，在第一时间发声，形成强大的首声效应。同时，协调不同性质、不同类型的新闻媒体，充分发挥各自的积极作用，形成健康向上的新闻舆论场，有效引导社会舆论，为事件的处理营造和谐的舆论之声。

（一）指挥引导党报党台唱好主旋律

党报党台唱好主旋律的关键是第一时间发声，在第一时间发出党委和政府的声音。党报党台是党的事业的重要组成部分，与党委和政府的距离最近，具备随时获取党和政府权威信息的最有利的地位和条件。同时，各级党委和政府在赶赴特别事件发生的现场时，不妨带上党报党台的骨干记者一同前往。在处理特别事件过程中，不妨让党报党台记者全程参与，确保党和政府采取的每一项有新闻价值的决策和措施，都由党报党台在第一时间最先发出。

1. 要支持党报党台抢先发出深入报道，提高党报党台的社会影响力

特别事件发生后，各级党委、政府和领导干部要组织党报党台足够的骨干力量，深入事发现场第一线，进行深入细致的采访。在做好第一时间消息类报道的同时，要重视做好通讯类报道，以更加深入、详细地报道事件发生、发展以及处理的经过，弥补消息稿件的缺陷，使受众及时了解事件的真相，防止各种猜测和传闻的产生。

2. 要支持党报党台首先发出批评性报道，提高党报党台的公信力

一些政府负有责任的负面事件发生后，社会公众通常会站在受害者的一方，形成强大的社会舆论，监督和考验政府的作为。由于政府成为事件的责任方，直接发布信息的公信力受到较大影响，很容易被公众质疑。此时，应支持和鼓励党报党台站在客观公正的立场上，对政府的工作进行建设性的批评，使党报党台在社会公众中树立客观、公正、值得信赖的形象，充当报道客观事实、满

足公众知情权的主渠道，成为汇集民智、反映民意的忠诚使者，成为宣泄公众情绪的减压器，成为化解公共危机的安全阀，成为对政府提出建设性批评意见和建议的代言人。从而，分担政府单打独斗、独顶舆论的压力。这种建设性批评方，在政治上称为"忠诚的反对者"，也就是新闻界所说的"小骂大帮忙"。也就是说，党报党台通过对政府建设性的批评，赢得社会各界的信任，然后，交叉连续地发出政府的声音、政府采取的措施、政府整改行为等报道。这样，可以有效防止公众产生抵触情绪和怀疑心理，更好地实现政府的传播意图，实际上是在帮助政府挽回不良影响，修复受损的公信力。

（二）要协调都市文化类媒体充分发挥自身作用

有了党报党台的主旋律，还要主动引导都市类骨干媒体在第一时间发挥其应有的作用。特别是在负面事件的报道中都市类媒体所发挥的积极作用，有时是党报党台所无法比拟的。都市类媒体主要面向基层广大人民群众发行，更加适合大众的需求，其报道的内容更加容易被广大基层群众所接受，其言论和观点更易被社会公众认同。各级党委、政府和领导干部要充分利用都市类媒体这一优势为我所用、为我服务。关注民生，是都市类媒体的最大特点之一。要特别注重都市类媒体报道的有关民生问题，及时采取有效措施加以解决和处理，使都市类媒体产生被认同、被尊重、自我实现的感觉，指导都市类媒体顺势做好政府积极作为的相关报道，不断消除负面影响，增强公众对政府的信心。

【典型案例】

西安交大一附院新生儿死亡事件的舆论掌控

2008年9月5日至15日，石家庄三鹿奶粉事件还未平息，西安交通大学第一附属医院，先后发生8名新生儿患者死亡事件。事件发生后，中共陕西省委、省政府高度重视，立即召开紧急会议，研究处置措施。对于新闻报道，坚持边调查、边处理、边报道，争取每一条最新消息，我们主流媒体都要最先发布。在整个事件处理过程中，陕西省始终牢牢占据新闻发布的制高点，充分整合主流媒体的力量，及时、准确、客观地报道事件最新进展，适时、适量、适度地正确引导舆论，不负责任的炒作根本就没有传播空间，为高效处理问题、顺利渡过危机营造了十分有利的舆论空间。

（三）要高度重视发挥新兴媒体的作用

特别是在负面事件舆论引导过程中，要特别注重引导所属新兴媒体。以网络为主体的新兴媒体最大的优势就是信息量大、时效性强，其信息传播的公信力没有太大的优势，除非是传统主流媒体长时间失语缺位。到目前为止，最具传播公信力的仍然是传统主流新闻媒体，特别是党报党台。由于采编实力、机构分布等原因，新兴媒体的采编实力无法与党报党台相比，通常都是转发传统主流媒体的稿件。然后，借助网络媒体独特的汇聚效应、放大效应和扩展效应，形成更加宽阔的覆盖面和强大的社会影响力。所以，在负面事件过程中，一方面要指导党报党台，特别是党台与网络媒体争夺时效性，争取党台第一时间发稿，赢得舆论先机，达成首声效应，为以网络为首的新兴媒体转发党台的现成稿件提供可能和便利。广播电台、电视台的采编时序与网络媒体大同小异。如果指挥协调得当，则在时效性上，党台完全可以跑赢网络媒体，先声夺人，形成强大的首声效应。另一方面，也要在第一时间引导网络等新兴媒体，特别是政府网站和主流媒体网站，发好第一声、发准第一声，并连续不断地刊发相关稿件，形成与主流媒体的相互配合、相互策应、相互补充，营造和谐健康的新闻舆论场。

（四）要指挥协调新闻媒体处处抢占舆论先机

特别事件发生后，各级党委、政府和领导干部要结合事件的处理过程，在每个阶段、每个环节都要引导新闻媒体，在第一时间发布权威新闻信息，使社会公众随时能够了解事件发展和处理的真实信息，消除群众的疑虑和误解，防止各种猜测和传闻的产生，充分掌握引导社会舆论的主动权，确保事件的顺利处置，尽快化解社会危机。

另外，重点引导媒体，适时调整报道的重点、方向、力度、节奏和频度很重要，也是一种工作艺术。这一点，在陕西省铜川矿务局陈家山矿难处理过程中，体现得十分明显。

所以，针对新闻工作面临的新形势和传媒领域出现的新变化，在舆论的引导上，首先要快、要及时。事件发生后，不能等到有了最终结果再报道，一定要边调查、边处理、边报道。同时，对媒体不能不加区分地采取"一刀切"的管理和简单的"舆论一律"。要根据不同情况，有的放矢，因地、因报制宜。不同的媒体有不同的传播途径、覆盖范围和不同的编辑方针、办刊规律，如果我们不能区别对待，就势必事倍功半，甚至事与愿违，适得其反。

构建社会主义和谐社会，需要有和谐的舆论，但和谐的舆论，绝不只是一种声音，唱响主旋律，也绝不是舆论一律。在唱响主旋律中，可以有不同的声部，允许有不同的样式。高中低，男女声，交响乐，小夜曲，只要在主旋律之下，就应当允许百花齐放、百家争鸣。但不能跑板走调，更不能唱对台戏。否则，就难有和谐之曲。因此，就更需要在坚持多样化中，把不同的媒体、不同的声音引入主旋律的大合唱，把不同的个性融入统一性之中，在统一之中体现不同的个性。因而，也就需要更加高超的指挥引导艺术。

前面章节提过，2008年7月17日，河南省杞县发生全县群众集体外逃事件。在整个事件酝酿、产生、发展、爆发等重要环节中，经历了一个多月的时间。其中，至少存在8个重要的节点，都是说明事情真相、有效引导舆论、消除群众恐慌的关键时机。可惜的是，当地政府在这些重要的节点上，都没有引导主流媒体及时发声。最终，造成了群众集体外逃事件的发生。下面，我们对此典型案例认真加以分析讨论。

【典型案例】

河南省杞县群众集体外逃事件

2008年7月17日下午1点，河南省杞县大街、小巷、村镇、道路，人声鼎沸，人车混杂，喇叭齐鸣。拉满人的拖拉机、三轮车、摩托车挤成一团，老百姓像是惊弓之鸟，一窝蜂地争相往外地逃命。"杞人忧天"古老的故事，在几千年之后的今天，重现于河南省杞县原发地。这里怎么会发生如此怪异之事？

一、起因：工厂机械故障引发"谣言"

造成这次群众集体"外逃"事件的源头，是杞县利民辐照厂。这个厂于1997年投产，离县委、县政府不到3公里，生意一直不错，许多外地的食品公司都将方便面的调味包、食品、蔬菜、大蒜等拉来接受钴-60核辐射照射，杀灭病菌、害虫，去除植物活力，起到保鲜作用。钴-60放射源平时放在6米多深、2米多厚的水井里，辐照室外面配有6层防护装置。工作之时，将食品、蔬菜等物品推进去，关闭6道防护，自动装置将放射源从水井提出，进行辐照。辐照完毕，再自动将放射源放进水井。

6月7日凌晨2点，对辣椒粉完成辐照后，旁边货物突然倒塌，把放射源卡在了井口，无法放回水井里。接到报告，上午9点多，国家环保部、河南省环保厅迅速派人赶到厂里，并确认放射源处于安全状态，没有对环境造成污染。同时，马上启动了处置预案。

此后的几天，工厂按部就班地找专家编制处置方案。附近群众看到不断有领导和专家进进出出，对这个厂子到底发生了什么事产生了强烈好奇。

14日15时，由于辐射源不能正常回到水井中，辐照室内的辣椒粉受到长时间照射，温度过高自燃。在消防及环保部门采取注水等措施后，燃烧物于当晚零点得到控制。

7月5日，百度网站"杞县吧"里出现了一个帖子，发帖者说，他是杞县人，现在郑州，听家里人说县城出现"核泄漏"，非常危险。消息迅速传播，人心开始不稳。

6日，县里才正式向各单位一把手发布消息，通报了故障处理情况，并特别要求县城周围3个乡镇，要把通报传递到村里。但是，越来越多的群众知道了大体情况后，传言反而也越来越多，主要是围绕"一个月前发生的事，为什么现在才公布"质疑。到10日，"辐射外泄""断子绝孙""核爆炸"等说法，一直在杞县民间传播，一部分有条件的居民把家里的小孩送到了外地。

10日起，网上出现了杞县发生"核泄漏"的帖子。11日，网上各大贴吧关于杞县"核泄漏"的帖子全被删除了，进一步加剧了民众的猜疑："难道真的是政府封锁了消息？"

为了正本清源，12日，开封市政府召开新闻发布会，称放射源至今完全处于安全状态，该故障情况不属于辐射事故。各网络媒体迅速转载。

二、故障处置受阻，"谣言"井喷

谁料到，"谣言"还未彻底平息就又起波澜。

7月16日，环保部工作人员带领专家来到杞县，还带来了两台机器人，想利用机器人进一步摸清放射源室内的详细情况。专家们在酒店大厅里进行探查预演时，机器人陌生的面孔和动作引来了越来越多的围观群众。传言又一次悄然传播，"看来问题很严重，不然怎么会派机器人来呢？"

17日，机器人处置未能成功，围观的群众出现了骚动，各种猜测甚嚣尘上："辐射非常厉害，机器人进去就被融化了！"还有人喊："快跑哇，要爆炸了！"有的传言更精确："下午5点爆炸！"

一传十、十传百，谣言迅速扩散。街上、网上疯狂地传播："现在科学家已经没有办法了……只能坐以待毙！" "有些科学家来后一看，吓得饭都不敢吃，当天就坐飞机逃走了……"

中午刚过，惊慌失措的群众就拖家带口，开始外逃。大街上乱成一团，出逃之路拥堵不堪，呈现出了美国灾难大片中"一窝蜂"的逃命场景，只是后面既没有怪兽，也没有恐怖分子。有消息称，当地105万居民中有80%逃离了家园。

三、政府集体劝阻外逃群众

7月17日，看到事态不断恶化，杞县县委、县政府认识到了问题的严重性，接连召开了4次会议，要求2000多名干部走上街头，深入城乡，向群众说明真相，劝阻他们不要离家出逃。

下午1点，县广电局所管辖的4个电视频道全部是关于事件真相的报道，县电视台播放了对专家、县环保局局长、附近七里岗村支书的访谈，告诉群众没有发生泄漏，但毫无效果。因为当时绝大多数群众都在仓皇出逃，无人看电视。

下午4点左右，县委书记邝晓峰、县长李明哲率县级领导全部上街，劝阻群众外逃。县长李明哲紧贴着辐照室大门，接受电视台采访："我身后就是辐照厂，市县的干部都在这里。大家看，这里非常安全！更不会发生什么爆炸！"

下午5点左右，开封市政府通过手机短信，不断发送通告，告知市民打开开封电视台频道，获知事件真相。群众仍然不信。直到下午5点，"要爆炸"的时间关口平安度过，一些群众才放缓了外逃的脚步。

晚上9点，开封市召开第二次新闻发布会，群众才开始明白真相。

邻近各县县城的旅馆全都爆满，街道、广场之上，遍地都是从杞县逃来的群众，大家只好忍着酷暑和饥渴，露宿街头。到底有多少杞县人跑了出来，谁都说不准确。开封市的一位干部从杞县群众"出逃"的道路之一106国道某段，一次性就劝回了满载着外逃群众的147辆农用车。

县里组织干部连夜赶赴邻近市、县，动员、规劝群众回家。夜幕之中，群众返程的拖拉机、三轮车多数没有照明灯，一旦发生事故，后果不堪设想。黑夜里，县里动用警车为群众开道。第二天，不少群众陆续返乡。

···

【案例剖析】

"杞人忧天"古老的故事，在几千年之后的今天，重现于河南省杞县原发地。本案例极具典型性和戏剧性，根本原因是政府与民众之间信息不对称、不透明，信息公开不及时。县委、县政府及有关领导干部，没有充分发挥新闻媒体的作用，留给了我们许多思考。

思考之一：猜疑的不断积累必然引发溃坝效应

恐慌往往源自未知，未知必然引起猜疑，而猜疑的根源来自信息不公开。在突发事件中，信息公开不及时、不连续，造成了公众无法了解急于知晓的、与自己生命财产安全密切相关的问题，社会公众就会有一种被蒙在鼓里甚至坐在了随时可能爆炸的炸弹之上的感觉，必然情绪不稳、疑神疑鬼、草木皆兵。而政府说话的影响力，受到群众怀疑的程度也会越来越高。在没有及时可靠信息的情况下，肯定会引发民众的猜疑和恐慌。随着事件的发展，众多民众的多种猜疑和恐慌会不断发酵、不断膨胀，产生汇聚效应。这些不断膨胀的猜疑和恐慌的量能积累到一定程度，任何一点风吹草动，都会引发溃坝效应。

本案例中，政府在许多关键节点上，都没有积极主动地公开信息，导致从问题发生、发展直到一个月后爆发，始终被不断升级的传言主导，致使民众的猜疑和恐慌不断升级，最终导致全县大逃亡。

我们来分析一下这种猜疑和恐慌的积累过程。

6月7日，群众都知道辐照厂出问题了，而且，是核辐射源出问题了。联想到核武器爆炸的威力，民众非常恐慌，而且，恐慌的级别和程度很高。

见到各级领导、众多专家们在辐照厂进进出出，人来人往，群众感到问题可能比较严重，要不怎么会来这么多领导和专家？但就是听不到确切的消息，加剧了社会公众的猜疑和恐慌。

群众忐忑不安地看到，事情都发生一星期了，来的领导和专家都没能解决问题，看来问题已经非常严重了。进一步加剧了社会公众的猜疑和恐慌。

6月14日15时，辐射源长时间照射，发生了火灾，消防队及环保部门抢救了近10小时，才控制住灾情。公众感到，事情不仅恶化了，而且已经很危险了。由于得不到确切的消息，群众只好自己准备退路，有条件的开始把孩子转移。

7月12日，开封市政府召开迟到的新闻发布会，首次公开了事件权威信息，证实了事件的存在，并称：已责成业主尽快处置，确保万无一失；6月20日，厂方已与西南科技大学达成了协议；目前，处置方案已编制完成，待专家评审并经环保部审批后，即可开始处置。政府的信息公开，一方面证实了事件的存在，另一方面却把公众的注意力转移到了对事件的处置上。

有关专家在酒店大厅进行机器人抢险预演，引发了社会公众更多的想象、更多的恐慌。大家认为，都动用机器人了，说明人不能到近前了，这个问题对人的危害是致命的。看来，问题比想象的要严重得多。

17日，机器人处置未能成功，使群众的猜疑得到了证实，恐慌情绪急剧膨胀和蔓延，形成了溃坝效应产生的充分条件。

据围观的群众讲，大家看到把机器人运进工厂，没能解决问题，又见专家们走了，没见像来时一样把机器人运走。于是，产生了更为严重的传闻："机器人进去就被融化了！""下午5点爆炸！"这一传闻，成为导致溃坝效应的"决堤蚁穴"。

笔者认为，机器人很可能是在酒店预演后，整装运进了工厂；处置失败后，因为要进行长途运输，进行了必要的拆卸，然后装箱运出了工厂。所以，厂外观看的群众只看到了机器人被运进厂，没有看到机器人被运出。可见，及时、公开的新闻报道，是何等重要。

思考之二：政府沉默就等于是默认谣传

在信息时代，社会公众的知情权意识空前高涨。在这种情况下，各级领导干部一定要牢固树立这样一种观念：信息公开是常态，不公开是特例；失语，就意味着心虚；沉默，就等于是默认。

本案例，前后一个多月时间的事件处置过程，至少有上述8个关键节点，这8个节点都是群众急于知晓的，但就是得不到权威信息。当事群众反映，"出事后，政府也不表个态，你说老百姓能不起疑心吗？""我们相信政府不会公开欺骗老百姓。要是政府公开说没事，那可能是真的没事；要是政府不说话，那就是出事了，而且是出大事了！"

在谈到政府为什么不积极、主动地公布消息时，杞县县委宣传部部长王清芝解释说："从6月7日凌晨卡源事故发生开始，县委宣传部县政府高度重视，并在第一时间通报了上级有关部门。上级部门反应也非常迅速，于事发当日上午就派相关人员前来了解情况，最终上级部门认定没有危险。既然没有危险，我觉得没有必要小题大做，也不用一开始就大张旗鼓地公布信息。就好比一个人身体没有病，还用得着大喊'我没病'吗？"

这样的思路是完全错误的。事实上，在事发后一个多月里，事件发生了8个阶段的发展并不断升级，事件的性质已经由个体"故障"事件逐渐演变为公共事件，事件的影响范围也由单独的工厂扩大到整个社会和公众。

退一步说，就算县委宣传部部长的比喻是正确的，事已至此，政府的角色已经不是单独的社会个体了，此时，政府至少已经成为"大众食堂的厨师"，你本人的健康状况与社会公众密切相关。如果没有疾病，你必须手持体检表，向社会公众公开地、负责任地宣布：我是完全健康的人，请大家尽管放心！否则，就是缺位和失职。而这样的转变，显然没有引起县委、县政府敏感的注意和足够的重视。

思考之三：满足公众的知情权绝非小事

我们常说，百姓之事无小事。这一说法，必须体现在实际行动之中，而不是只停留在口头上。

涉及公众利益、公众安全和社会稳定的事，没有小事。我们宁可小题大做，也绝不能大题小做，更不能有题不做。

各级党委、政府及其领导干部为老百姓排忧解难、消灾去祸，是掌权、执政的底线，否则，老百姓养你有何用处？

"当官不替民作主，不如回家卖红薯"，这句古老谚语体现了深刻的哲学智慧，极具真理意义，是先贤们从无数经验、教训中总结出来的精华，是历代官员必须恪守的基本行政规范。我们共产党人，不仅要做到，而且要做得更好。

思考之四：起跑滞后的真相跑不赢谣言

本来不公布消息，为何到一个多月后又公布了呢？杞县县委宣传部部长王清芝回答说："那是因为7月10日，网上出现了很多造谣的帖子，造成了十分不好的影响。于是，就紧急决定召开新闻发布会。"

谈到导致杞县居民外逃的原因时，王清芝回答："自然是那些别有用心的人所传播的谣言，现在政府正在积极追查源头。"7月18日，开封警方宣布，拘留了5名被指控的造谣者。

从以上言论中可以感觉到：在县内传播谣言，造成群众的担忧和恐惧，都可以不予理会；一旦在网上传播，影响的范围就大了，上级领导就很可能知道并进行追究，说不定还有被罢官的可能。没有办法了，只有组织召开新闻发布会，必须公开信息了。可见，还是没有把群众的利益放在首位，而是把自己的利益放在了首位。

新闻传播上，"首声效应"表明，受众对新闻的接受，先入为主形成的印象和概念十分顽固，很难得到根本扭转和完全消除。

特别事件发生后，客观上形成了舆论洼地。如果我们政府不重视首声效应，不在第一时间发布权威信息，就等于主动让出了权威信息发布的主动权，谣言立刻就会填充舆论洼地成为权威信息，并在受众心目中形成首声效应。就像一块被染黑了的白布，你就算花费再大的气力，也难以完全洗白。

各种传闻在社会上"跑了"一个月之后，政府才开始拿出真相，与谣言赛跑，真相怎么能够"跑得赢"谣言？

思考之五：遇事相互推诿是灾祸之根

6月7日事件发生，7月12日才召开第一次新闻发布会。信息为何拖这么长时间才公开？经了解，发布权限和事件的定性是问题的关键。

本案例中，河南省环保厅认为，根据国务院《放射性同位素与射线装置安全和防护条例》规定，Ⅰ类放射源属于环保部管理。利民辐照厂属于Ⅰ类，如何处置需要环保部确定。地方政府部门是否发布信息、如何发布，都要听取环保部的意见。

而北京来的放射源研究专家以及环保专家认为，利民辐照厂发生的是在安全范围内的企业生产故障，不是核辐射事故。7月16日，环保部发布公告将其定性为："按国家对辐照事故的分级管理规定，本次卡源不属于辐射事故，是辐射工作单位的运行事件。"

在特别事件发生后，各级、各部门团结协作、密切配合、形成合力，对于妥善处置问题非常重要。特别事件的发生，常常不是单方面的问题，牵涉多个部门的方方面面，应该立即成立应急协调领导机构，统一指挥、统一行动、齐心协力地解决问题。相互推诿，肯定会贻误战机，造成无法挽回的局面。当处理有些具体问题出现多个部门的职能交叉或职能空缺时，领导机构要立即协调解决，或指定专人全权负责、限时处置。

在紧急情况下，如果出现推诿扯皮现象，不服从应急协调领导机构指挥的，当地党委和政府应当场采取果断措施，包括对不服从指挥的人就地免职等，绝不能坐失良机，使危机进一步扩大或招致新一轮危机。

特别事件发生后，不管事发单位的管理权是归中央、省、市还是县，也不管事发单位的性质是国有、民营、外资还是股份制，信息公开、新闻发布工作都应该由当地党委和政府积极组织、全力推动。因为，我国经济社会的方方面面，特别是社会公众，采取的是属地管理体制。所以，凡是涉及公共安全、社会稳定的问题，当地党委、政府和领导干部都具有不可推卸的责任。本案例中，县委和县政府未能积极主动地向社会公众发布信息，造成了严重的后果，尽管存在客观原因，但是当地党委和政府特别是杞县县委和县政府难辞其咎，应当受到严肃的问责和追究。

思考之六：新闻发布失误造成了严重后果

本案例中，新闻发布失误是造成民众大逃亡最重要的因素之一。

一是新闻发布不及时。从一开始，政府就主动放弃了话语权，真相丧失了首声效应，传闻填充了舆论空白，猜测和传闻赢得了首声效应。

二是新闻发布不连续。政府不仅丧失了首声效应，在几个关键节点，真实的信息没有跟上事件的处理进程，造成事件正常处置的几个关键环节不仅没有成为消除民众猜疑和恐慌的有利时机，客观上反而成了印证猜疑、加剧恐慌的催化剂。

三是发布新闻的方法不得当。在这次事件中，姗姗来迟的权威信息主要是通过电视发布的。而此时，多数群众正在仓皇出逃或准备出逃，谁还顾得上看电视？比电视更快、更机动的广播则几乎没有声音。县里的有线广播电台，早在9年前就已经瘫痪，停止了播音。各村的高音喇叭中，只有本村干部的声音，权威性显然不够。何况，不少村干部也在出逃中或正在准备出逃。现在农村几乎家家都有手机，手机短信更快、影响面更大，但在此次事件中，可能是信息集中发送造成线路堵塞的原因，政府部门下午5点发送的短信公告，许多群众晚上11点才收到，发挥的积极作用也不大。县委书记、县长亲自带领2000多名干部上街宣传、劝阻，但面对一窝蜂向四面八方仓皇出逃的人流，显得相当弱势和无奈，根本吆喝不住。

四是新闻发布的形式不科学。开封市政府7月12日公开发布的简短新闻，只说明了事件真相，并未有效消除公众的恐慌，而且客观上把民众的注意力转移到了故障的排除上。新闻发布的对象是普通群众，所以，发布的新闻内容，不在于科技含量有多么高，也不在于遣词造句有多么完美，关键是要让群众一听就懂，必须实用。要善于用通俗的语言和形式，把高深莫测的问题大众化，把纷繁复杂的问题简单化。开封市政府发布新闻的形式，远远不及北京专家的说法科学。

逃亡事件发生后，中国原子能科学研究院博士肖雪夫来到杞县，向群众宣传放射知识时打了个比方："老虎非常可怕，但只要关在笼子里就非常安全。利民辐照厂的钴-60放射源就是关在笼子里的老虎，外面的6道防护层都非常安全，完全处于可控状态。""全国这类放射源有56个。以前，也有几个地方发生过故障，都被专家制订科学方案排除了。"群众一下子就听明白了，恐慌的情绪一下子就烟消云散了。

思考之七："谣言"不一定都是恶意制造出来的

杞县县委、县政府认定没有危险，认为没有必要小题大做，是为了稳定民心。对此，群众却有不同的看法："县政府关心这事，上级领导也关心这事，难道我们老百姓就不关心这事了吗？县政府知道没事，上级领导也知道没事，但我们老百姓就不应该知道没事吗？光顾着通报上级了，怎么就不能及时通知一下老百姓？"

群众反映，民间一直有"辐射外泄""断子绝孙""核爆炸"等传闻，而且越传越恐怖。而杞县相关领导却不通报情况、不接受采访、不允许报道，导致了谣言惑众，引起恐慌。对于生命攸关的大事，老百姓怎么能不"宁可信其有"呢？

本案例中，当地政府所说的"网上出现了很多造谣的帖子""自然是那些别有用心的人所传播的谣言"等说法是不能成立的，至少是不恰当、不准确的。

按照《辞海》的解释：谣言，是指没有事实根据的传闻或凭空捏造的消息；传闻，是指非亲身经历，出于他人转述的消息；猜疑，是指因怀疑而揣摩、测度。当地政府所谓的众多"谣言"，每一个说法都有明显的事实背景，都有事实根据，都不是无中生有、凭空捏造的。就算不准确、不正确，也不能说是谣言，充其量是各种传闻，而且许多说法，都是在权威信息严重缺失的情况下，群众根据亲眼所见的事实进行的正常揣摩和猜测。

比如，在逃往睢县县城的路上，载人的农用车拥挤不堪，交通近乎瘫痪，30公里的路程开车整整用了6小时。一些出逃的群众又渴又饿，在睢县境内路边商店买矿泉水和食品时，店老板无意中说道："今天是咋了，怎么上午路上过的都是小轿车，下午一下子过的都是三轮车和拖拉机了，怎么一辆小汽车都没有了？！"有如惊弓之鸟的群众听到后会引发什么样的传闻，不言而喻。这样的传闻能说是"别有用心的人蓄意制造的谣言"吗？！任何时期、任何党派、任何政府都无法完全控制民众对客观事实的想法及私下的表达。所以，当地政府依据此类"谣言"抓人，法律依据不足，应当慎重行事。否则，可能会自找麻烦、难以收场。

面对社会危机事件，如果政府不能够"闻过而喜"，不能够冷静、理智地反思自身存在的问题，不能够真心实意地改进工作，不能够合法、有序地执政和行政，而是一味迁怒于网民和群众，既有失公允，又与法理相悖，甚至可能会引发新一轮更大的危机，更不要说"执政为民、以诚待民、取信于民"了。

第五节

人生歧途的最大诱惑——彻底打消侥幸心理

在当今传媒高度发达的信息时代和经济全球化的大趋势下，除国家机密和商业机密，几乎无秘密可言，在任何一个角落发生的有新闻价值的社会事件，若不进行科学、有效的引导，6小时内就可能形成新闻热点，12小时内就可能传遍全国，24小时内就可能传遍全球。出现问题，不能存在侥幸心理，试图欺骗媒体、欺骗公众。如果我们的管理部门和领导干部心存侥幸，就难免陷入被动。

一、何谓侥幸心理

所谓侥幸，是指人企图在偶然中获得意外的收获，或者避免意外的灾难。侥幸原意是指社会个体存在的一种不健康的心理状态。

在心理学和行为学上，侥幸心理是人不正常的心理反应，是指行为人为了追求个人目的，对自己的行为所要达到的结果过于自信，而抱有的一种不负责的、放纵的、投机的心理状态。这种心理状态，对人的成长、进步、工作、生活和身心健康十分有害，是一种掩耳盗铃、自我欺骗、自欺欺人的不良心态，是一种给人以负面影响的有害心理，是诱发一个人走上弯路、歧路并招致失败的重要因素。

侥幸使人过于自信，目中无人，走向极端。侥幸使人放纵，忘乎所以，盲目行事，酿成恶果。所以，有人把侥幸心理比喻为错误的孵化器和催化剂。法国唯物主义哲学家狄德罗说："人生最大的错误，往往是由侥幸引诱我们犯下的，当我们犯下不可饶恕、无从宽释的错误之后，侥幸隐匿得无影无踪。而在我们下一个拿不定主意的时候，它又光临了。"

侥幸总是留下一杯苦酒让我们品尝，却不承担任何责任。侥幸心理是引诱人走向斜路、歧途的"加油站"，谁把侥幸当"朋友"，谁就在人生道路上，带上了一只随时都有可能吞噬自己的恶狼。

我们最常遇到的侥幸心理就是"拖延"。总是认为完成一件事情的时间够用，还可以再拖延几天，这，就是侥幸！

侥幸虽然使人意外地获得了某次成功，或避免了某种灾祸，但它是一种毫无规律可循的机缘巧合和偶然现象，这种机缘巧合和偶然现象，是不会在同一事物运动状态中重复发生和出现的。守株待兔就是最为典型的案例。然而，那些险中得利、祸中得福一类的侥幸事件，总是令人激动和庆幸的，总能对人产生强烈的诱惑性。这种由意外幸运产生的诱惑性，一旦受到人的本能欲望的驱使，就会随之产生继续得到第二次、第三次、更多次幸运机缘的想法，这种想法就叫作侥幸心理。

如果说侥幸事件本身是一种偶然得到的幸运，那么，在侥幸心理的支配下，产生的结果必然是不幸的。尽管有人在侥幸心理的驱动下，再次得到了某种利益和好处，但最终是随时可能爆发的潜在危险、隐患和不幸。

侥幸心理违背了事物发展的客观规律，不符合个别侥幸事件的基本特性。在主观上，把意外幸运事件当成了在主观意识影响下，改变客观事物发展规律，并实现收到意外的利益或化解必然的灾难的捷径。侥幸心理把毫无规律可循的机缘巧合，变成了客观事物运动的必然规律，并企图乘机渔利、乘隙取巧；把不具有可重复性的偶然性事件，变成了让其重复产生幸运效果的冒险行动。

由于侥幸心理忽视了侥幸本身的偶然特性，所以，心存侥幸者，决策过程通常表现为押赌注、撞大运式的冒险。我们认真研究全国以往发生的新闻群体事件，其当事领导干部都是因为存在不同程度的侥幸心理，或隐瞒事实全部、部分真相，或披露虚假信息，或移花接木、李代桃僵，企图转移上级的注意力和公众的视线，实现大事化小、小事化了、蒙混过关的目的。结果，往往是左支右绌、捉襟见肘，不但无法如愿，反而使问题复杂化、扩大化，人为地加深了危机，把组织、把自己置于一个非常被动的境地。最后，受到了更加严厉的问责和追究。而其他单位发生的更大的问题，却因为实事求是地处理，平安渡过了危机。

【典型案例】

备受关注的云南"躲猫猫"事件

云南发生的"躲猫猫"事件很能说明问题。青年李乔明在看守所被牢头狱霸打死。2009年2月16日，云南晋宁县公安局称，青年李乔明在看守所因"躲猫猫"受伤、不治而亡，引起新闻媒体和社会各界的强烈质疑。晋宁县警方公布的受害者死因，根本经不住推敲：一个只有24岁又无前科的农村青年，马上就要结婚；因为结婚费用不够，砍了几棵树，被抓了起来；眼看婚期临近，还被关着；他在放风时，因为自愿玩"躲猫猫"之类的儿童游戏，自伤而死——谁能相信？！心存侥幸，试图推卸责任、欺骗现代公众，很难！

二、刻意侥幸之弊

近年来，党中央、国务院十分注重强调各级党委和政府的责任意识，力求最大限度地降低责任事故。但由于种种原因，一些领导干部在日常的安全生产管理工作中心存侥幸，自以为不会发生什么太大的安全事故，不去认真监管，重特大责任事故仍然时有发生。而一旦发生负面事件特别是责任事故之后，个别领导干部出于逃避责任的心态，心存侥幸，隐瞒不报，试图瞒天过海，大事化小，小事化了，蒙混过关。受侥幸心理的支配，有时甚至导致个别领导班子集体违规。

面对责任事故，在做决策时，往往误以为此事只有班子内部的成员和少数人知道，如果大家都不说出去，外面的人就不会知道。即使被查出来，这也是"集体研究的决定"，责任应该由领导班子集体承担，与个人关系也不大。

领导干部决策中侥幸心理和责任均摊心理，实质上是敷衍了事，是对党和人民事业的不负责任的心理体现。最后的结果，常常是产生比事故本身更加恶劣的社会影响，严重损害党委和政府在广大人民群众中的形象，造成更大的被动，受到上级党委和政府更加严厉的问责和追究。

前面章节案例提过，2008年，山西省襄汾县新塔矿业公司"9·8"特大溃坝事故发生后，当地政府存在侥幸心理，试图通过发布虚假消息掩人耳目，大事化小。当时，其发布消息称，由于暴雨引发山洪，致使尾矿库溃坝，造成一死一伤。后经国务院有关部门核实，山西襄汾地区多日没有降雨，事发前的降雨量只有1.5毫米，连地皮都湿不了，何来暴雨？又怎么能引发山洪？而且，为了掩盖事件真相，还偷偷掩埋了50多具遇难者遗体。这样一来，事故的性质就变了，当然要受到严厉的追究，要受到公众舆论的强烈指责。

【典型案例】

山西省襄汾县新塔矿业公司特大溃坝事故的教训

位于山西省临汾市襄汾县陶寺乡的新塔矿业有限公司塔山铁矿尾矿库，总库容约30万立方米，坝高约50米。9月8日8时许，该尾矿库突然发生溃坝，尾砂流失量约20万立方米，沿途带出大量泥沙，流经长度达2公里，最大扇面宽度约300米，过泥面积30.2公顷。

9月8日中午，即事故发生4小时之后，山西省安监局调度中心和襄汾县委、县政府发布消息称，由于暴雨引发山洪，致使尾矿库溃坝，造成"一死一伤"。

8日深夜，在山西省主要领导和国家安监总局负责人参加的内部情况通报会上，抢险指挥部总指挥、临汾市市长刘志杰说，事故的伤亡人数估计不会超过70人。

10日晚，临汾市领导在向有关方面汇报遇难者人数为128人时，当场受到安监总局负责人的质疑。"根据我们所掌握的情况，远不止这些。"这位负责人尖锐地指出。

12日17时，襄汾县公布事故遇难人员人数增加到178人。

国务院事故调查组发现，有51名遇难人员未被统计。抢险指挥部解释说，这些遇难者是经过事故善后处理组同意后，被家属直接拉走的。临汾市领导说，出现如此大的统计数字出入，原因可能有多种，其中不能排除转运人员与交接人员的工作衔接存在漏洞，也不排除某些部门或个人故意瞒报、漏报死难者人数。山西省委接到抢险指挥部的报告后，省委主要领导批示要求认真核查，实事求是，决不包庇。

到14日时，已确认的遇难人数为254人。同日，山西省省长孟学农提出辞去省长职务。

14日下午，在山西省第十一届人民代表大会常务委员会第五次会议上，王君被任命为山西省副省长、代省长。同时，接受孟学农辞去山西省省长的请求，免去张建民山西省副省长职务。

······

【案例剖析】

山西省临汾市襄汾县新塔矿业有限公司尾矿库"9·8"特别重大溃坝事故，造成重大人员伤亡。在事故发生后，当地政府一些领导干部主观上存在侥幸心理，客观上存在明显虚报、瞒报事实行为，不仅于事无补、自食恶果，而且，对当地党委和政府、对自己、对上级，都产生了非常负面的社会影响，教训极为深刻。

一、试图推卸责任

人类社会进入信息时代后，社会公众不仅能够从多种渠道迅速获取信息，还能够非常便利地对相关信息进行确认、核实、求证和验证，通常都能因此迅速地掌握事实真相。

事故发生后，当地政府发布的消息可以说及时，但可惜不是事实。事发之后4小时，当地政府发布消息称，是由于暴雨引发了山洪，致使尾矿库溃坝。

众多网友之中，不乏好事者。消息发布后，许多网友纷纷通过互联网查询事发之前当地的天气资料。

当地多个气象部门公开发布的资料显示，9月以来，襄汾县只有7日至8日一次降水，从7日20时至8日8时，降水量为1.5毫米。据监测，从7日8时至8日8时矿区周围4个县24小时的降水量分别为襄汾县1.5毫米、浮山县1.1毫米、翼城2.8毫米、曲沃0.9毫米。

"两天之内出现这样的降水量，可能连地面都湿不了，根本不可能造成暴雨。"从事气象工作的网友在互联网上公开质疑当地政府发布的消息。

"暴雨引发泥石流"的消息公布后，当地一些群众认为这个说法根本不符合实际情况，"纯粹胡说"。当地村民说，事故发生前几天还很旱，没有下过雨，也就是9月8日那天早晨下了一点点儿小雨，"根本没有下暴雨"。

针对暴雨引发泥石流的说法，国土资源部门领导和专家专程到现场予以勘查，并当即否认了这一说法。一位专业人士说："凡是到过事故现场的人，谁也不相信这会是一起自然灾害或者是地质灾害。"

当地政府对于事故原因的说法也引起了国务院事故调查组的高度重视，调查组组织力量，进行了深入细致的调查，很快查清了真相。

因为"暴雨引发的泥石流"的说法最先出自襄汾县委宣传部部长董凤妮之

口，所以，网友戏称其为"董暴雨"。

二、试图大事化小

"一死一伤"这一数字对外公布后，幸存者和现场目击者立即提出了强烈质疑。目击和幸存的群众反映，当时，现场发现的遇难者人数绝对不止这些，肯定是政府搞错了。

从灾难中逃生的群众反映，事故发生的9月8日早上，正好是塔山矿区的集市，按照当地惯例，附近村庄和矿山的群众都要来赶集，有的矿工也会在上完夜班后直接来到集镇上。

当地一位干部说："虽然溃坝发生在8时左右，但当时市场上的人已经不少了，因为集镇上的固定摊位比较少，有很多做小生意的群众一般都会在早晨六七点早早赶来占位置。"

集贸市场附近有新塔矿业公司一座三层高的办公楼，溃坝后被冲移了十多米远。来自湖北十堰的打工人员说："办公楼内当天准备发工资，不少职工都在楼里。"

集贸市场附近还有一个饭店也被完全冲毁。一位受伤群众反映说，这座楼里也有不少人。

这样一起特别重大伤亡事故，根本无法实现"大事化小"的侥幸心理预期。

三、试图掩人耳目

事故发生后，伤亡人数在7天之内9次更新，已经从最初的"1死1伤"攀升到9月14日18时的"254死34伤"。那么，到底有多少人遇难？从"因暴雨引发泥石流"到"特别重大责任事故"，当地政府的说法前后变化，令人难以置信。许多社会公众在问，这次事故到底导致多少人伤亡？事故发生的背后原因到底是什么？

9月14日，国务院事故调查组发现，另有51名遇难者没有被统计到对外发布的遇难者名单中。当地抢险指挥部工作人员解释说，这51具遇难者的遗体没有经过法医组的程序直接被家属领走了，所以，造成这51人没有被统计到遇难者人数之中。

事故处理明确规定，遇难者遗体处理要经过"现场搜救组——法医组——善后处理组"三道程序把关。经过追查，当地抢险指挥部工作人员解释说，有57具遗体未在法医组履行清洗、拍照、DNA取样等程序，就在现场由家属直接认领回家。后来，有其中6名遇难者的家属，担心领走遗体影响赔偿金的发放，又陆续把遗体送回了殡仪馆。51具死难者遗体，没有经过法医组处理而直接经善后组由家属领走，当地政府存在隐瞒遇难人数之嫌，加之当地政府"因暴雨引发泥石流"的事故原因之说，事故的性质一下子就发生了变化。

当天下午，山西省省长孟学农引咎辞职，副省长张建民被免职。当晚，襄汾县政府及事故发生地陶寺乡的有关领导被停职审查。

四、心存侥幸的后果

事发后，中共中央总书记胡锦涛、国务院总理温家宝指示，采取一切有效措施，全力组织抢险救援和伤员救治，认真负责地做好善后工作，彻底查明事故原因，依法追究责任。

受温家宝总理委托，国务委员兼国务院秘书长马凯，率国务院有关部门负责人赶到溃坝事故现场，指导抢险救援和善后工作。国务院还成立调查组，彻查此次溃坝事故。

国务院事故调查组调查结果表明，这起特别重大责任事故的直接原因是新塔矿业公司长期违法生产、尾矿库超储导致溃坝。政府监管部门对企业的违法生产打击不力，最终酿成大祸。事故共造成276人死亡、33人受伤，直接经济损失9600多万元，后果极其严重。

时任国家安监总局局长王君，用了24个字形容这家铁矿企业："只讲生产、不讲安全，只讲效益、不讲安全，只讲赚钱、不讲安全。"

9月20日，山西省委决定：临汾市委书记夏振贵停职检查，免去刘志杰临汾市委副书记、常委、委员职务，提名免去刘志杰临汾市市长职务，提名免去周杰临汾市副市长职务。

山西襄汾县原县委书记亢海银，在"明知事故原因不是暴雨引发泥石流，而且伤亡人数众多"的情况下，仍然同意以"暴雨说"向外发布新闻，致使新华社、中央电视台等主要新闻媒体据此播发新闻，严重损害了当地党委和政府的公信力。

2009年7月，山西襄汾县原县委书记亢海银、县长李学俊等10名公职人员，因涉嫌职务犯罪，被依法提起公诉。检察机关审查认为，以上人员放任襄汾新塔公司长期非法生产，最终导致尾矿库溃坝，已构成玩忽职守罪。在溃坝事故发生后，亢海银、李学俊二人谎报事故原因，瞒报死亡人数，构成滥用职权罪。另外，检察机关查明，亢海银等人的行为，还构成了受贿罪，转移、掩饰、隐瞒犯罪所得罪，巨额财产来源不明罪，被依法追究刑事责任。

三、善意侥幸之害

在现实中，特别是发生负面事件之后，一些领导干部常常以怕"引起群众恐慌""影响社会稳定"为由，或不及时公布信息，或不完全公开信息，或完全不公布信息。除个别人员试图推卸责任，也有不少人是出于善良的目的，存在善意的侥幸心理，主观认为通过拖、掩、遮、盖，可以使大事化小，减轻上级和公众对事件的注意力，缩小事件产生的消极影响，有利于化解危机。所以，发生负面事件之后，第一反应、第一措施就是费尽心机研究如何向上级汇报、如何应付新闻媒体和社会公众。

善意的侥幸心理和行为是一种个体心理和行为。在特定场合和特定的情况下，特定的个体出于善良的意识和良好的用心，通过善意的谎言和行为，对于特定的个体，或隐瞒事实真相，或实施特殊的心理策动，在少数个体身上，有时可能能够实现善良的目的。比如，有一位老师，自称对预测学生的未来很有研究，他对一个学习成绩一般的学生说：我看你很有潜力，如果平时努力学习，将来很可能成为一个数学家。在老师的预测、指点、帮助、鼓励和培养下，这个学生变得勤奋刻苦、好学向上，几年后，以优异成绩考入了名牌大学。其实，这位老师根本不懂什么未来预测，而是出于良苦、善良的用心编造了一个美丽的谎言，用以激励和鼓励他的学生们。

但是，善意的侥幸心理和行为，更多的是在理论上成立，即使取得了实际的成功，也仅仅是个案，不具有普遍性。在现实生活中，善意的侥幸心理和行为，常常会把事情搞得越来越糟糕，把问题弄得越来越复杂。比如，有些病人身患绝症，医生和亲属害怕病人知道病情真相后无法承受，出于善良的目的，对病人隐瞒了病情真相。但多数情况不仅无法实现善良的愿望和目的，反而影响了有效治疗措施的实施，贻误了宝贵的治疗时间，加速了生命的终结进程。而有效延续生命或经过治疗痊愈的病人，则常常是及时告诉其病情真相，正视现实，以积极心态配合治疗的患者。老师用善良的谎言夸奖、激励成绩平平的学生，多数情况也是使这些学生产生骄傲、自满、自负等消极情绪，无益于成绩的提高。

侥幸心理毕竟是社会个体的一种不健康心理状态，善意的谎言毕竟是谎言而不是事实。所以，普通人一定要慎用、少用，最好不用。而各级领导干部不是普通的社会个体，其一言一行、一举一动，在很大程度上代表着一级党委、政府和特定组织，在施政理事和个人行为中，应该力避侥幸心理和善意的谎言。

各级党委、政府和领导干部，在执政、行政过程中，特别是在发布负面事件新闻之前，如果存在侥幸心理，试图发布善意的失真信息，那么，首先要权衡以下几个问题：

一是侥幸心理得以实现的概率到底有多高？

二是失真的信息或者善意的谎言，会不会持久？

三是侥幸心理被客观现实击碎之后，怎么处理？

四是谎言被事实真相戳穿之后，如何收场？

五是会不会对党委、政府和领导干部个人造成无法挽回的伤害？

六是这样掩耳盗铃、遮遮掩掩的结果，是不是真正比实事求是更好？

【典型案例】

四川广元柑橘事件

2008年9月22日，四川旺苍县尚武镇村民报告，柑橘园出现严重落果，并发现虫害。

县农业局接到报告后，立即组织力量，赶赴虫害现场，予以核实。经技术人员确认，这只是一起普通的、区域性的柑橘大实蝇虫害，发病范围只有两个乡的很小一部分柑橘园。县农业局技术人员严格按照技术操作规范，及时对病果进行了杀虫、灭菌、填埋处理。

但是，当地政府一些领导干部生怕虫害信息的发布影响柑橘销售，没有积极利用新闻媒体及时、主动地公布虫害真相。当地几家主流新闻媒体的记者得到消息后，去了解情况，但面对媒体记者，当地政府有关干部采取了回避和否认的错误做法，拒绝了采访，称虫害完全是谣传，不要道听途说、随意报道，否则，会影响橘农的收入。当地主流新闻媒体信以为真，也很听招呼，集体失语。

10月初，虫害的消息通过手机短信开始在社会上急剧扩散、流传。手机短信说："告诉家人、同事和朋友，别吃橘子，广元的橘子皮内发现蛆虫，四川埋了一大批，还撒了石灰。"

这条手机短信引起了消费者的疑虑和恐慌，大家不约而同地不再食用柑橘。市场上水果种类繁多，停止食用柑橘，对群众的生活影响不大。但对橘农来说，是一场不折不扣的柑橘之灾，使橘农蒙受了重大损失。

··

【案例剖析】

广元柑橘事件留给我们许多教训和思考。

思考之一：随着信息传播途径的多元化，公共信息特别是涉及群众切身利益和公共安全的信息，是不可封堵的，也是无法封堵的。目前，信息公开是经济社会发展的潮流和趋势，我们只能顺势而为，不能逆势而动。

思考之二：封堵主流媒体很不明智。主流媒体特别是党报党台，都是经过党多年教育培养成长起来的成熟媒体，其报道行为通常是理性的、是严肃的、是负责的。主流媒体是各级党委和政府处理危机事件最可靠的力量，是公开信息的主渠道，是引导社会舆论的"领头羊"。造成主流媒体失语，就等于是放弃了话语权。

思考之三：封堵信息必然导致溃坝效应。不主动公开敏感信息，不配合主流媒体及时公开报道，尽管主观意图是好的、是善良的，但客观上，就等于是在积累决堤溃坝的能量。几天后，一条手机短信触发了连锁反应，一夜之间形成了汹涌之势，形成了溃坝效应，给当地经济社会造成了很大伤害。

思考之四：遇到特别事件，主动引导主流媒体进行公开报道，就能够确保全面、准确、完整、真实地传播事件的权威信息，其他媒体的报道，通常会从属于主流媒体。如果不向主流媒体主动提供信息，有效引导舆论，其他媒体就会从其他途径挖掘信息进行传播，就很可能造成信息的残缺或失真。本案例中，由于手机短信很短，没有也不可能全面表述疫情规模和大实蝇的性质、危害等基本信息，引起了消费者不必要的恐慌。

思考之五：新闻传播中的首声效应，不仅传播效率最高，而且具有先导性、广泛性和持续性。本案例中，一条小小的手机短信，引发了一场全国性柑橘之灾，全国橘农深受其害。后来，尽管各级政府采取了许多措施，包括11月2日，农业部副部长陈晓华和四川省副省长张作哈在成都带头参加"万人免费品尝柑橘"促销活动等，但橘农仍然蒙受了很大损失。

思考之六：各种传闻和手机短信出现之后，10月4日、5日，《华西都市报》分别以《好可惜！万吨柑橘长蛆深埋》和《误食"柑蛆"莫慌！人体不会有大碍》为题，公开报道广元市旺苍县"蛆橘"事件，但因为此时已丧失了首声效应，所以，发挥的作用不大。针对各种传言，广元市政府发布消息称，网上与短信流传的广元病虫柑橘流入市场的消息"纯属谣言"、有关"报道内容严重失实"。发布消息的所有内容不足500字，只是简略介绍了事件的经过，对疫情产生的原因、如何辨别"蛆橘"，以及为何有短信传言等内容并未涉及。

同时，地方政府斥责"造谣"者，并对有关传言迅速进行追查，对于及时、客观、正确、足量、到位地正面报道虫橘这一客观存在的事实却重视不够，客观上令公众产生了反感情绪，削弱了公众对当地政府采取措施的认可程度和发布信息的信任程度。

在现实中，作为新兴媒体，手机短信的传播威力是非常强大的，在社会公众中的影响力常常远在大众传媒之上。在我国，公众往往认为，绝大多数大众传媒都完全听从政府的指令；有一些客观存在的事实，即使危及公众的利益和健康，政府出于各种原因，也可能会有所保留，不进行报道或不完全报道。而手机短信的传播则具有许多独特的优势：字数少，编辑快，能够即时传播；传播者及受众都是亲属、朋友和熟人，其可信度远比大众传媒高，其说服力也比政府发布的信息要强。所以，一旦让手机短信形成了信息传播的首声效应，政府及大众传媒则很难再夺回信息发布的制高点、占据引导舆论的上风。

四、消极侥幸之祸

在新闻规律中，最重要、最基本的一条就是真实性。真实性是新闻报道的铁律。事实存在，就必须承认、必须正视；向媒体提供报道的新闻素材，必须是真实的；向媒体提供报道的事实材料，必须尽可能完整。

各级党委、政府和领导干部，要树立一个十分重要的意识，就是在积极处理有关事务的同时，要积极报道有关事务的处理过程和最后结果；在做出工作成绩的同时，要积极报道工作成绩。通过新闻媒体，按照新闻规律，及时、到位地报道本地区、本单位、本部门，甚至是领导干部本人的执政理事能力和工作实绩，不能简单、呆板地认为是自我炫耀、自我吹嘘和突出个人，更重要的是树立党委和政府的良好形象，增强广大人民群众对党和政府的信任和支持，巩固党的执政基础。这是每一个中国共产党党员和领导干部责无旁贷的责任和义务。

各级党委、政府和领导干部，要树立一个十分重要的观念，那就是宁可消极对待一般事务，也不能消极对待特别事件；宁可消极对待正面事件的宣传，也不能消极对待负面事件的报道。任何组织、任何单位，都不可能完全避免负面事件的发生，对于这一点社会公众是能够理解和谅解的。但是，在处理负面事件过程中，各级党委、政府和领导干部要力避再犯错误。否则，社会公众是不会原谅、不会放过的。

在中国，"好事不出门"现象比较常见，而"坏事传千里"则更是一种必然的规律。这个规律，是由中国传统文化理念决定的。文化理念是指客观事物在具有一定文化背景的人群中，长期形成的概括形象和广泛共识，具有历史的连续性、相对永恒的持久性和强烈的传承性。以中华传统文化为基础，经过长期潜移默化、沉淀积累形成的文化理念，深深根植于每一个中国人的潜意识之中的最深处，并在每个人的头脑中打上了深深的、先天性的烙印。

自古以来，所有中国人都在尽可能地恪守、践行和维护着"修身、齐家、治国、平天下"的道德规范和行为准则，这样的标准和要求很高，历代只有极少数的精英，才有可能达到这种境界，被老百姓称为"圣贤"。而社会各界绝大多数人士，虽然历经祖祖辈辈的不懈努力，并穷尽个人毕生的精力，却只能达到这一标准的部分要求，无法真正完全做到这一标准。中国历代各阶层人士，对于其他社会个体、社会群体和执政者的评价，呈现出以下五个明显的特征或要点。

一是求全责备。常常对人、事，进行全面评价，要求其自身、家庭、政务、国计、民生等各方面全部都要做好。无论是对一个人、一个家庭的评价，还是对一个群体、一级执政者的评价，也包括对自己的评价，都是全面的、全方位的，要求完美无缺、十全十美。所以，我们常常见到许多国人，对于自己，总是不知足；对于他人，总是不满意。

二是淡化好事。现实中，即使有人做了不少好事、做到了"修身、齐家、治国、平天下"的某些方面，但因为与大众心目中理想的标准尚存在巨大的差距，所以，常常被社会大众忽视或淡化。

三是讨伐违规。社会公众都知道，"修身、齐家、治国、平天下"的标准太高，常人难以企及。所以，社会公众对于他人的基本要求是：你可以做不到、达不到这一标准，但你绝对不能违反这一标准。社会公众时时刻刻都在瞪大眼睛盯着、守着、维护着这一标准。一旦某一个体或群体违反了这一标准，便立即会招致社会公众的口诛笔伐、群起而攻，直到违反者停止自己的行为，并修复受损的标准为止。

四是神化杰出。由于"修身、齐家、治国、平天下"的标准太高，历代芸芸众生，能达此境界者，可谓凤毛麟角、少之又少。"高山仰止，景行行止，虽不能及，然心向往之。"太史公司马迁深刻地道出了传统文化理念熏陶之下，中国民众根深蒂固的思想理念和价值取向。世世代代的中国各阶层人士，明明知道这是一个无法达到的境界和难以实现的目标，却仍然在穷尽毕生之力，皓首丹心、不离不弃、生生不息地追求着。这就是历代各阶层中华儿女平和、执着、奋发向上的根本原因，也是中华民族的优良传统之一。而对于达到或接近这一标准和境界的杰出人物，则被社会公众奉若神明、顶礼膜拜。比如，称老子为"太上老君"，尊孔子为"至圣先师"等。

五是一损俱损。在中国，一个人、一个团体、一级组织，长期以来，做了许多有意义的好事，积累了一定的威信和好评。常常是因为一件事情做错，而被社会各界彻底否定，在人们心目中一下子变得一无是处。比如，石家庄三鹿集团作为国有大型企业，近60年来，一直将自己定位在为广大消费者服务的地位。特别是改革开放之后，中国的贫富差距逐渐拉大，不少类似公司纷纷将自己定位在高端市场，致力于生产高档商品，以获取更大的利润，而三鹿集团则始终把企业定位在中低价产品市场，面向最广大的城乡中低收入群体。客观地讲，多年来，许多买不起高档奶制品家庭的婴幼儿，都是喝着质优、价廉、低利润的三鹿奶粉健康成长的。从这个角度讲，三鹿集团是有功德的。但就是因为2008年上半年，三鹿集团处理含有三聚氰胺的奶粉事件所犯的严重错误和造成的严重后果，而被社会公众彻底抛弃，使一个与共和国同龄的，为国家、为人民曾经做出过不少贡献的国有大型企业轰然倒塌，其教训十分深刻。

【典型案例】

石家庄三鹿奶粉事件的教训

2007年12月以来，石家庄三鹿集团公司陆续接到消费者关于婴幼儿食用三鹿牌配方奶粉出现疾患的投诉。2008年3月，有消费者反映，有婴幼儿食用三鹿婴幼儿配方奶粉后，出现尿液变色或尿液中有颗粒现象。2008年6月，三鹿集团陆续接到"婴幼儿患肾结石等病状去医院治疗"的信息。

据新华社报道，2008年8月初，三鹿集团有关人士表示，经专家鉴定，涉嫌问题奶粉中有大量致肾病的三聚氰胺，但并未对外公布。2008年8月2日，三鹿集团公司向石家庄市政府做了报告。2008年8月2日，占有三鹿集团41%股份的大股东新西兰恒天然公司CEO Andrew Ferrier先生说，得知三鹿奶粉遭污染后，立即要求全面、公开、正式地召回所有受到波及产品，但遭到阻挠。在与石家庄市政府进行数周交涉、毫无结果的情况下，于2008年9月5日，新西兰恒天然公司请求新西兰政府出面，与中国政府进行协调。新西兰首相海伦·克拉克得知这一情况后，立即于9月8日召开相关部长会议，决定由新西兰驻中国大使Tony Brown先生，绕过河北地方政府，直接向中国中央政府通报情况。克拉克说，新西兰政府向北京政府拉响了警报。

2008年9月10日，《兰州晨报》首先对奶粉肾结石事件曝光。2008年9月11日，《东方早报》报道多地发现"肾结石婴儿"后，三鹿集团传媒部的刘小姐打电话给《东方早报》要求撤稿，声称三鹿的奶粉合格，"肾结石婴儿"可能是因为甘肃的水质有问题，才导致婴儿患肾病。2008年9月11日上午，三鹿集团回应，目前，没有证据证明患病婴儿是因为吃了三鹿奶粉而致病。甘肃省卫生厅已把病理及病因样本送到国家鉴定中心进行检验，结果尚未出来。

2008年9月11日，卫生部下发《关于上报有三鹿牌婴幼儿配方奶粉喂养史患泌尿系统结石婴幼儿有关情况》的通知。

2008年9月11日晚，石家庄三鹿集团公司发表声明，经自检发现部分批次三鹿婴幼儿奶粉受三聚氰胺污染，决定立即对今年8月6日以前生产的三鹿婴幼儿奶粉全部召回。

2008年9月12日，全国各大超市紧急下架三鹿奶粉。

2008年9月13日下午，卫生部党组书记、三鹿牌奶粉重大安全事故应急处置领导小组组长高强说，三鹿集团在确认奶粉的质量出现问题以后，采取了召回部分市场的产品、封存还没有出库的产品等措施。但是，在相当长的时间内没有向政府报告。在这个问题上，三鹿集团应该承担很大的责任。

随后，三鹿集团被查处。2008年9月22日，根据国家处理奶粉事件领导小组事故调查组调查，三鹿牌婴幼儿奶粉事件是一起重大食品安全事件。

· ·

【案例剖析】

本案例中，三鹿集团及石家庄市政府个别领导存在消极侥幸心理，试图把大事拖小，造成了事态的恶化。

一、企业存在严重的消极侥幸心理

在三鹿奶粉事件之前相当长的时期内，我国奶制品行业在收购原料奶时，主要是检测原料奶中蛋白质的含量是否达到要求。但是，蛋白质的含量太不容易检测，而蛋白质是含氮的。于是，生化专家们就想出一个比较简便的办法，通过检测食品中的含氮量，来推算出其中蛋白质的含量。于是，一些不法原料奶供应商在原料奶中兑水，再加入有毒的三聚氰胺，以增加氮的含量，造成兑水原料奶中蛋白质含量合格的假象，牟取暴利。因三聚氰胺无色、无味，溶解后有黏稠感，所以，加入兑水的原料奶中，很难让人察觉。

2007年12月，三鹿集团陆续收到消费者投诉，反映有部分婴幼儿食用该集团生产的婴幼儿系列奶粉后，尿液中出现红色沉淀物等症状。但是，没有引起三鹿集团有关领导的重视。

2008年5月17日，相关部门书面向三鹿集团董事长田文华等集团领导通报有关情况。为查明原因，三鹿集团当月成立了由三鹿集团副总经理王玉良负责的技术攻关小组。通过排查，确认该集团生产的奶粉中"非乳蛋白态氮"含量是海内外同类产品的1.5～6倍，疑为含有三聚氰胺。

8月1日，河北省出入境检验检疫局检验检疫技术中心出具检测报告称：三鹿集团送检的16个批次奶粉样品中，15个批次检出三聚氰胺。同日下午，王玉良将有关检测结果向田文华进行了汇报。田文华随即召开集团经营班子扩大会议，会议决定：暂时封存仓库产品，暂时停止产品出库；由王玉良负责对库存产品、留存样品及原奶、原辅料进行三聚氰胺含量的检测；由集团副总经理杭志奇加强日常生产工作的管理，特别是对原料奶收购环节的管理；以返货形式，换回市场上含有三聚氰胺的三鹿牌婴幼儿奶粉。

三鹿集团在明知其奶粉中含有三聚氰胺的情况下，并没有停止奶粉的生产、销售。8月13日，田文华、王玉良组织召开集团经营班子扩大会议，并决定：库存产品三聚氰胺含量10mg/kg以下的可以出厂销售，10mg/kg以上的暂时封存，由王玉良具体负责实施；调集三聚氰胺含量20mg/kg左右的产品，换回含量更大的产品，并逐步将含三聚氰胺的产品通过调换撤出市场。截至9月12日，被政府勒令停止生产和销售时，三鹿集团共生产含有三聚氰胺婴幼儿奶粉72个批次总量达900余吨，销售其中69个批次总量达800余吨，销售金额4700余万元。全国有众多婴幼儿，因食用三鹿婴幼儿奶粉出现泌尿系统结石等严重疾患，部分患儿住院手术治疗，并有多人死亡。

三鹿集团生产的含有三聚氰胺的婴幼儿奶粉等奶制品流入全国市场后，对广大消费者，特别是婴幼儿的身体健康、生命安全造成了严重损害。国家投入巨额资金用于患病婴幼儿的检查和医疗救治，众多奶制品企业和奶农的正常生产、经营受到重大影响，经济损失巨大。

2008年12月底，石家庄市中级人民法院开庭，对被告单位三鹿集团进行审判，被告人田文华、王玉良、杭志奇等21人分别对生产、销售含有三聚氰胺的婴幼儿配方奶粉、液态奶制品负有直接责任，以生产、销售伪劣产品罪，追究其刑事责任。

二、当地政府的消极侥幸和不作为

本案例中，石家庄市政府也存在明显的消极侥幸心理和不作为行为，并因此而产生了相当负面的影响。

早在8月2日，石家庄市政府就已经知道了奶粉确实存在问题，但是政府有关部门却没有尽到对企业的管理之责，在客观上助长了三鹿集团主要领导继续违法生产、违法销售的行为。

特别是在外方大股东新西兰恒天然公司与三鹿集团多次交涉立即公开召回问题奶粉而毫无结果的情况下，又向石家庄市政府反映情况，但当地政府数周没有结果，表现相当消极、被动和不作为。

2008年9月15日，新西兰首相海伦·克拉克，在接受新西兰TVNZ电视台采访时称，恒天然公司在8月初，得知三鹿奶粉遭污染后，即要求全面、公开地召回所有受波及的产品，却遭到阻挠。数周来，恒天然公司一直在要求进行官方正式召回，但是中国地方当局一直不采取行动。克拉克说："在地方层面上，我认为第一反应就是试图掩盖它，不予正式召回。"克拉克表示，直到新西兰政府联系中国中央政府之后，中国河北的地方官员才开始采取行动。

石家庄市政府一些领导干部在事件中的表现，使本该停产、不该出厂的问题奶粉800余吨流入了市场，导致问题进一步扩大化，加剧了对婴幼儿身体的伤害，严重损害了政府在国际社会的形象。2008年9月22日，中共中央对事件做出初步处理。因对三鹿奶粉事件负有领导责任，对事件未及时上报、处置不力负有直接责任，经党中央、国务院批准，免去吴显国同志河北省委常委、石家庄市委书记职务；鉴于在多家奶制品企业部分产品含有三聚氰胺的事件中，国家质量监督检验检疫总局监管缺失，对此，局长李长江同志负有领导责任，同意接受李长江同志引咎辞去国家质量监督检验检疫总局局长职务的请求；免去冀纯堂同志石家庄市委副书记、常委、委员职务，并由石家庄市委提请市人大，按照法定程序免去冀纯堂市长职务。

三、三鹿奶粉事件的反思

认真分析本案例的来龙去脉，可以清晰地看出，事件之初，不法原料奶供应商是污染三鹿奶粉的元凶，而三鹿集团主观上没有向牛奶中添加三聚氰胺的故意。发现问题奶粉后，如果三鹿集团、当地政府能够正确认识和及时处理，充分利用新闻媒体，主动解决问题，则事件完全可以朝着有利于三鹿集团的方向转变，这个拥有60多年历史的知名企业很可能不但不会倒闭，还有可能进一步提高信誉。

在石家庄"三鹿奶粉事件"中，早在8月初，厂方就已知晓售出了问题奶粉，并向当地政府做了报告。而当地政府有关领导部门和干部，没有对本地厂方的报告和外方大股东的交涉给予应有的重视，没有采取果断的措施，没有尽到监管之责。

三鹿集团更是存在严重侥幸心理，为了企业的眼前利益，没有采取果断的措施，没有充分利用现代传媒的力量，及时告知公众、迅速召回问题奶粉，而是采取了以堵为主的做法，试图绕过媒体、绕过公众，通过"调换撤市"的方式，掩人耳目，私下处理，导致了事态的恶化。特别严重的是，在明知原料奶存在问题的情况下，仍然违法生产、违法销售，造成了十分严重的后果。

新西兰大股东恒天然公司，在与当地政府有关部门交涉几周未果的情况下，毅然向新西兰政府做了报告。新西兰总理克拉克得知情况后，于9月8日，命令其下属，绕过当地政府，直接向中国中央政府反映情况，问题奶粉事件才得以查处。

由于当地政府及三鹿集团在事件发生后，存在严重的侥幸心理，放弃了新闻媒体这一便捷、有效的工具，于是，错过了宝贵的补救机会，对国家和人民造成了重大危害，在国际上产生了十分恶劣的影响。教训极其深刻。

本案例中，与新西兰相比之下，暴露了我们一些地方政府处理负面事件经验的不足，暴露了我们的一些工商企业社会责任感的缺失。特别是党政机关、事业单位、企业单位及其领导干部和决策者，如何正确面对媒体、如何充分运用媒体，为我们的事业发展助力、提速，是摆在我们面前的一个十分紧迫的现实问题。

五、勿以主观之心，揣度群众之腹

发生负面事件之后，一些领导干部总是为新闻发布工作设置一个界限十分模糊的空间，其上限是"不能影响社会稳定"，其下限是"不能引起群众恐慌"。这样的界限，说起来冠冕堂皇、理直气壮，但实际上很难把握，不仅令新闻发布工作人员无所适从，而且，这也是造成新闻信息失真最主要、最根本的原因。实践证明，设置这样的界限，常常是一些主要领导干部存在侥幸心理的外在表现，是试图推卸责任的开始。

在世界各国，影响社会稳定的关键是执政党领导的各级政府平时的作为，而与负面事件发生后，及时公开全部事实真相没有必然的因果关系。在中国，如果各级党委、政府和领导干部在平时执政理事过程中，能够坚持中国共产党全心全意为人民服务的宗旨，坚持立党为公、执政为民，坚持情为民所系、权为民所用、利为民所谋，那么，不管发生多么严重的负面事件，如实、及时地告诉群众，是不会对社会稳定产生消极影响的。

作为领导干部，不要低估群众的承受能力。历史的考验和经验反复证明，广大人民群众是综合承受能力最强的群体，为历代执政者所远远不及。翻开历史，可以看出，每到危难关头，常常是执政者恐慌、老百姓坚强。国之危难，"危"不过外敌入侵之患，"难"不及亡国灭种之忧。1126年秋，金国大军分两路挥师南下，一举攻克大宋都城开封，大宋王朝的残余势力及其府、县执政者逃至江南，偏外一隅，苟且偷安。而华北和中原的老百姓不但没有南逃，而且从未停止过抗金斗争。1900年，八国联军从塘沽登陆，经天津攻入北京城，慈禧太后率领清朝政府大小官员仓皇逃窜，避祸西安，而京、津、直隶等敌占区的老百姓却在恪尽看家守土之义，自发奋起抗争。抗日战争初期，面对日寇的侵略，作为执政者的国民党各级政府官员，绝大多数望风逃窜，有的如汪精卫之流恐日投降。而广大人民群众却没有被日寇的屠刀吓倒，中国共产党人更是领导广大人民群众与日寇展开了旷日持久的生死搏斗，直至取得最后的胜利。所以，广大人民群众是真正的英雄，这一点，到什么时候也不要怀疑。

发生负面事件后，一些领导干部对新闻发布工作设置诸如"不能影响社会稳定""不能引起群众恐慌"等限制，除十分特殊的情况，多数是心存侥幸，试图推卸责任。这样的限制，其意图实质上是"不完全公开事实真相"。那么，公开到什么程度？如何公开？怎样把握？其界限十分模糊、很不明确，新闻发布工作者根本就无法操作，只好随着负面事件处理的进程，不断地请示设置限制的主要领导，主要领导让怎么说就怎么说，也才敢怎么说。这是造成一些负面事件处理过程中，新闻发布工作被动最主要的原因。山西襄汾县特别重大溃坝事故中，其县委宣传部部长"暴雨引发泥石流"的说法等，均属此类。

设置限制，是新闻发言人制度被异化的根本原因。随着形势的发展，许多地区、部门和单位都相继建立了非常好的新闻发言人制度，在实际工作中发挥了很好的作用。但近年来，我们非常遗憾地看到，在某些单位中，这些很好的制度发生了变异和异化，单位的新闻发言人、新闻中心等，成了一些领导干部和工作人员虚与委蛇、应付媒体、搪塞公众的挡箭牌和遮羞布。

造成这种现象的主要责任在于设置限制的主要领导干部。因为设置限制实质上是要下属背离事实真相，完全按照主要领导的主观意愿发布消息，也就是用主要领导个人的意志决定事实信息的取舍。主要领导个人的意愿，谁能够精确把握？如果下级说的稍有不合主要领导之意，被扣上一顶"影响社会稳定""引起群众恐慌"的大帽子，谁又能承受得了？所以，面对记者的任何采访，大家都对眼前客观存在的事实心知肚明而口不敢言，缄口失语，装聋作哑，讳莫如深，一股脑儿地推到新闻中心或新闻发言人身上。

而在主要领导没有面授机宜之前，新闻发言人也同样不敢说。所以，负面事件发生后，一些相关单位上上下下都是遮遮掩掩、闪烁其词、相互推诿，生怕引火烧身。客观上，让新闻记者和社会公众感到，这个单位肯定存在不可告人的问题。同时，让记者感觉到，整个单位都在轻视、敌视自己，从而引起了记者的反感，更加激发了记者"揭盖子"的天性和斗志，最终导致问题的扩大化，导致社会公众群起而攻，造成更大的被动。

所以，发生负面事件后，主要领导特别是一把手，要打消任何侥幸心理，不要存在过多不必要的顾虑，真心实意地授权新闻发布工作者根据事实发布新闻和消息。因为事实是唯一的、是正确的、是不以人的意志为转移的，只有这样，才能够真正实现人人都可以说话，人人讲的都是事实，不同的人讲的、前后的说法不会出现矛盾，整个单位显得非常阳光，为集中精力妥善处理负面事件赢得积极的舆论支持和民意支持。

发生负面事件之后，各级领导干部的心胸不妨再开阔一些、眼光不妨再放得长远一些。试想，"烧光、杀光、抢光"的日寇都没能吓倒广大人民群众，还有什么事情能够吓倒广大人民群众？！"3·14""7·5"等特别重大的负面事件都能够如实报道，你所在的地区内还有什么更大的负面事件不能如实公开？！温家宝在英国剑桥大学演讲时，遭遇极端分子扔鞋干扰的视频都能够在中央电视台新闻联播中公开报道，你那个地区主要领导遇到的一些尴尬，还有什么不能公开的？！内心再多一些坦荡，行为再多几分阳光，信息公布尽量完全，不会增加消极影响。要坚信，广大人民群众是公正的、是宽厚的、是完全能够分清是非的、是能够全力支持我们的。

随着人类的进步，人们的社会心理承受能力大幅度提高，可以说，任何现实问题都压不垮广大人民群众。出现问题后，社会公众普遍关心和集中注视的，不是事件本身造成的损失，而是政府的态度和作为。政府说实话、报实情，不会引发事端；而试图隐瞒、发布虚假信息，哪怕是善意的谎言，都会激怒公众，并很可能会引发大规模社会危机。也就是说，民众不怕出事，就怕被欺骗。

所以，发生负面事件后，最明智的办法就是：积极主动地寻求媒体的支持与合作，立即采取科学有效的措施，尽量降低损失、消除影响；面对媒体，一定要实事求是；如果我们有责任，就老老实实地认账，认真负责地处理，千方百计地纠正和补救，取得媒体和公众的谅解。切记，千万不要狡辩、推脱。如果说平时推脱的是个人，此时面对媒体，推脱的可就是公众了。狡辩、推脱，立即就会成为众矢之的，造成更大的被动。

六、积极开展负面事件新闻报道

危机事件的爆发最能刺激人们的好奇心，常常成为舆论关注的焦点、媒体捕捉的新闻素材和报道线索。在危机事件中，领导干部要通过正确、有效的新闻发布与信息传播，扭转危机，摆脱被动。如果在危机处理中表现不当，则会使突发事件进一步恶化，造成新一轮危机。在危机事件中，平息事端、释疑解惑、疏导情绪、化解矛盾，不仅是一种智慧，更是一种能力，需要一定的面对媒体的经验、方法和技巧。面对危机事件，可以分阶段采取不同的策略。

（一）危机初期

要临危不惧、处变不惊，切忌封锁消息、隐瞒事实。事件发生后第一时间发布简要信息，形成新闻发布的首声效应。

事件发生后，领导干部要直接面对媒体，向公众表明党委和政府的立场、态度和决心。要把握好先机，引导媒体客观、公正地进行报道，并及时披露相关最新信息，先声夺人。

随后发布初步核实情况、政府应对措施等，并根据事态发展和处置情况滚动发布。针对涉及突发公共事件的各种谣言、传言，要迅速公开澄清事实，消除不良影响。

（二）危机中期

要向媒体展示采取的具体措施及取得的效果，展示处置危机的具体行动，尽早赢得公众的谅解和信任。

要通过新闻媒体，向社会各界展示抢险、救灾、救人的具体过程。新闻媒体之上，不仅要有执政者的声音，更重要的是要有当事群众、现场群众的声音和影像，让群众现身说法，对政府采取的具体措施和取得的实效，进行客观的、直接的、现场的叙述和评论。注重采纳群众合理化的意见和建议，会收到更好的社会效果。

一般地讲，所辖区域之外、没有直接隶属关系或上级甚至境外的新闻媒体，对于负面事件处理过程和客观事实的报道，更容易取得社会各界的认可和信任。所以，在负面事件发生后，在法律允许的范围内，不但不要限制、敌视、拒绝异地新闻记者的采访，而且应该欢迎和支持其采访、报道，并尽可能地为其提供方便和服务，真正将其作为同盟者和增援者，与其团结合作，为我所用，则可收到事半功倍之效。

（三）危机后期

要利用媒体重建声誉、重塑形象。只有自身声誉和公众形象重新建立起来，危机处理才谈得上成功。

要修复党委和政府受损的形象。负面事件发生后，都会不同程度地损害有关党委、政府和组织的形象。在处理负面事件引发的危机后期，要采取有效措施，进一步健全制度、完善工作、堵塞漏洞，推动有关工作上一个新的台阶。要以此为契机，举一反三，认真查找其他方面工作中存在的缺陷，不断改进工作，防止发生其他类型的问题。要扎实开展思想、纪律和工作作风整顿，有效提高思想境界和工作水准。

要进行必要的问责。危机后期，要严格按照党纪条规、法律法规，对直接责任者和主要责任人进行严格的追究、问责，以严肃党纪和国法，以儆效尤，以示公众。要本着"惩前毖后，治病救人"的原则，对非本意、工作中存在过失的同志进行严肃查处，以教育本人、教育他人。

要视情免于问责。对于一些非主观故意、工作尽心尽职，因不可预料的因素而发生负面事件，并且在处理负面事件过程中不推、不拖，积极、主动地化解矛盾的有关责任人，可视情免于追究、问责。

第六章
浓妆淡抹总相宜
——如何正确面对媒体和记者

🎤

　　媒体和记者，是联结单位和社会最重要的介质。媒体和记者是单位的麦克风、扩音器，好形象和坏形象都会被大声音宽范围传播。同时，媒体和记者又是大众的千里眼、顺风耳，是社会公众认识一个单位或组织最重要的途径。可以说，一个国家、一个地区、一个单位的社会形象，很大程度上取决于媒体形象。所以，如何面对媒体和记者，实质上是如何面对社会公众、如何应对广大人民群众的问题。

第一节

成也媒体败也媒体——政党的媒体形象

一、国外政党媒体形象塑造

国外政党的社会地位、政治地位以及执政地位，主要是凭借自身形象产生的影响力，获得社会公众的认可和支持，并且通过在公开选举中民众的支持率来实现的；而政党的社会形象，主要是依靠新闻媒体长期的传播来塑造的。

在西方国家，新闻媒体是独立于政府、立法、司法之外的独立公共机构，被称为"第四权力"。一方面，新闻媒体是各个政党宣传本党政治主张、树立亲民形象、赢得公众认可和支持、实现其政治目标和自身利益的唯一主渠道；另一方面，新闻媒体又是社会的守望者，如影随形地紧紧盯住各个政党的一言一行，监督其作为，曝光其不良之举。因此，世界各国的各个政党，特别是执政党纷纷把互联网作为最重要的政治资源，争相进行最大限度的开发和利用，为自身服务；十分注重对新闻媒体进行笼络、引导和控制，最大限度地发挥新闻媒体在动员宣传、联系民众、组织建设和舆论监督等方面的重要作用。

各国政党在利用新闻媒体树立自身形象方面，可谓费尽心思。归纳起来，其主要做法主要有以下几种。

（一）以新闻媒体为主要平台，直接塑造和展示自身形象

深入开展媒体公关活动。西方各个政党都选拔党内最为出色、最为精干的骨干成员，组成专门的媒体公关机构，投入大量的财力，主要通过新闻媒体，想

方设法树立本党良好的媒体形象，通过媒体形象来影响社会公众。其党魁总是千方百计地利用各种各样的机会，在各种新闻媒体出镜露面，传播本党的主张和理念，博取公众的好感。特别是在竞选期间，表现尤为突出。

1. 充分利用新兴媒体，树立和展示自身政治形象

指导各级党组织，建立政党专门的网站，并与政党总部网站建立顺畅的链接，方便本党普通党员和社会公众访问，以传播自己的主张，强化社会公众对自身的了解。通过网络全程转播党代会实况及其党魁、党内各阶层有影响的活动，提高自身的号召力和影响力。及时、准确地公开各级领导人的讲话、言论和会议主要文件，增进社会公众对政党政治主张的认识。

2. 充分利用新闻媒体，塑造自身平民形象

政党的各级领导人经常有计划、有目的地参与各种社会活动、公益活动和慈善活动等，通过新闻媒体传播，增强自身的亲和力。在政党网站精心开设专业性栏目，将青年群体感兴趣的体育、音乐、娱乐等信息和节目与其政党的政治理念、思想主张等巧妙地结合起来，实施潜移默化的渗透和影响。各级领导人建立个人网站、网页或各具独特风格的博客，吸引受众的注意力。在新形势下，西方政党之间的竞争，已经不再唯一通过自己的政治纲领和政策主张来吸引选民，而是更多集中于政党的媒体形象。比如，美国民主党候选人希拉里和奥巴马都建立了自己的网站，为赢得2008年的总统大选发挥了很好的作用。英国工党、保守党的领导人，加拿大自由党、保守党领导人，德国部分联邦议员都建立了个人网站，作为宣传本党形象、竞争选举的平台，褒扬本党，抨击对手。

（二）以新兴媒体为纽带，架起联系公众的桥梁

受单向传播方式的局限，利用传统新闻媒体只能单方面、一厢情愿地表达本党的主张、意志和利益诉求，社会公众很容易产生厌烦心理和抵触情绪。而新兴媒体的双向、多向互动性，有效弥补了传统新闻媒体这一先天不足。

各国政要特别是西方国家的政党充分借助新兴媒体，较好地实现了党魁与党员、政党与公众的互动交流，使普通党员和社会公众可以直接或间接地参与党内的重大活动和重大决策，不仅使政党的决策更具科学化和民主化，而且使政党的决策更好地兼顾和整合了更加广大的公众利益，赢得了更加广泛的认可和支持，树立了更好的形象。

1. 广泛开展网上互动活动

西方各国定期通过网上聊天室、网上座谈会、手机短信和电子邮件等形式，经常进行党的领导人与党员、党的领导人与社会公众之间的直接交流和沟通，如时事评论、征求意见、建言献策、讨论各种有争议的问题等活动。

2. 开设电子论坛，增强政党的亲和力

通过开设各种电子论坛，为广大党员和社会公众发表意见提供便利的平台，就重大政策和决策进行事前讨论和协商。西方政党最重要的目的是，运用诸如此类的方法，作为增加政党吸引力，特别是吸引年轻人的重要手段，培养党的潜在支持者，扩大党的公众基础。许多有远见的政党都认为，组织讨论、争论、协商等活动，比出台重大政策、重要决策更加重要，因为讨论、争论、协商等可以达到统一思想、澄清认识、修正错误，特别是吸引公众、增强政党亲和力的目的。

3. 利用网络，集中民意

西方政党常常利用网络，设置多种形式和内容的民意调查平台，集中民意，汇聚民智，塑造自身的民主形象。网上民意调查，可以使社会公众较为集中关心和关注的问题得以凸显和呈现，政党可及时根据公众的思想动向，有针对性地调整工作方向和重点，有效调整、修正政党的行动和决策，事半功倍地开展工作，最大限度地赢得民众的支持。

（三）利用新兴媒体，开展组织建设

近年来，西方许多政党，充分利用新兴媒体，为加强组织建设开辟新的更加广阔的空间。各国政党特别是西方政党普遍利用网络开展党内外的日常活动，发展吸收新党员。

1．通过网络登记入党

许多西方政党通过网络办理入党手续，程序简单，方便快捷，吸引了越来越多的年轻人加入其政党组织。比如，美国共和党、民主党，澳大利亚工党、荷兰工党等，都将党员登记表张贴到网上，方便对其政党感兴趣的公民随时在网上办理入党手续、参加组织活动、交纳党费等。

2．在网上成立"虚拟党组织"

这种由相互不认识、以网络为联系手段组织起来的党组织，通过网络来开展党的组织生活，进行党内讨论，不仅使党内交流更加充分、到位，更加坦诚、真实，而且打破了参加党内生活的时空限制，顺应和满足了现代快节奏的现实需求，大大提高了政党的工作效率。

美国民主党、日本民主党等政党，将网上组织与现实活动有机结合起来，在网上进行信息发布、思想发动和行动动员，约定时间，明确要求，然后在现实场合中组织会议、游行和集会等活动，取得了良好的效果。

特别是日本，这种组织形式在2009年9月的大选中，为民主党党首鸠山由纪夫以压倒性优势获胜发挥了很好的作用。

（四）实施媒体攻关战略，开展政党市场营销

随着形势的发展和大传播时代的到来，西方各国政党的核心决策层越来越重视本党媒体形象的塑造和传播。许多西方政党的领袖坦言，除筹划重大决策，绝大部分精力都放在了研究和实施与媒体打交道上。也就是西方社会流行的所谓"媒体攻关""政党政治公关""政党市场营销""政党形象管理"等，尽管其

行为方式和实施对象各有不同，但其目的都是相同的，就是着力通过树立良好的媒体形象，来提高其政党在社会公众心目中的社会地位和支持率。

许多西方政党在其章程中严格规定，政党的领袖级阶层集体和政治家个体人物，必须具有良好的组织形象和个人形象。其组织形象，必须具有反映本政党属性的鲜明特征。其领袖级人物的个人形象，必须符合组织的利益，并为组织增光添彩。组织形象和个人形象必须精心设计，要能够蕴含亲和、正派、威信、智慧、能力和权力等要素，并能够得到尽可能多的选民的认可和支持。特定的组织形象和个人形象主要通过新闻媒体，以政党新闻、公益活动、政治广告、形象宣传等形式，树立和传播积极与正面的媒体形象，通过坚持不懈的媒体形象传播，构建良好的公众形象，受到公众的信赖与支持。

西方政党挖空心思地塑造和树立良好的媒体形象，最直接的目的是赢得竞选胜利。因为选举失败，就意味着政党形象和政党政治利益受到损害和损失。随着大众传媒的兴起，特别是电视、网络等视频媒体出现之后，社会公众不仅会通过政党领袖竞选演讲时的承诺与行动来对他们进行评判和取舍，还会对他们在电视、网络或巨幅新闻宣传图片上的言谈举止、服饰发型等细节进行评判和取舍。参加竞选的政党获得选票的数量，与其媒体形象密切相关。西方政党在媒体上形成的某种政治风格，常常比其实质性的政治活动更加引人注目，并获得认可和支持。

在西方各国，各个政党在公众面前的竞争，早已不再仅仅是直接而严肃的政治论辩，更多地集中于政党媒体形象的相互比较。政党竞选与执政的形象和宣传语言，都要遵循大众媒体运作规律。现代传媒社会，特别是电视、网络等新兴媒体产生后，政党第一个变化就是不得不迎合和遵循新闻媒体的传播规律和传播规则，不断修饰和完善自己的纲领和形象，以迎合选民的视觉需求和心理需求。

比如，英国以布莱尔为党魁的工党，经过新闻媒体精心包装后，在社会公众心目中留下了良好而深刻的印象。工党上台执政后，更是非常注重加强实施政策的媒体包装，对政策性新闻进行精心组织和协调，根据政治需要塑造党的特定形象。由首相新闻发言人协调内阁大臣和政府各部对外表态，明文禁止工党议员在媒体上攻击党的政策，违者给予严厉处分。

德国社会民主党也认识到，要想成为一个新型意义上的政党，仅仅靠几位高层领导有能力和媒体打交道是远远不够的，还需要广大中层、基层领导干部都具备同样的意识和能力。为此，德国社会民主党组织实行了庞大的学习和培训计划，提高全党与新闻媒体打交道的本领和能力。

二、党的媒体形象探讨

政党政治与新闻媒体之间的关系，一直是中外政治传播学研究的重要内容。一个政党特别是执政党，如果缺乏对新闻媒体传播规律和运作规则的深入理解，不善于对现实的、潜在新闻传播实力进行有效的开发利用，将其转化为政治优势为我所用，那么，不仅会损失其应得的政治利益，还会为此付出额外的、意想不到的执政成本。在这方面，中国共产党应借鉴西方政党媒体形象构建中的有益思想和做法，在处理与国内媒体的关系上积极探索，走出一条符合中国实际的正确道路。

（一）中国共产党的形象基础

1688年，英国发生了一场非暴力宫廷政变，废黜了詹姆士二世。因为这场革命没有流血，故史称"光荣革命"。光荣革命是西方进入资本主义时代的标志，此后，西方资本主义国家保持了快速、稳定发展。西方各国主要是通过民主选举的方式，实现政权的更替；各政党也主要是通过塑造良好的自身形象，来赢得社会公众的认可和支持，参与公开竞争、全民选举，获得执政地位。执政党上台后，都会沿着相对固定的资本主义道路开展经济建设、发展社会事业，社会各阶层的政治地位、经济地位等，都不会发生根本改变。也就是说，任何政党上台执政，给社会和公众带来的变化是有限度的量变，只不过是变化的程度有所不同而已，能够带给社会公众的利益都相差无几，都不可能是翻天覆地的变化。而政党的自身形象，对于其在竞选中赢得社会公众支持，占有相当大的权重。所以，西方政党无一不是倍加重视形象的塑造和传播。

在这方面，中国共产党与西方资产阶级政党有着根本的区别和本质的不同。一个政党的长期执政地位，不是依靠国家机器形成的政权来实现并巩固的，而是依靠其在社会实践过程中，逐步取得多数社会公众发自内心的信任和支持。

1921年，中国共产党成立后，在以毛泽东为核心的第一代领导集体的领导下，经过北伐、土地革命、抗日战争和解放战争，推翻了帝国主义、封建主义、官僚资本主义三座大山，解放了全中国，中国人民从此站了起来，并且从新民主主义走上社会主义道路，取得了建设社会主义的巨大成就。这是中国从古未有的人民革命的大胜利，也是社会主义和民族解放具有世界意义的大胜利。

在长期的革命斗争中，中国共产党以其特有的先进性，树立了伟大的形象。中华人民共和国的成立，使全中国最广大人民群众的政治地位、经济地位发生了翻天覆地的变化。特别是经过四十年的改革开放，在中国共产党的坚强领导下，中华人民共和国从一穷二白、百疮千孔中，凤凰涅槃，成为世界第二大经济体，人民生活水平得到极大提高，综合国力得到极大加强，中国共产党带领中国人民不仅实现了站起来，富起来，并且越来越强起来！所以，中国共产党不但取得了全国人民真心的信任、拥护和支持，而且这种信任、拥护和支持在广大人民群众中形成了很强的心理稳定性，使广大人民群众自觉、自愿、义无反顾地成为捍卫党的执政地位最坚实的群众基础。

如果把中国共产党比作一个企业集团，一个大的上市公司，其从小到大、从弱到强，从当初第一届党代会只有基层区区13个党代表代表50余名党员，不到30年时间夺取政权建立中华人民共和国，又用不到70年的时间将一个将近14亿人的大国建成社会主义现代化强国。其业绩，其执政团队的领导水平，在世界上都可以说无可比拟，首屈一指，这也是我们"四个自信"源泉所在。讲好中国共产党的故事，讲好中国发展的故事，是我们中国媒体和媒体人义不容辞的责任。

在我国新闻界，一贯坚持"政治家办报""党管媒体"等方针和原则，新闻工作自觉接受和服从党的领导，以党报党台为主体的所有新闻媒体都是无条件地宣传党中央的路线、方针和政策，坚持正面宣传。同时，受新闻传播技术的制约，新闻传播方式相对单一，很容易管理和控制，一些影响党的形象的消息，无法进行公开传播。所以，各级党委、政府和领导干部，几乎把所有精力和智慧都用在了执政实践、推动工作和加强自身政治修养方面，而对于树立和强化媒体形象特别是个人的媒体形象，则投入的精力明显不够。

改革开放以来，随着形势的发展、科技的进步，在世界政治民主实践与大众媒体传播活动日益发展的大背景下，中国共产党也在执政过程中迎来了大传播时代和高度发达的信息社会。过去，中国共产党主要是通过大规模的集会、演讲、演说、辩论，以及庞大的党员队伍、严密的各级组织来实现政治意志和政策主张传播的。在信息时代和传媒社会，中国共产党越来越需要通过报纸、杂志、广播、电视、网络、手机等多种媒体，高效地传播自己的政策和主张。形势的发展、时代的要求，需要中国共产党这一现代新闻传媒的主角站到前台，直接面对社会大众，直接面对国际社会，展示自己的执政形象和政治魅力，赢得国内不同阶层民众的支持，巩固执政基础；寻求不同国别民众的政治认同，传播良好形象。

在中国共产党的领导下，中国逐步走向繁荣富强。富裕起来的广大人民群众，整体文化水平不断提高，分析能力、判断能力、洞察能力不断提高。综合素质大幅提高的公民群体，对执政党的执政能力、执政水平、执政形象提出了更新、更高的要求。随着我国政治文明、民主建设进程整体推进，社会公众知情权、参与权、监督权、表达权意识空前高涨，社会公众不仅要求党组织尽可能多地实现党政信息公开，而且希望表达对执政党和政府的意见、建议甚至是质疑的声音。

为此，在现代传媒高度发达的信息社会，中国共产党各级党委、政府要维持高度的民意支持和稳定的执政环境，必须积极树立和维护自身良好的媒体形象，并以此作为各级政权组织加强自身建设的一项重要工程，认真研究，常抓不懈。各级党委、政府要深入了解和认识执政资源的状况，深刻理解、准确把握新形势下党和新闻媒体关系的新发展，以科学发展观为指导，立足本地区、本单位、本部门的实际，适当借鉴西方政党在塑造其媒体形象方面的有效策略和成功经验，不断提升各级党委、政府的媒体形象。

（二）党的媒体形象初探

政党的媒体形象特别是执政党媒体形象，指的是政党的各级组织和成员在大众媒体上所展现出的感性形象、行为形象和理性形象的总和。政党的媒体形象，由思想理念、价值取向、组织特征、执政行为、工作作风、精神风貌6个基本要素组成。现实中，政党的媒体形象直接表现在政党的整体素质、执政理念、执政能力与执政业绩等几个方面，是社会公众对政党形成的综合印象和评价看法的共识。社会公众是政党媒体形象的评价主体。

中国共产党的媒体形象，体现了党对大众传媒的掌控能力，属于党的重要政治资源范畴。通过大众媒体发布信息、引导舆论和形象建设，我们党与社会公众进行经常性的沟通、交流，以取得理解、支持和拥护，坚持不懈地塑造党在公众心中的良好形象，就能消除不利影响，化解不利于执政的消极因素。

中国共产党通过大众媒体传播的媒体形象，可以在全社会范围内向公众展示。党的媒体形象，比党在日常组织生活中影响的公众更加广泛，形象内容更加全面、具体、形象、生动。

1. 从党的组织结构来看，党的媒体形象可以分为党的整体形象、中央领导集体形象、领导干部形象、基层党组织形象和普通党员形象。

中央领导同志作为党的领导核心，与党组织甚至国家形象高度关联，直接影响党在社会公众心中的形象。在中国，人们越来越习惯于从党的决策层的气质和言行上来判断党的组织形象的优劣。目前，各级党的领导干部的媒体形象，已成为广大人民群众了解党的组织、认同党的执政行为的重要因素。领导干部的媒体形象弱化，将给党的执政带来消极影响，增加执政成本。毛泽东、周恩来等党的创始人，为中国、为国际社会树立了杰出的媒体形象，这是中国共产党的宝贵财富，应该认真研究发掘并发扬光大。

基层组织和普通党员媒体形象的提升，是党组织媒体形象建设的基础性工程。在日常工作与生活中，与广大人民群众距离最近、最熟悉的是党的基层组织和普通党员。基层组织和普通党员，在自己平凡的岗位上发挥着共产党员的先锋模范作用，是从事中国特色社会主义建设事业的中坚力量。其良好的社会形象，是良好媒体形象的坚实基础。近年来，新闻媒体中展示的许多中国共产党人的模范形象，使社会各界和国际社会对中国共产党有了更新、更全面的了解和认识，从中感受到了整个共产党的实力，并对党产生了美好的印象和坚定的信心。

2. 从党的执政要素来看，中国共产党的媒体形象可分为党在大众媒体上所表达的执政理念、执政行为和执政环境。中国共产党是勤于思考、善于进行理论创新、奋发图强、求真务实、锐意进取的政党。

党的执政理念主要包括党的价值取向、思想基础、目标追求、发展定位等，在大众媒体上不断强化党的执政理念，是从精神和思想层面，规范各级党组织和党员的行为，并影响广大社会公众，增强中国共产党形象的鲜明性和可识别性，促进公众对党的正确认知和良好评价。

党的执政行为及其执政环境是大众媒体最为关注的内容，体现在党制定路线、方针、政策的全过程，体现在包括组织结构、执政方式、执政体制、政策实施、党群关系、沟通方式、公益活动、文化活动、形象宣传等在内的党的形象建设的方方面面，体现在党通过政府所进行的经济建设、经济管理、社会管理、民主民生、文化建设、外交事宜等方面，体现在党执政下维护稳定的国内、国际环境，是广大人民群众对党组织全面认识与了解的具体窗口。

（三）塑造党的媒体形象的重要意义

党的媒体形象，是党的建设的重要内容；党的媒体形象建设，是党的事业的重要组成部分。塑造党良好的媒体形象，对于党的执政地位的巩固和加强具有不可替代的重要意义。

良好的媒体形象能够增强党的权威，提高党的执政合法性。良好的媒体形象是党获得民众信任与支持的重要政治资源，党良好的媒体形象具有强大的感召力，是维系社会公众对中国共产党执政地位认同和信任的重要群众基础，是党面对群众、动员群众、发动群众最基本的依托。

1. 党的良好媒体形象能够有效提高党的执政效益

良好的媒体形象是党实施领导、高效执政的重要保障。实践证明，行为规范、公正透明、勤政高效、清正廉洁的党组织和政府的媒体形象，能够有效提高党的路线、方针、政策在各级组织和各个社会阶层中的执行效率，能够有效促进社会公众对党的决策产生思想上的认同和行为上的一致，能够有效提高执政绩效。

2. 党的媒体形象对社会风气具有直接能动作用

党组织呈现出一派欣欣向荣、生机勃勃、蒸蒸日上的新气象，能够直接引导和带动良好社会风气的形成，社会上必然会形成安居乐业、奋发向上、和谐安定的局面。反之，党组织若存在消极、腐败等不良现象，也必然会给社会风气带来直接的负面影响。

3. 党的媒体形象直接体现着政府和国家的形象

由于处于执政党的地位，中国共产党的形象是中国国家形象最为重要的组成部分，是国家形象的重要载体，党的良好形象有利于发展我国与其他国家良好的国际关系，为我国改革开放事业的顺利进行创造良好的国际环境。各级党组织的形象，体现并决定着各级政府的形象，是凝聚和团结广大社会公众的基本要素。

三、党的媒体形象塑造实践

中国的特殊国情和中国共产党的执政地位，决定了党不能放弃对媒体的领导权和管理权，否则，将会使占世界五分之一的公众产生思想混乱。党失去号召和动员群众的政治资源和引导能力，必然会使中国社会陷入动荡和混乱，那将不仅是全中国人民的灾难，也是国际社会的不幸。

党管媒体的原则不能有任何动摇。但是，随着形势的发展、科技的进步，新闻传媒事业的发展和社会主义民主建设进程的加快，客观上决定了党领导与管理媒体的方式需要不断进行改革、调整和完善，以适应日新月异的新形势。党中央早已敏感地意识到了这一重要趋势，在对新闻媒体的管理上，进行了许多卓有成效的变革，收到了令人振奋的效果。

（一）建立了新闻发布制度

近年来，中共中央组织部、中央纪律检查委员会、中央统战部、中共中央对外联络部等中共中央机构，相继建立了新闻发言人制度，标志着中国共产党对于自身媒体形象建设的认识发生了质的飞跃。全国许多地方党委也相继建立了党务公开和信息发布等制度，使得社会各界对于各级党委的认识更加具体化、形象化。

（二）全面开放党的代表大会

中国共产党进一步扩大了党的重要会议与重大活动对新闻媒体的开放程度，

为树立良好的媒体形象提供了很好的契机。特别是2007年的中国共产党第十七次全国代表大会对国内国际新闻媒体的开放程度前所未有，出乎国外政治界和新闻界的预料，他们纷纷予以赞扬性报道，为中国共产党的媒体形象"加分"。

（三）党务工作上网工程

随着中国共产党新闻网的建立，中共中央直属各机构，各级党委、政府都着手建立自己的专门网站和新媒体平台，其中，党务信息、政务信息、政策法规、服务承诺、领导信箱、交流平台等栏目，应有尽有。各级党委的网站和移动端及时发布政治信息，成为社会公众了解党的新兴权威平台，不仅更好地展示了党的形象，而且大大强化了党和人民群众的沟通和互动。胡锦涛、温家宝等党和国家领导人经常上网，了解民情、体察民意，先后做客党中央、国务院的门户新闻网站，与广大网友进行面对面的交流和沟通，大大拉近了党与普通群众的距离，强化了党的亲民形象。

以习近平同志为核心的党中央更是高度重视以互联网为标志的信息革命带来的广泛而深刻的影响，把打赢网上意识形态斗争、占领网上宣传阵地、走好网上群众路线、维护好网络安全作为我们党长期执政的"关键""基础"。2019年新年伊始，习近平总书记就率领中央政治局全体同志再次到人民日报社媒体融合发展第一线集体学习，并指出："党报、党刊、党台、党网等主流媒体必须紧跟时代，大胆运用新技术、新机制、新形式，加快融合发展，实现宣传效果最大化和最优化。"

改革开放以来还推出了一大批先进典型。在新形势下，党继续发挥传统的宣传优势，结合新时期、新特点，各级党委通过新闻媒体不断改进普通党员先进典型的宣传形式，成功推出了孔繁森、许振超、吴大观、窦铁成等一大批具有鲜明时代特征的模范人物。

改革先锋名单（100名）

1. 国防科技事业改革发展的重要推动者：于敏

2. 基础教育改革的优秀教师代表：于漪

3. 农村改革的先行者：小岗村"大包干"带头人

4. 率先到内地投资的澳门著名企业家和社会活动家：马万祺

5. 数字经济的创新者：马云

6. "互联网＋"行动的探索者：马化腾

7. 基层社会治理创新的优秀人民调解员：马善祥

8. "863"计划的主要倡导者：王大珩

9. 海洋维权的模范：王书茂

10. 推动汉字信息化的"王码五笔字型"发明者：王永民

11. 科学治沙的探路人：王有德

12. 打造寿光蔬菜品牌推动农业产业化的典型代表：王伯祥

13. 科技兴油保稳产的大庆"新铁人"：王启民

14. 科技体制改革的实践探索者：王选

15. 支持国家建设和改革开放的香港工商界优秀代表：王宽诚

16. 推动依法治国的理论创新者：王家福

17. 全面从严治党中纪检监察干部的优秀代表：王瑛

18. 保卫改革开放和平环境的战斗英雄：韦昌进

19. 基层群众自治制度的探索者：韦焕能

20. 知识型企业职工的优秀代表：巨晓林

21. 党员领导干部的楷模：孔繁森

22. 经济体制改革的积极倡导者：厉以宁

23. 载人深潜事业的实践者：叶聪

24. 初心不改的农村的先进模范代表：申纪兰

25. 外交领域国家利益的忠实捍卫者：史久镛

26. 三峡移民安置的实践探索者：冉绍之

27. 港口装卸自动化的创新者：包起帆

28. 西藏牧区改革的"排头兵"：尼玛顿珠

29. 扎根牧区、带领牧民脱贫致富的优秀基层干部：廷·巴特尔

30. 国企改革"邯钢经验"的创造者：刘汉章

31. 民营企业家的优秀代表：刘永好

32. 远洋运输体制改革的推动者：许立荣

33. 践行"工匠精神"的优秀代表：许振超

34. 我国首位奥运冠军：许海峰

35. 中国特色社会主义法律体系建设的积极推动者：许崇德

36. "复兴号"高速列车研制的主持者：孙永才

37. 航天科技事业创新发展的重要推动者：孙家栋

38. 农村改革的重要推动者：杜润生

39. 民营汽车工业开放发展的优秀代表：李书福

40. 电子产业打开国际市场的开拓者：李东生

41. 讴歌改革开放的歌唱家：李谷一

42. 开创山区扶贫新路的"太行山愚公"：李保国

43. 海归创业报国推动科技创新的优秀代表：李彦宏

44. 弘扬社会主义核心价值观的优秀表演艺术家：李雪健

45. 不忘初心、奉献一生的退休干部楷模：杨善洲

46. 城市集体企业改革的先行者：步鑫生

47. 华西村改革发展的带头人：吴仁宝

48. 人居环境科学的创建者：吴良镛

49. 乡镇基层党员干部的优秀代表：吴金印

50. 厦门航空事业的开拓者：吴荣南

51. 基层社会治理创新的优秀民警代表：邱娥国

52. 乡镇企业改组上市的先行者：何享健

53. 落实干部政策、平反冤假错案的执行者：何载

54. 深度贫困地区带领村民脱贫攻坚的优秀代表：余留芬

55. 司法体制改革的"燃灯者"：邹碧华

56. 民族团结进步的践行者：库尔班·尼亚孜

57. 对外开放法制建设的积极实践者：张月姣

58. 注重企业管理创新的优秀企业家：张瑞敏

59. 创新型一线劳动者的优秀代表：张黎明

60. 维护社会公平正义的模范检察官：张飚

61. 中外合作"平朔模式"的创造者：陈日新

62. "一带一路"卫生领域合作推动者：陈冯富珍

63. 激励青年勇攀科学高峰的典范：陈景润

64. 社区党建和治理创新的探索者：茅永红

65. 经济体制改革理论的探索者：林毅夫

66. 可可西里和三江源生态环境保护的先驱：杰桑·索南达杰

67. 用生命践行航空报国的优秀代表：罗阳

68. 农村基层党建"莱西经验"的实践创新者：周明金

69. 小商品市场"汉正街"模式的主要开创者：郑举选

70. 马克思主义中国化理论研究的推动者：郑德荣

71. 塑造传承"女排精神"的优秀代表：郎平

72. 改革开放中涌现的优秀农民工代表：胡小燕

73. 真理标准大讨论的代表人物：胡福明

74. "中国天眼"的主要发起者和奠基人：南仁东

75. 温州民营经济的优秀代表：南存辉

76. 科技产业化的先行者：柳传志

77. 公共卫生事件应急体系建设的重要推动者：钟南山

78. 资本市场发展的实践者：禹国刚

79. 谱写改革开放赞歌的音乐家：施光南

80. 体育领域交流开放的优秀代表：姚明

81. "张家港精神"的塑造者：秦振华

82. 改革开放试验田"蛇口模式"的探索创立者：袁庚

83. 杂交水稻研究的开创者：袁隆平

84. 企业"军转民"实践的创新者：倪润峰

85. "雷锋精神"的优秀传承者：郭明义

86. 中医药科技创新的优秀代表：屠呦呦

87. "改革文学"作家的代表：蒋子龙

88. 空军实战化创新战法的优秀代表：蒋佳冀

89. 三巡苍穹的英雄航天员：景海鹏

90. 核武器事业的开拓者：程开甲

91. 乡镇企业改革发展的先行者：鲁冠球

92. 倾力支持国家改革开放的香港著名企业家：曾宪梓

93. 助推思想解放、拨乱反正的电影艺术家：谢晋

94. 义乌小商品市场的催生培育者：谢高华

95. 鼓舞亿万农村青年投身改革开放的优秀作家：路遥

96. "绿水青山就是金山银山"理念的践行者：鲍新民

97. 文物有效保护的探索者：樊锦诗

98. 量子信息研究的创新者：潘建伟

99. 为国家改革开放做出杰出贡献的香港著名企业家和社会活动家：霍英东

100. 航母战斗力建设的实践探索者：戴明盟

在这些先进典型身上，集中体现了新时期党的光辉形象，在广大人民群众中引起了强烈反响，使中国共产党的性质、宗旨和目标、要求进一步为广大民众所熟知并得到了他们的支持和响应，产生了很好的社会效应。

党的媒体形象建设的实践，标志着党的建设不断向全方位、深层次推进，党对媒体形象的塑造越来越重视。党的媒体形象建设，必将对不断强化党在国际社会和广大人民群众心目中的形象，进一步扩大中国共产党在国际社会的影响，巩固党的执政地位，扩大党的群众基础，发挥不可替代的重要作用。

四、强化党的媒体形象建设的思考

新闻传播，既是软实力，又是硬实力，是非常重要的政治资源，是政党高层与普通民众进行政治沟通最主要的渠道，是树立和展示政党媒体形象最重要的平台。

在信息时代和大传媒时代，新闻媒体对社会的经济生活特别是政治生活具有显著的、重要的能动作用，有时可能存在难以通过传统管理手段驾驭的现象。比如媒体对于政党活动的公开报道，不可能都是好的方面，时常会有揭短新闻和曝光报道。

从客观上来看，中国共产党在长期执政过程中，在媒体形象建设上，几乎没有像西方政党那样，刻意进行所谓形象设计、形象广告、政治营销等活动。中国共产党所进行的形象传播大多是自发的而不是自觉的，是执政实践中的自然流露而不是有意为之。党的形象的传播形式也大多属于自上而下的静态文件传递和单向新闻宣传，党对于政党媒体形象的认识、观念和作为是相当传统的、严肃的。特别是不少基层党组织，至今奉行"多干少说"甚至"只干不说"，并将此作为"忠诚""老实""实干""务实"等优秀品质的体现。

党报党台是党的事业的重要组成部分，党主要通过党报党台等传统新闻报道传播各级组织、领导干部、普通党员执政过程中的思想、工作和行为等，激发公众对党的工作、行为的认知和认可，形成公众心目中党的良好媒体形象，最大限度地统一思想、凝聚智慧、聚集力量，推动工作。

新形势下，随着社会公众思考独立性、认知独立性的不断提高，社会公众对党报党台所传播的党的媒体形象，已经不再是被动地完全接受，而是通过多种媒体对党的媒体形象进行更加全面的了解和认识。这就要求党在媒体形象建设上，要不断地进行改革、改进、创新和突破，以适应日新月异的新形势发展需要。

强化中国共产党的媒体形象建设，主要从党的建设、新闻管理、受众心理、社会环境等多方面入手。其中，准确把握新闻媒体发展趋势是关键。同时，按照当今社会公众和国际社会的心理接受规律，从党的各级组织内部和新闻管理等方面，不断强化党的媒体形象建设。

（一）加强党的媒体形象策划

各级党委宣传部门要深入研究马列主义关于政党形象建设的理论和学说，认真总结各国无产阶级政党形象建设的成败得失，注重借鉴西方政党形象塑造的有益经验，大力倡导党的媒体形象建设，精心设计党的理念、宗旨、路线、方针、政策、执政、理事、作为等方面的形象传播。为各级党委、政府和领导干部提供媒体形象方面的咨询和指导，策划党政领导人在公共领域和社会生活中的公开活动，指导所属党组织在各个公开场合和各种社会活动中有意识地塑造良好的自身形象等，有计划、有针对性地组织各类新闻媒体进行广泛传播、巧妙报道，对社会公众产生积极的心理影响，不断巩固和提高党组织在公众心中的地位和形象。

在2008年"5·12"汶川大地震中，中国共产党人在国际社会树立了很好的形象，受到了社会公众的广泛赞誉。党的中央领导人、各级组织、各级干部和普通党员通过各种新闻媒体，向全世界再次确立了自己全心全意为人民服务的光辉形象。国际新闻界普遍反映，地震后，中国政府反应迅速，救灾举措积极有效，为国际社会树立了榜样，执政的中国共产党经受住了地震的严峻考验，充分发挥了党组织的政治优势和社会主义的制度优势。在汶川大地震中，国际社会看到了一个负责、自信、成熟的执政党，看到了一个不断进步、日益强大、充满希望的社会主义中国，看到了一个迎来伟大复兴光明前景的中华民族。

（二）充分发挥新兴媒体的作用

以网络为主体的新兴媒体，覆盖面日益广泛，整合了许多传统媒体的优势，具有实时性、双向性、多向性、交互性、存贮性等显著特点，为各级党委、政府和领导干部树立良好的媒体形象和大众形象提供了便利的平台和可靠的技术支撑，为各级党委、政府和领导干部提供了一个对外展示形象的理想空间，使党的形象随时随地可以展示在社会公众的眼前。目前，各级党委和政府都已建立了自己的网站，利用互联网传播政策信息、表达政治主张、了解社情民意。但是，各级党委和政府不能仅仅满足于建立现有的单向介绍性的网站或主页，而应当充分开发利用网络资源，充分利用网络的大众化优势和双向、多向互动的特点，与社会公众通过便利的网络平台进行全方位的沟通、交流，倾听民声、集中民意、汇聚民智、凝聚民心、激发民力，以资执政、助力理事，塑造党和政府良好的媒体形象。

习近平总书记为全党做出了示范、树立了榜样，三年两次到人民日报社新媒体中心，强调"党报党刊要加强传播手段建设和创新，发展网站、微博、微信、电子阅报栏、手机报、网络电视等各类新媒体，积极发展各种互动式、服务式、体验式新闻信息服务，实现新闻传播的全方位覆盖、全天候延伸、多区域扩展，推动党的声音直接进入各类用户终端，努力占领新的舆论场"，强调"各级领导干部要增强同媒体打交道的能力，不断提高治国理政的能力和水平"。

（《人民日报》2019年1月25日01版）

（三）强化国际媒体形象的塑造

中国共产党与世界各国政党党际交往日益密切，中央领导率领中国共产党代表团多次出国，与国外政党进行交流来往，国外政党的主要领导也多次率团访华。党际交往的范围不断扩大，交往工作面不断拓宽，交往的对象更加广泛。中国共产党频繁的对外交往活动经常出现在国外各种新闻媒体上。同时，在对外交往过程中，要善于运用外国政党政要听得进、听得懂的语言阐述和传播中国共产党的理论创新成果，进一步树立我党立党为公、执政为民和民主、进步、开放、创新的良好国际形象。

（四）强化党的媒体形象塑造培训

新闻媒体是传播党和政府形象最重要的渠道和窗口。一级党委和政府的形象，很大程度上取决于媒体形象。认真分析近年来全国发生的有损党的形象的事件，都与有关领导干部新闻知识欠缺、媒体形象意识淡薄有着直接的关系。这在当今大传播的新时代，已经成为严重制约执政能力提高的重要问题。一些党政干部在执政理事，特别是在面对新闻媒体过程中，显得无所适从、力不从心，有的甚至相当拙劣，严重损害了党和政府的形象。

提高党政干部，特别是中高级领导干部与媒体打交道的能力，已经成为十分重要、十分紧迫的问题，党的干部培训机构应专门开设课程向中高级干部传授如何与媒体沟通。干部培训中增加此类模拟课程，有助于增强党的领导干部对媒体形象传播的认识，提高在媒体中树立自己良好形象的能力。

【典型案例】

苏共形象坍塌造成灾难性后果

苏共的兴衰，与其党组织、领导干部和党员的形象坍塌密切相关。

赫鲁晓夫是20世纪50年代至60年代苏联共产党的最高领导人，他脾气暴躁，动辄训人，个人修养很差，常常丑态百出。当时因无情批判、丑化斯大林，严重损害了党的领导集体的形象；挑起国际共运"大辩论""大纷争"，败坏共产党在国际社会中的形象；破坏中苏关系，挑起中苏大辩论，自取其辱，使苏联共产党的形象严重受损。特别是赫鲁晓夫在从事国际活动时，常常随心所欲、口不择言、鲁莽行事，给国际社会留下许多笑柄，严重败坏了苏联共产党的形象。

一、苏共后期，不注重媒体形象的塑造

苏共及领导人赫鲁晓夫在几个非常具体的问题上，不理智、不慎重，败坏了党的形象，造成了苏共整体形象的坍塌。

一是脑子发热，信口开河。赫鲁晓夫直接面对西方政要公开宣称要"埋葬资本主义"，表现出专横霸道的形象。后来赫鲁晓夫又不断地进行辩解和更正，特别是1963年11月6日，又在接见美国资本家时承认："我做不到这一点，资本主义太大了。"体现了政治上不成熟的形象。

二是泼妇骂街，败坏形象。1960年，赫鲁晓夫亲自率领苏联代表团出席联合国大会，在与西班牙代表的辩论中情绪失控，竟不顾身份和礼仪脱下皮鞋猛敲桌子，同西班牙代表相互指责、互相对骂，导致警卫人员干预，防止双方打起来，丢尽了苏共的颜面，败坏了党的国际形象。

三是寻衅滋事，自毁形象。赫鲁晓夫先是心存侥幸、投机取巧，于1962年10月，冒险把苏联导弹偷偷运至古巴，企图威胁美国。后来，在美国的威胁和压力

之下节节败退，灰溜溜地从古巴撤走导弹，导致古巴导弹危机，严重损害了苏共的形象。特别是在有关"长波电台""联合舰队"等问题上，赫鲁晓夫在同毛泽东的4次接触和会谈中，威风扫地，丢尽了面子。

二、苏共自我诽谤，自损形象

从20世纪50年代起，苏共党内缺乏民主；二十大以后，苏共否定自己的历史，否定列宁主义，引起了人民的不满和不信任。赫鲁晓夫独断专行，搞"工业党""农业党""联邦党""全民党"，严重破坏了党的集中统一，从根本上改变了党的性质和形象，埋下了分裂的祸根。

戈尔巴乔夫倡导"新思维"，提出建设"人道的、民主的社会主义"；主流新闻媒体大肆宣扬西方价值观，诽谤苏共，丑化领导人，加剧了群众的思想混乱，毁掉了人民共同奋斗的思想基础。

苏共领导层发生了蜕变，有的结党营私、党同伐异，有的成为既得利益集团，有的被西方敌对势力收买。党组织涣散、丧失先进性形象，成为西方敌对势力搞垮苏共的有利突破口。所有这些，都是苏共灭亡的重要原因。

三、苏共失败，形象坍塌是直接原因

大党不等于强党，党员众多不一定势力强大，关键在于党员的质量和形象。

苏共拥有20万党员时，推翻了沙皇的统治，建立了历史上第一个社会主义国家；拥有200万党员时，打败了法西斯德国，取得了第二次世界大战主战场的全面胜利，几乎解放了整个欧洲；而拥有2000万党员时，却失去了政权，教训十分深刻。

苏共后期，不负责任地发展党员，不到3亿的人口中党员就有2000多万，质量很难保证。许多党员、干部丧失了理想信念和先进形象，相当多的人入党是为了仕途发展、捞取个人好处，有些党员的立场甚至是反共的。

党员队伍质量和形象的严重下降，使党失去了保卫自己、推动事业的组织力量。1991年8月24日，当戈尔巴乔夫宣布解散共产党，叶利钦宣布共产党非法、规定两小时内苏联共产党党员必须选择政治上站在哪一边时，绝大多数站到了叶利钦一边。

四、不致力于创新党的理论、树立良好的自身形象

违背了马克思主义发展的观点，党的先进形象就会失去生机和活力，党的事业就会停滞不前、出现倒退，甚至亡党亡国。

在党的理论建设上，苏共没有处理好坚持和发展马克思主义的关系，丧失了意识形态领域的主动权，形成了思想僵化的形象。面对世界政治、经济、科技的迅速发展，苏共把马克思主义教条化，不创新党的理论，使党丧失了先进理论创造者的形象，使人民产生了对党的不信任。

在实践上，苏共错误地估计了形势，上了美国人的恶当，与美国凭空捏造的所谓"星球大战计划"的影子展开了一场旷日持久的军备竞赛，过分发展重工业，特别是军事工业，忽视了农业和轻工业的发展，造成经济结构不合理，广大人民群众的生活水平长期得不到有效改善和提高，造成了人民对党的不拥护，使党丧失了群众基础，最终被人民所抛弃，教训极为深刻。

第二节

媒体是面聚焦镜——领导干部的媒体形象

领导干部的媒体形象，是其价值取向、道德修养、政治内涵、现实行为、体貌特征等综合素质的具体体现；领导干部的媒体形象，是领导干部公众形象的重要组成部分，包括领导干部的理念、思想、道德、品质、行为等；领导干部的媒体形象，是其号召能力、动员能力、执行能力的重要基础，是每个干部必须具备的基本素质。

一、领导干部媒体形象的作用

在新形势下，随着改革开放的不断深化，各种组织、各级领导干部同国内外新闻媒体直接接触、在大众传媒上"露面"的机会越来越多。领导干部在国内外新闻媒体上的形象和表现，不仅关系到其个人形象，而且关系到所在的党、政、军、企事业单位的形象，甚至关系到民族形象、国家形象。如何树立领导干部的良好媒体形象，已经引起了各级组织和部门机构的高度重视，并已经成为各级领导干部面临的非常紧迫的现实课题。

领导干部的形象能够发挥明显的引领作用。领导干部的好形象，是由好思想、好作风锤炼而成的，是长期亲民为民、恪尽职守、勤奋工作、清正廉洁的结晶。领导干部的好形象，是中国共产党的优良传统和作风的传承，是人民群众的希望和要求。领导干部的好形象，犹如一面旗帜、一个火炬，可以团结群众、凝聚人心，引领广大干部群众攻坚克难，去夺取经济发展和社会建设的胜利。

中共河南省委书记徐光春说过："形象就是软实力，就是生产力，就是竞争力，就是吸引力，就是影响力；形象就是名片，就是品牌，就是机遇，就是财富。"这段话道出了领导干部形象的重要性。要想促进地方经济社会快速发展，领导干部只有具备了好形象，才能睦民、近民、亲民、重民，才能亲商、和商、引商、招商，才能促进一方发展、造福一方百姓。

领导干部的媒体形象蕴含着巨大的物质和精神力量，在现实工作和社会生活中发挥着越来越重要的作用。如果领导干部良好的形象能够经过新闻媒体的传播深植于公众心中，就形成了领导干部的无形执政资本和财富，对打开工作新局面、顺利开展和推动工作，将发挥不可替代的重要作用。

（一）赢得支持的作用

领导干部良好的媒体形象，是获得社会公众认可和支持的重要因素，有助于提高党委、政府和组织的亲和力、影响力和信任度，增强广大人民群众的心理认同感和亲近感，是密切党群关系、干群关系的感性基础，是领导干部团结群众、凝聚群众、打开工作局面的有利因素。

（二）直接沟通的作用

一位现代领导干部，如果善于通过大众传媒，特别是视频媒体同属下及公众沟通，就会产生直接的亲和作用，就会把有关的思想理论、政府举措和事业发展等信息，瞬间传达到下属及公众中去，使大家了解、掌握和运用这些信息，平添精神力量，进而变精神力量为物质力量，使事业走向辉煌。

（三）强大的动员力量

领导干部良好的媒体形象，影响范围大、覆盖面积广，可以有效增强领导干部的影响力和动员力，可以有效提高动员群众、发动群众的效率和效益，可以产生出其他沟通形式难以产生的鼓舞、激励作用，有助于迅速地把广大群众的积极性充分调动起来，促进经济社会各项事业建设目标的快速实现。

（四）强烈的示范效应

领导干部以身作则、率先垂范，通过媒体形象的传播和影响，可以对下属和公众的行动起到指导和示范作用，可以调整和规范社会成员的关系和行为。领导干部媒体形象的示范效应是强烈的、倍加的，阳光坦诚、表里如一的领导干部媒体形象，产生的精神动力和物质力量是直接的、强大的。

二、领导干部媒体形象的组成要素

领导干部是社会生活中的一个特殊群体，代表人民行使着大部分的国家公共权力，一言一行都有着十分重要的影响力和示范力。特别是在当前大传媒时代，领导干部常常是新闻媒体关注的热点和焦点，领导干部的自身形象，经过新闻媒体的传播，会产生非比常人的独特放大效应和强烈扩展效应，对社会各界甚至国际社会产生广泛而深远的影响。因此，领导干部塑造好自身形象十分重要。

（一）组织的形象

领导干部的形象与其所在组织的形象相互联系、密不可分。组织的形象对于领导干部的形象发挥着主导作用和支配作用，领导干部的形象依附于组织形象。组织的形象，是领导干部形象的基础和前提，是领导干部形象的组织保证。组织的形象，是通过其成员的形象特别是领导干部的形象得以具体体现的；领导干部的形象，特别是主要领导干部的形象，对于组织的形象具有显著的能动作用和重大的影响。

领导干部良好的媒体形象，会为组织增光添彩。主要领导干部的良好形象，常常会对组织的形象产生意想不到的正面影响，能够给予公众支持者以强大的信心和精神动力，有效巩固组织的群众基础；能够迅速地消除误会、化解矛盾，营造和谐的执政环境；能够化解中间派的抵触情绪，赢得更加广泛的民众支持，扩大组织的群众基础；能够迅速促进反对者的冰释前嫌、放弃固有观念、产生理解善意、转变原有立场，甚至倒戈易帜、化敌为友。

相反，如果领导干部的形象发生坍塌，则会对组织的形象造成很大伤害。特别是备受公众瞩目的主要领导干部出了问题，则会对组织形象造成无法量化的伤害，这种伤害是很难修复的。

从心理学和行为学上讲，当长期在人的心目中形成的主心骨和偶像出现坍塌，人首先会产生受骗心理或被欺骗的意识，这种消极的心理反应，会迅速地依次演变成失望情绪、郁闷情绪、愤怒情绪，并进而可能产生过激的牢骚行为、声讨行为甚至非理性的发泄行为。当量变的积累达到一定程度之后，就可能引发质变，对组织形象产生灾难性的后果。

【典型案例】

国共之争中的组织形象和领导者形象

在革命战争年代，以毛泽东、周恩来、朱德为核心的中国共产党，为了国家的独立、民族的解放和全国最广大人民群众的根本利益，大公无私、舍生忘死，树立了前所未有的先进形象。

面对日寇的入侵，在国难当头的危急时刻，中国共产党胸怀大局、捐弃前嫌，真心实意地提出了建立包括国民党在内的抗日民族统一战线，共赴国难，体现了中国共产党行动上的先进形象，受到了全国人民的广泛支持和拥护。毛泽东、朱德等中国共产党的领袖，与斯诺、史沫特莱等国际新闻界人士坦诚相待、真诚交流，树立了领导者光明磊落的光辉形象。通过新闻传播，中国共产党的形象更加深入全国民众的人心。同时，在很大程度上纠正了国际社会对中国共产党形象的扭曲和偏见，为中国共产党取得合法的国际地位发挥了很好的作用。

抗日战争胜利后，历经多年战乱，千疮百孔的中国迫切需要和平、建设和发展。于是，中国共产党顺应时势、顺应民心，提出了成立联合政府、和平建设中华人民共和国的政治主张，体现了中国共产党建国方略上的先进性形象，得到了全国绝大多数人的拥护和支持，甚至得到了当时反对派阵营中美国政府的赞赏和支持。毛泽东、周恩来亲赴重庆谈判，以坦荡的胸怀、真诚的态度，树立了领导者令人折服的形象；公开面对重庆各界民众、面对中外新闻媒体，广泛传播中国共产党的主张，在社会各界和国际社会树立了中国共产党识大体、顾大局、光荣正确的先进形象；礼贤下士、广交朋友，扩大了党组织的群众基础，树立了中国共产党海纳百川的形象；不计前嫌、化敌为友，团结所有赞成和平的人，瓦解了反对派阵营，树立了中国共产党虚怀若谷的形象。所有这些，都为确立中国共产党的合法执政地位奠定了坚实的基础。

面对生机勃勃、旭日东升、人气鼎盛的中国共产党，国民党尽管掌握国家政权，拥有强大的军队、精良的装备和雄厚的国际外援，但长期以来，国民党代表的是封建地主阶级和官僚资本主义的利益，向世人展示的领导者形象是以"蒋宋孔陈"四大家族为代表的、官僚买办阶级的落后形象。在面对民族矛盾和阶级矛盾时，展现的是"攘外必先安内"的狭隘形象。在绝大多数中国人翘首期盼和平建国之时，展示出的是假和谈、真内战的顽固形象。在国民党中，尽管存在许多有识之士，一直有着良好的口碑和出色的公众形象，其自身也无时无刻不在殚精竭虑地工作着，坚持不懈、不遗余力地维护国民党的利益和形象，但是，大厦将倾，独木难支。由于国民党组织形象的坍塌，其个人形象再好，也难以发挥有效作用，理想中、理论上的独善其身，在急风暴雨、浩浩荡荡的历史潮流之中，瞬间灰飞烟灭、一去不复，成为明日黄花、飞逝的流云。

（二）感性形象

感性形象是社会公众对领导干部或媒体人物的表象认识或感性认识，包括媒体上领导干部的相貌、衣饰、动作、习惯以及体态语言等。

感性形象是领导干部媒体形象形成的基础和起点，是塑造和树立媒体形象和公众形象的初始新闻素材。感性形象来源于现实生活，是领导干部自然形象的直接反映。感性形象是领导干部从事政治活动随时随地流露出的具体表现、反应、表象等，在社会公众意识中沉淀、积累形成的，是社会公众的主观意识对领导干部这一特定客观主体的直接反映。

感性形象是领导干部最基本的形象，新闻媒体对领导干部的感性形象具有明显的能动作用。经过新闻媒体的传播，领导干部的感性形象被有效地突出、凸显、放大和扩散，而迅速地被更多的公众所了解和认识。同时，新闻媒体对于领导干部的感性形象具有修正和完善的作用。媒体形象能够客观地反映领导干部的感性形象，能够促进领导干部更加直观、真实地了解自己，发现并纠正自身感性形象存在的缺陷和不足，不断完善自我，提高媒体形象质量。

感性形象虽然是对政府官员在社会活动中的直接反映，但感性形象不能等同于政府官员的整体形象和真实形象。因为，一些政客为了讨好公众、博取公众的好感和信任，常常有意在公众场合或面对新闻媒体时伪装自己，通过刻意的自我包装，骗取公众的认可和支持。但是，从长远来看，伪装的形象难以永远逃脱公众的眼睛，迟早会被广大公众认清本来面目。

领导干部良好的感性形象主要表现为，面对社会公众和新闻媒体，语言恰如其分，举止大方适度，观念与时俱进，态度诚恳感人，着装适应环境。

（三）行为形象

行为形象是公众对领导干部或媒体人物平时的工作、生活及其行为的认知，是其真实形象的客观反映，是其内在固有品质的具体体现，是社会公众对领导干部进行客观、正确评价的主要依据，是领导干部媒体形象形成的主体因素。同时，领导干部的行为形象也是新闻媒体对领导干部形象传播最主要的内容。

一般情况下，普通公众没有条件和机会随时接触到领导干部，特别是主要领导干部，社会公众只能依靠传播中介，主要通过新闻媒体中传播的领导干部的行为形象，去认知领导干部的所作所为，并根据领导干部的行为形象，进行抽象、概括、推导出领导干部的媒体形象。

但是，在新形势下，新闻媒体说什么、社会公众就信什么的时代已经过去。社会公众面对新闻媒体传播的领导干部的行为形象，并不是机械地、被动地完全接受。社会公众在接受新闻媒体传播领导干部行为形象过程中，会从自己的世界观出发，根据自己的价值取向，结合耳闻目睹的事实，对新闻媒体传播的内容进行联系、比较、筛选、思考和判断等，从而形成自己对领导干部行为形象的认知和确认。

随着形势的发展，社会公众对领导干部形象的认知，已经由单独的"听其言"，转变为既"听其言"又"观其行"，现实中，更加重视后者。因此，领导干部的媒体形象，一定要建立在其客观行为、执政作为的基础之上。这样，领导干部的媒体形象才能真正得到树立，才能发挥其影响力和感召力，也才能够显示新闻媒体的公信力。

领导干部的行为形象主要体现在实际工作之中，具体表现为以民为本、忠于组织，恪尽职守、勤奋工作，思想解放、眼光深远，严于律己、宽以待人，清正廉洁、公道正派。值得重视的是，依法行政，是领导干部执政理事的底线，是最低标准。突破依法行政底线的行为，体现的就是坏形象了。就如同一个自然人，做到了遵纪守法，只能说明此人不是个坏人。所以，领导干部要想树立受到广大公众尊重的良好行为形象，仅仅做到依法行政，是远远不够的。

（四）理念形象

理念形象，是社会公众对领导干部或媒体人物精神世界的感知，是对领导干部文化理念、道德涵养、思想观念、价值取向、品质情操等深层次的感知和认知。

理念形象属于思想、文化和意识形态层面，是领导干部形象系统的核心、基础和原动力。一个人的理念形象是一个人精神世界和文化内涵的外在表现，包括一个人的世界观、价值观、人生观以及心理状况、意识形态等。

一个人的理念形象，受其所处的传统文化、历史背景、生产方式、交往方式、社会组织、社会变革、管理制度、生活方式和行为准则等要素的影响和制约。

组织的理念形象，是由组织达成共识后，积极倡导，全体成员自觉实践而形成的潜在规范。组织的理念形象代表组织信念，激发组织活力，推动组织发展，其外在表现为组织的团体精神和行为规范。个人的实际理念与组织的理念可能存在内在的、隐形的差异，但个人所体现出的理念形象与组织是基本一致的。

领导干部的理念形象，应该体现组织理念形象的总体特征，体现组织的性质宗旨、核心价值体系、指导思想、道德规范、使命目标、行为准则和工作作风等。

领导干部的理念形象具有传承性和稳定性。其形成的基础是传统文化，并从属于组织的理念形象，受组织理念形象的制约。如果一个人的理念形象有悖于优秀的传统文化，则会受到社会各界的排斥。如果一个领导干部的理念形象，明显背离组织的理念形象，则会受到组织规则的约束和校正；如果不及时修正自己的理念形象，则很可能被清除出组织。

领导干部的理念形象，是感性形象和行为形象的基础。感性形象和行为形象，是理念形象的外在表现；理念形象通过感性形象和行为形象得以体现。领导干部的理念形象，通过行为形象转变为执政理事、推动工作的物质动力，通过感性形象转变为影响群众、动员群众、发动群众的精神动力。

领导干部的理念形象对于感性形象和行为形象，发挥主导和决定作用。感性形象和行为形象是可变的，特别是行为形象，有时是多变的，甚至在一些特定情况下，可能会出现背离理性形象的个别现象。只要不超出一定的界限，则领导干部总体形象就是统一的、一致的。

【典型案例】

周恩来总理经典的媒体形象

1975年1月13日，周恩来总理最后一次参加四届人大，做报告之前，拖着病重的身体一丝不苟地打理自己，以坚定儒雅的精神风貌，出现在与会代表和全国人民面前，这本身就是一种巨大的感召力，是对媒体舆论无声的、最有力的引导。

领导干部对个人形象的重视，是一种非常重要的政治修养，它折射出一种特殊的社会责任感。这种带有社会责任感和使命感的形象追求，是使领导干部获得民众支持和国际社会认可的基本条件。

三、领导干部媒体形象的塑造

早在2009年3月1日，习近平同志在中央党校春季开学典礼上就强调，各级领导干部要按照德才兼备的要求加强自身修养，不断提高综合素质，提高与新闻媒体打交道的能力。

领导干部的自身形象，除了外在的仪容姿态，主要是从政治角度强调先进思想和良好的道德修养。领导干部良好的形象是联系群众、取信于民、推动工作顺利开展的有力保证。

领导干部良好的媒体形象不是与生俱来的，不完全是靠行政地位带来的，而是综合素质的外在体现。古人说"诚于中而形于外"，道出了领导干部媒体形象与其自身综合素质的辩证关系。人们敬仰周恩来总理，缅怀县委书记的榜样焦裕禄，颂扬领导干部的楷模孔繁森，并不是因为他们有一个洒脱的外表，而是因为他们有严于律己、平易近人的良好品德，有渊博的知识和临危不惧的共产党人的胆识，有为党的事业鞠躬尽瘁、死而后已的敬业精神，有不畏艰苦、不尚空谈、不求索取的公仆作风。

领导干部良好的媒体形象所产生的影响力，能自然地引起人们的敬佩、信赖和诚服。着装华丽而脱离群众，举止优美而毫无思想，口若悬河而只说不做，颐指气使而精神匮乏，巧言令色而腹无良谋，失职渎职而文过饰非，台上君子而小人行径，这样徒有其表的领导干部，是不会有好的媒体形象的。

在现实工作和生活中，有些领导对塑造自身良好形象有误解，只注重外表的修饰，忽视内在修养和世界观的改造，进入了误区。个别人以为穿名牌、抽名烟、坐名车才不失领导风度；有人以为大大咧咧不拘小节才有个性，说话不分场合，举止有失身份；还有人以为对下级和群众威严，架子越大才越像领导，平时有意与群众拉开距离，讲话装腔作势、随心所欲，丝毫不顾及下级和群众的感受。这样的形象是丑陋的、令群众厌恶的官僚主义者形象，其结果只能把自己变成孤家寡人，一旦失去行政地位，马上就会无人问津、受到孤立。

实践证明，领导干部良好的媒体形象，是人生修养的自然流露，要在平时加强自身修养，注意自己的一言一行、一举一动，需要长期的精心培育和日积月累才能逐步形成，不是装出来的，更不是一蹴而就的。

笔者不由得想起习近平总书记的《念奴娇·追思焦裕禄》一诗。

念奴娇·追思焦裕禄

中夜，读《人民呼唤焦裕禄》一文，是时霁月如银，文思萦系……

魂飞万里，盼归来，此水此山此地。

百姓谁不爱好官？把泪焦桐成雨。

生也沙丘，死也沙丘，父老生死系。

暮雪朝霜，毋改英雄意气！

依然月明如昔，思君夜夜，肝胆长如洗。

路漫漫其修远矣，两袖清风来去。

为官一任，造福一方，遂了平生意。

绿我涓滴，会它千顷澄碧。

一九九〇年七月十五日

（一）加强党性修养

坚强的党性，是领导干部树立良好媒体形象的首要条件。领导干部要加强理论修养，真正掌握马克思主义的立场、观点和方法，坚持以与时俱进的态度学习和运用马克思主义理论；要加强政治修养，增强政治信念的坚定性、政治立场的原则性、政治鉴别的敏锐性、政治忠诚的可靠性；要加强纪律修养，增强纪律观念，自觉在思想上、政治上、行动上同党中央保持高度一致，确保政令畅通；要加强作风修养，做到执政为民有新举措、求真务实有新要求、廉洁从政有新成效。

（二）加强道德修养

领导干部要不断提高道德水准、陶冶道德情操、锤炼道德意志、提升道德境界；要努力做到坚持真理，实事求是，一切从实际出发，坚持党的利益和人民的利益高于一切；不唯书、不唯上、只唯实；要恪尽职守，殚精竭虑，倾心事业，敢于负责，积极主动、创造性地开展工作；要淡泊名利，廉洁自律，与人为善，公道正派，表里如一。

（三）加强智慧才能修养

领导干部要掌握多方面的知识和技能，并善于总结和积累经验，不断提高自己的科学决策能力、高效的组织能力、敏捷的应变能力、流畅的语言表达能力以及大胆的创造能力等。

（四）加强气质和风度修养

领导干部要做到襟怀坦荡、心胸宽广、度量恢宏，能学人之长、补己之短、容人之过、助人之难。

四、领导干部的着装

领导干部是重要的公众人物，其媒体形象绝对不仅仅是个人的事情，直接关系到所在部门、单位的社会形象。所以，领导干部一定要特别注意自身形象，注意自己的形象设计和塑造。

如前所述，领导干部良好的媒体形象绝不限于着装打扮。但领导干部的媒体形象，首先是感性形象。在领导干部感性形象中，给人的第一印象就是着装。着装得体，能够对受众产生强烈的首因效应，使人产生积极、正面的心理反应，有效增强自身的影响力。

领导干部的仪表，是通过着装、仪容、配饰等几个方面所形成的外部形象，是一种非语言形象和非语言信息，能够传达人的思想和感情，体现一个人的个性、爱好、修养和品位等内在素质。

通常衡量一名领导干部是否成功，往往通过他的形象仪表和姿态就能有所感觉，这绝不是把"优秀"和"成功"都刻在了脸上。一般地说，大多数成功的领导，时刻都在通过外表形象，向人们展示和诉说着其独特的人格魅力、成熟的气质和非凡的领导能力。外在形象永远是人类最通用、最直白的语言。

在工作场合、现实生活、面对媒体时，领导干部的着装应该有所区别，特别是在面对媒体、面对记者采访时，对于领导干部的着装有着严格的要求和规范。

（一）领导干部着装的基本原则：严谨、大方、典雅

县级以上机关干部，特别是领导干部，在机关正常上班时，应该提倡着正

装，也可以随便一些。比如，男性干部着西服时，在外观和谐的前提下，上、下衣颜色可以不同；也可以着合适的夹克衫等。女性干部的服装选择，则更为宽泛，只要大方、优雅即可。但领导干部办公室应该准备一套正装，以备不时之需。

在重要场合、会见客人特别是陌生客人时，则必须着正装。所谓正装，是指适用于严肃场合和正式场合的着装。在中国，正装主要包括中山装、制服、西服、民族服装。国际通用的正装是制服和西装。

男式正装中的西服，以不超过3粒纽扣为宜。女士正装中，以西服裙套装最为正规，而下配套装长裤则显得随意洒脱，但不太适合特别重要的场合。女性领导干部穿颜色适宜的连衣裙是最灵活的款式，适合于各种不同的场合；和西服外套搭配出的职业裙套装形象，也适合新闻发布会等严肃场合。

在晚宴聚会时，男性领导干部可以选择合适的休闲装，例如轻松舒适的毛衣、衬衫、宽松长裤等，这样可以增强工作之后的休闲气氛，让人感到很容易接触。女性领导干部的着装则更加多样、灵活。

（二）男性领导干部的着装要求

正装是男性领导干部最基本、最主要的着装要求，在严肃场合和日常工作中，均应着正装。正装中，制服的穿着有明确和严格的规定，如军队、警察等，依照执行即可。对男性领导干部来说，西服是参加重要活动的首选正装。

西服有着严格的穿着要求，男性领导干部必须注意。

一是西服的颜色以深色为宜，衣服必须干净、平整。穿着时间不宜过长，以不超过三天为宜；西服的口袋只起装饰作用，最好不装放任何物品；新买的西服，一定要把袖口的商标拆下；西服的扣子平时可以不扣，重要的场合应该扣上，但切忌将最下面的一粒扣子扣上，扣上的纽扣上面不能有不扣的纽扣；不穿时不应随便乱放，应用西服衣架撑好，挂在衣橱内。

二是西服要和衬衣、领带配套穿着，色彩和款式要搭配协调。要选择合适的领带夹，把领带和衬衣夹在一起，领带夹的位置以衬衣第四至五个扣子中间为宜，并同时夹住领带和衬衣。

三是选择正规的黑色皮鞋。皮鞋要干净、明亮，切不可配以休闲鞋、运动鞋等。

西服可在很正式的场合或者参加比较重要的活动时穿着，体现出对活动的重视和对他人的尊重。

在盛夏酷暑季节，男性可以在正式场合着浅色短袖衬衣、深色西裤。

（三）女性干部的着装要求

正装也是女性领导干部最基本的着装要求，女性的正装也应是西式套装。在着装上，有一些事项女性领导要特别注意。

一忌露。女性干部着装不宜使自己的躯体过于暴露，要做到"六不露"，即不露前胸、不露后背、不露肩膀、不露腰腹、不露脚趾、不露脚跟。女性领导干部穿背心、露脐装、吊带裙以及不穿袜子等，都非常有失体面。

二忌透。女性干部的衣着不能过于单薄透明，内衣不能若隐若现，更不能让人一目了然。如果有意穿着透视装，或者内衣外现、不穿背心、不戴胸罩，则不仅有失体面，而且是一种非常失礼的行为。

三忌短。女性干部着装应大小合身、长短适宜，尤其要注意着装不能过短。在庄重严肃的场合，不要穿西式短裤、超短裙等过短的服装，否则既不文明，也不美观。

四忌紧。对女性而言，紧身服装能够显示女性的线条之美。但对于女性干部来说，服装过于紧身，则会使自己身体的线条和内衣的轮廓明显外现，不仅会破坏女性干部特定的服装美感，更会使女性干部的形象显得"美中不足"，招致不应有的"关注"和"联想"。

另外，女性干部还应当特别注意：不穿皮衣、皮裙；不光腿；着裙装不能穿短袜，形成三截腿；少戴首饰，最好不戴首饰。

（四）领导干部的着装禁忌

领导干部要正确着装，还必须了解着装的禁忌并自觉地避免犯忌，才不至于使自己出现着装上的不雅，影响自己的形象。

一忌不干不净。保持衣着经常干净是对领导干部着装最基本的要求。如果领导干部的衣着经常是脏兮兮、皱巴巴，遍布油垢、汗迹、汤渍等，只会令人产生非议和厌恶，有损自身形象。

二忌破烂不堪。从传统意义上讲，领导干部应衣着朴素，可以使自己显得平易近人。但这绝对不是说领导干部可以衣衫褴褛、残破不堪。目前，中国早已摆脱了贫穷落后的局面，各级干部完全可以做到衣冠整洁。如果衣服破损则必须更换，切不可引以为荣。

三忌过分随意。特别是在面对新闻媒体时，领导干部的着装必须合乎规定和要求。军队、警察等制服单位，必须按照有关规定身着制服；没有制服的也要符合常规，切不可不分场合，自行其是，我行我素，胡乱着装，随心所欲地搭配组合，否则，会给广大受众留下作风不严谨的消极印象。

四忌过于艳丽。领导干部的着装原则是"严谨、大方、典雅"，应当力求庄重、沉稳、典雅、大方。特别是女性干部的工作着装，花色和款式不宜过于鲜艳、亮丽和抢眼：花色宜单一、不宜多元；色泽宜纯净、不宜鲜艳；图案宜简洁、不宜过杂，宜明快、不宜凌乱。

（五）面对媒体的着装要求

面对媒体，领导干部最重要的着装要求是与环境相适应。比如，重大活动时，宜庄重、忌随意；外事活动时，宜严谨、忌随和；招商引资中，宜高雅、忌寒酸等。

在办公室接受采访时，如果时间允许，县级以上机关干部，特别是领导干部，应该着正装。女性干部可以随便一些，但一定要遵从"严谨、大方、典雅"的原则。女性干部在办公室接受采访时的着装，要确保服装形式、上下颜色等和谐、优雅、大方。

【典型案例】

领导干部着装的典范周恩来

在着装上，周恩来总理为领导干部和机关干部树立了光辉的典范。

在革命战争年代，只要条件允许，周恩来同志总是十分注重自己的着装。无论是在上海、天津、南京、武汉等敌占区从事地下工作期间，还是在国统区重庆从事统战工作期间，无论是在公开场合，还是在自己的办公室，周恩来同志总是一身正装。我们从珍贵的历史影片资料和照片中可以看到，他身上的中山装总是非常平整，身着西服时，领带从来没有出现过歪歪斜斜的现象；在多人合影照片中，总是衣冠整洁、精神振奋、光彩照人。在社会各界、在国际社会上，塑造了与众不同、备受尊敬的共产党人的光辉形象。

中华人民共和国成立后，周恩来总理以身着中国的国服中山装为主。不论面料质量好坏，他身上的中山装，时时刻刻都在诉说和体现着主人的严谨、认真、笃恭等内在的优秀品质。他身着朴素的中山装，参加各种集会、接见各界人士、出入各种外交场合，以无产阶级革命家的坚定、睿智、平和、淡定，赢得全国人民的深切爱戴，受到了国际社会和世界人民的广泛尊敬，甚至连共产党的敌人也不得不由衷地对周恩来总理感到敬佩。

据周恩来总理身边的工作人员、警卫人员回忆，不论在人民大会堂办公，还是在中南海西花厅办公室办公的岁月里，哪怕是大病尚未痊愈、大手术之后的恢复之中，直至生命的晚期，只要他出现在办公室，从未见到过他的中山装的领扣敞开。周恩来总理严于律己的作风，可见一斑，亦非常人能及。周恩来总理倾其毕生精力，时时刻刻、坚韧不拔地在塑造着中国共产党人的光辉形象。

在生产现场接受采访时，领导干部的着装应"入乡随俗"、接近环境，与工业、农业、科技等现场工作人员的着装色泽和款式越接近越好，要与劳动场景相适应、相协调。比如，在施工工地，戴上一顶安全帽接受采访，一方面能够更加有效地拉近与施工工人的心理距离，另一方面也能够给广大受众留下深入实际、实干务实的感性形象。

【典型案例】

人民代表习近平

2017年两会期间，人民日报社新媒体部推出的微视频《人民代表习近平》从大处着眼、小处着手，通过一个个可感知的故事和细节，把总书记的形象具象化、可视化。同时，把总书记说和群众讲结合起来，片中既有总书记的原声再现，也有当事人现场的情感表达，很有感染力和说服力。

大数据分析显示：《人民代表习近平》等微视频作品在微信平台网民自主转发量约为媒体发布量的86倍。微信是典型的人际传播，有多少用户愿意自主转发，是衡量作品影响力的重要指标，自主转发量高说明作品得到了用户的高度认可。

在抢险救灾现场面对媒体，除警察之外，领导干部的着装越随便、越便于直接参与抢险救灾工作越好，最忌身着正装。解放军、武警官兵，不论军衔和级别，以身着作训服、迷彩服为最好，最忌身着制服，特别是礼服。凡是出现在抢险救灾现场的领导干部，不论级别有多高、资格有多老，必须切实投入抢险救灾的实际工作中，才能形成良好的媒体形象。具体地说，就是现场的领导干部，不仅要有效指挥协调抢险救灾工作高效开展，还应该在必要时亲自动手，参加具体救援活动。如果"只动口、不动手"，甚至机关干部或有关人员前呼后拥地为现场领导干部服务，则会招致非议，影响领导干部的形象。

在常规公共场合、新闻发布会，特别是外事活动中，领导干部必须着正装。领导干部的着装，不能机械和死板，特定情况下应当灵活处理。在抢险救灾等特殊场景下，领导干部的着装应当顺势而为，与环境协调。另外，领导干部的着装，具有明显的时代特征，要与时代的发展相适应。比如，焦裕禄身披外衣、双手叉腰的形象，给人留下了无法磨灭的良好形象。

【典型案例】

温家宝总理在地震废墟上会见联合国秘书长

这是一次不同寻常的会见，这是一次感人至深的会见。2008年5月24日，汶川大地震后的第12天，国务院总理温家宝在地震震中映秀镇的废墟上会见来访的联合国秘书长潘基文。没有红地毯，没有仪仗队，没有麦克风，只有救灾的手持高音喇叭，两位领导人在余震的威胁下，回答中外记者的提问。"我们的同胞已经从悲痛中挺立起来，灾区人民已经开始生产自救……过三年，一个新的汶川会拔地而起。"温家宝的声音充满感情。

"这正是中国的力量所在，世界人民也看到中国正同国际社会合作，共同抗击自然灾害。"潘基文的评价发自内心。

"映秀会见"开创了一个先例——中国政府以更加博大的胸怀面向世界，中国的日益透明和真诚，将给国际社会留下更加难忘的印象。

"映秀会见"透露的一个重要信息是，以人为本，不仅作为中国领导人的执政理念，而且化作具体行动，开始快速进入中国的社会生活中。这次地震灾害发生后，政府的全力抗灾、军队和武警的迅速介入、社会各界的倾情援助、新闻媒体的全方位报道以及对国际社会帮助的回应，都把救助人的生命放在首位。胡锦涛总书记在余震中的指挥，温家宝总理走遍震中所有的县城，成为这次抗震救灾中令人难忘的镜头。当然，"映秀会见"也反映了联合国领导人、国际社会对中国四川灾区的关心和支持。

"映秀会见"清晰地告诉世界，中国与国际社会是相通的，无论是经济全球化，还是体现人道主义、爱护自己的国民、重视和平发展等方面，都有类似的价值标准。自然灾害的破坏，我们还无法有效地提防。但是，作为人民信赖的政府，就应该动用最大的资源、采用最有效的手段，尽可能防备和减少大自然的无情破坏。"举全国之力抗震救灾"——这话让人感动，这是对人民深深的爱、对灾情深深的焦虑。这几天的中国，用行动让世界看到了有些人所不了解的真实。

本来应该设在人民大会堂里的会见，移动到地震的震中举行。这确实不是一次一般意义的会见，它在告诉世界：我们的党和政府与人民生死不离。这样的政府，定会获得人民的认同，带领人民从痛苦中走出来；这样的政党，定会受到人民的拥护，带领人民追求崇高理想、认同人类共有的价值、改变自己的命运、走向新的生活；这样的民族，永远不会倒下；这样的人民，一定会得到全世界的尊重。

总之，一个不会着装的领导干部是不完善的；一个不会着装的领导干部，其形象是要受到不应有的损失的。因此，作为领导干部，要树立良好的形象，讲究着装是重要的方面。

第三节

画眉深浅入时无——如何面对记者采访

接受记者采访是形势发展的需要。随着形势的发展，世界正日益趋于融合，各国之间的信息交流日益增多。中国已经走向世界，国际地位越来越重要，中国的地位也从边缘走向前沿和核心，世界需要了解中国，中国更需要了解世界。同国家一样，一个地区、一个单位、一个部门要推动改革、加快发展，也需要让国内的其他地区、部门和单位了解自己，甚至需要世界各国了解自身。

新闻报道是传播自身信息的主渠道，在今天的信息社会，媒体的报道是世界了解中国和中国了解世界的主要渠道。我们对外部世界信息的了解，绝大多数是通过报纸、电台、电视、网络等新闻媒体实现的。因此，作为领导干部，不仅需要少说多做的实干态度，同时，更需要直接面对媒体、充分利用媒体，传播本地区、本单位的形象，形成有利于工作的舆论环境，推动事业的开展。充分利用媒体推进工作，既是领导活动的重要组成部分，又是领导能力的具体体现。

一、新闻记者的属性

马克思主义新闻观认为，记者具有两重属性，即自然属性和社会属性。新闻记者是自然属性和社会属性的统一体。

新闻记者的自然属性，是指整个新闻记者群体具有的、最基本的共性和职业道德，就是探寻新闻事实并向社会公众公开报道事实真相。新闻记者的社会属性，是指新闻记者核心的、特殊的价值取向，就是维护其阶级与国家的利益。

新闻记者的自然属性和社会属性既相互区别，又相互联系、相互制约。新闻记者的自然属性是社会属性的前提和基础，社会属性依赖于自然属性。其中，新闻记者的社会属性居于主导地位，起着统率的作用，而新闻记者的自然属性则居于被支配的地位。新闻记者的本质，主要是由处于支配地位的社会属性所决定的。

马克思指出："人的本质并不是单个人所固有的抽象物。在其现实性上，它是一切社会关系的总和。"（《马克思恩格斯选集》第1卷第18页）马克思所说的"一切社会关系的总和"，是指人们在社会生产过程中所形成的经济关系，以及由此产生的上层建筑领域各个方面关系的总和，它集中体现了现实社会中人的本质。

我们强调新闻记者的本质在于其社会属性，并不否认新闻记者自然属性的体现和重要性。自然属性作为社会属性的自然基础，对于新闻记者来说是不可缺少的。但记者的自然属性始终无法摆脱其社会属性的制约，时时处处都能够体现出其社会属性。只有记者的社会属性，才从根本上体现了记者与记者之间的本质区别。

目前，在阶级社会里，由于新闻记者隶属于不同的阶级或国家，因而，不同的记者，常常都带有强烈的阶级性和倾向性。

二、领导干部如何面对记者

如本章开头所述，如何面对记者，实质上是如何面对受众、如何面对广大人民群众的问题。领导干部一定要克服轻视记者、蔑视媒体、回避采访、盲目应对等错误做法。特别是辖区内发生了负面事件，正确面对媒体和记者是最明智的选择。否则，领导干部政治生涯中的严重危机立即就会降临。

（一）转换角色

在中国的新闻管理体制下，坚持党管媒体的原则。所以，从根本上讲，新闻媒体也与党政机关一样，是党的事业的重要组成部分。我们的领导干部，既是新闻媒体采访的对象、新闻的发布者，在一定程度上，又是新闻媒体的上级领导。

这一点与国外有很大不同，外国的新闻媒体是独立于政府、立法、司法之外的机构，只要不违反法律，政府及其官员对新闻媒体和新闻记者的影响力和控制力是相当有限的，甚至是完全被动的。美国总统尼克松、克林顿等，都曾经因为有关问题，被普通记者和国内媒体搞得焦头烂额、声名狼藉。尼克松就是因为两个名不见经传的记者，穷追不舍、深入调查、连续报道而丢掉了总统的职位。相比之下，我国各级党委、政府和领导干部，应该十分珍惜现有的这种与新闻媒体的特殊关系。

各级领导干部在处理与记者的关系上，要严格把握一种特殊的角色转换。在党的组织结构上，领导干部是新闻媒体的领导，但在面对媒体、面对记者时，就成了被采访对象、信息传播者、新闻发布者和被舆论监督的代表。

领导干部面对媒体、面对记者时，一定要首先在思想上、认识上，切实完成这种角色转换，这是采访取得成功、防止产生新矛盾最重要的先决条件。所以，有些领导干部在本区域、本单位可能级别很高、资格很老、年龄较大，面对的记者可能很年轻，可能是比自己女儿还小的女孩儿，但也必须以平等的身份对待。否则，就很可能产生严重的后果。

【典型案例】

横山县委书记角色把握不当造成被动

2009年7月，陕西榆林横山县两位老师被强令停课。停课原因竟然是让他们回家，阻止亲属向上级反映当地煤矿私挖滥采的问题，阻止不了亲属的行为，就不能回来上班。

中央人民广播电台中国之声记者调查发现，在陕西横山，有多名政府官员和公职人员暗中参股煤矿经营，被陕西省政府明令关闭的煤矿仍在非法开采。

年轻的记者找到县委书记进行采访。记者问道："在陕西横山县，是否还有其他官员暗中参股煤矿经营？县委领导对此又是怎样的态度？"

横山县委书记苏志中面对记者的采访，显得有些急躁，不耐烦地指责记者："你们中央台的记者管得也太多了吧？你问的事我一概不知道。所以，你要我给你说情况，我一概不知道怎么给你说情况嘛！"

【案例剖析】

这个县委书记显然没有对年轻的记者给予足够的重视，没有恰当地转换角色，没有把自己定位在被采访对象、县委和县政府新闻发布者的位置，对待记者的态度完全是一种对于胆敢"以下犯上"的下级的指责和训斥。

2009年7月20日，中央人民广播电台报道"横山县官煤勾结，县委书记嫌记者管得太宽"的新闻和采访录音，引起了广大受众的强烈指责，给县委和县政府的工作、给自己的形象和处境，造成很大的被动。

（二）以诚相待

领导干部要以平等、平和、坦诚、自然、客观、友善的态度，面对媒体、面对记者。面对记者的采访，要真诚、自信，要做到三多、三少、三要、三不要。

1. 多讲现实，少讲规划

领导干部在接受采访过程中，要多讲所做的具体工作和取得的实实在在的成效，要少谈今后的计划，特别是中长期规划。因为新闻报道最主要的内容是"现在时"或"现在进行时"，而"将来时"和"将来进行时"不是新闻报道的重点，讲多了，会给记者留下夸夸其谈、空话连篇、好大喜功、不务实等不好的印象，影响记者做好报道的兴趣。

2. 多讲措施，少讲原因

特别是发生负面事件后，领导干部面对媒体，面对记者的采访，要多讲党委和政府妥善处理事故的积极态度和坚定的决心、信心，尽快稳定群众的情绪，要多讲党委和政府立即采取的多种有效措施，全力处理事件所做的努力和取得的实际效果，展示党委和政府有作为、负责任的形象；尽量慎讲事件的原因。因为许多负面事件发生的原因常常是多方面的、非常复杂的，正确认定需要假以时日，急于公布，往往会出现失误，影响党委和政府的公信力。更加重要的是，在负面事件发生的初始阶段，新闻记者和社会公众考验的是党委的立场和态度，关心的是政府举措和作为。

3. 多讲主观，少讲客观

特别是发生责任事故后，面对媒体的采访和记者的尖锐提问，领导干部一定要实事求是，多讲党委和政府履行职责过程中的缺陷，多做自我批评，勇于面对现实，敢于承担责任，树立襟怀坦白、诚实厚道的形象，争取社会各界的谅解、理解和支持，为全力处理事故营造积极健康的舆论氛围。此时，如果过多地强调客观原因，就会让人感觉到政府在想方设法推卸责任、寻找借口不负责任，很可能会招致群起而攻，进一步激化社会矛盾，造成问题的扩大化。

要思路清晰，紧紧围绕记者的提问和记者感兴趣的问题，做出回答。

要善于概括，力争用自己最简洁的语言、最直接的表述方法，说明问题的要点，做到言简意赅。

要注重方法，善于把复杂的问题简单化，善于把深奥的道理通俗化，防止记者产生歧义，防止表述出现"夹生饭"。

不要给记者上课，因为记者不是你的学生。

不要给记者做报告，因为记者不是你的部下。

不要敌视记者，因为记者不是你的敌人，而是你的合作者。

【典型案例】

郑州市规划局敌视记者的教训

2009年6月17日，中央人民广播电台中国之声《新闻纵横》报道，河南省郑州市须水镇西岗村原本被划拨为建设经济适用房的土地上，竟然被开发商建起了12幢连体别墅和两幢楼中楼。记者赶赴郑州进行了深入调查采访。

须水镇西岗村群众反映，2004年，郑州市政府将他们村的41.761亩土地，划拨给了河南天荣置业有限公司建设经济适用房。在群众提供的郑州市城市规划局发放的建设用地规划许可证上，"建设内容"一项也明确注明为"经济适用房"。但是几年过去了，开发商河南天荣置业公司在这块土地上建起了12幢连体别墅和两幢楼中楼。群众反映说："楼中楼是200多平方米，别墅是300多平方米，房已经完工了，销售也不是明着销售的，是暗箱操作。价钱在网上按二手房销售的是4000多元一平方米。这么多房子能卖一个亿，盖成经济适用房能差一半。"

当地群众向有关部门反映了这一情况，许多部门都很热情，郑州市规划局态度却极为冷淡。于是，记者在郑州市规划局信访接待日这天，拿着他们出具给群众的信访意见书，来到了规划局。在信访接待办公室门口的墙上，记者看到醒目的红色牌子上写着当天的值班领导是副局长李成祥。但是，工作人员说他一天都不在。

工作人员说："虽然是信访接待日，但是督导组领导要求他们去，上午他们去督导组了。"

记者问："那这块牌子不应该在这里挂了吧？"

工作人员不耐烦地说："怎么不应该在这里挂了？有什么事你向新闻中心提吧，好不好？信访不是对外的，我们局里有规定，统一对外接受采访是新闻中心。好不好？"

按照这位工作人员提供的电话，记者拨通了新闻中心陈主任的电话，但是她告诉记者，新闻中心没有一个人值班，全部出去了。几经波折，记者来到了主管信访工作的副局长逯军的办公室，将他们出具的信访处理意见书递了过去。一看到意见书，逯军就要求检查记者的采访设备，并拔掉了采访机话筒。之后，他的第一句话居然是："你们广播电台管这闲事干什么？"

当记者要求他对于他们出具的信访处理意见进行解释时，这位副局长却向记者问了这样一个问题，他说："你是准备替党说话，还是准备替老百姓说话？"记者要求他对这句话做出进一步的解释，这位副局长说："这个事我不清楚。我是第一次见到你，也是第一次见到这个事。等我搞清楚以后我可以回复你。这件事我可以交有关部门来处理。"

逯军拿出笔来，居然在已经加盖了郑州市规划局信访专用章的处理意见书上又批示：请信访处办理。又批回了信访处。

【案例剖析】

一、回避记者，让人感到心里有鬼

对于群众反映的房地产开发商违法侵害群众利益的问题，许多部门都很热情，唯有规划局态度极为冷淡，而且，在规划局信访接待日，对前来采访的记者摆起"空城计"，让人感到规划局是在刻意躲避记者、回避采访，很容易让广大受众产生规划局心中有鬼的看法和评价。同时，也等于是自己心虚理亏、理屈词穷，主动放弃了话语权。此时，记者采访报道的群众单方面的声音，就会毫无疑问地被广大受众当成是事件的真相。这样，规划局就把自己放在了一个非常被动的地位。

二、新闻发言人制度产生了异化

近年来，不少单位都相继建立了新闻发言人制度，成立了新闻中心。应该说，这是政府信息公开的一个很大的进步。在实际工作中，新闻发言人制度对于推动党务、政务信息公开，促进民主建设和政治文明建设，发挥了较好的作用。但是，在有些部门和单位，公仆意识退化，行政理念扭曲，时常产生损害群众利益的行政行为。面对新闻媒体的舆论监督，面对新闻记者的采访，把新闻中心和新闻发言人当成了单位的挡箭牌、遮羞布，当成了被动应对媒体、消极回避采访、刻意搪塞公众的首选借口，异化了良好的新闻发布制度。

三、行政不作为，让人怀疑政府有关部门的立场

规划局职责之内的工作出了问题，开发商私自改变土地用途，在经济适用房用地上建起了高级住宅，牟取暴利，损害了低收入群众和被征地群众的利益。面对上访群众，规划局不仅听之任之，而且态度消极。面对拥有强大公共话语权的中央人民广播电台记者，规划局的有关工作人员和领导尚且如此，对于普通上访群众是什么样的态度，让人很难想象，又不言而喻。联系规划局对开发商的放任，很容易让人感到其立场站在了人民群众的对立面，成为侵害群众利益链中的重要一环，充当违法开发商的保护伞。

四、敌视记者，自食其果

一个单位的执政、行政理念，一个单位的工作作风，一个单位的处事风格，一个单位对待群众的态度，很大程度上取决于单位领导的表现。面对前来采访的记者，郑州市规划局有关工作人员，不仅缺乏最基本的礼节和正常的态度，而且表现出的是一副拒人于千里之外、不友好的态度。其副局长逯军，检查记者的采访设备、拔掉了采访机话筒，侵犯记者的人身权、采访权在先，对记者恶语相加、冷面相向在后，其刻意敌视记者、拒绝舆论监督的思想表露无遗。单位的风气，取决于领导。自身工作存在明显的问题，加上敌视记者的行为，结果肯定是自食恶果。

五、荒唐的质问，严重损害了党的形象

"你是准备替党说话，还是准备替老百姓说话？"这句问话非常荒唐。众所周知，新闻媒体是党和政府的喉舌，而党和政府的宗旨是为人民服务，党和人民群众的利益从根本上讲是一致的。逯军这句话，把共产党和老百姓的关系对立了起来，这在社会矛盾不断凸显的情况下，严重损害了党的形象。如果逯军这句话不是口误，而是内心的客观表述，就标志着此人已经蜕化变质，已经不再是共产党员；如果纯属口误，那么，在真诚善待记者，积极寻求与媒体合作的前提下，领导干部的口误、失误等，是完全可以得到有效过滤的，新一轮更大的危机也是完全可以有效避免的。

（三）及时回应

各级领导干部要转变观念，提高对媒体报道的思想认识，加强与新闻媒体和新闻记者之间的来往和互动，充分运用新闻媒体，搞好正面工作的报道和负面事件的舆论引导。

要及时回应记者的采访请求。记者背后是专业的新闻信息传播媒体，新闻媒体的传播对象是广大社会公众。另外，新闻的时效性非常强，这是由新闻的特性决定的。对于媒体和记者来电来访，要尽可能地及时回应，尽力提供记者所需要的背景资料，利用事实来抓住新闻媒体和记者的注意力，以事实为基础回复记者、解答问题。

记者前来采访正面报道，正是展示单位工作的难得机遇，一定要认真对待，把新闻媒体的优势用足、用够，充分发挥新闻媒体统一思想、凝聚智慧、推动工作的积极作用。而要实现正面事件新闻报道社会效益的最大化，有两个最重要的因素：一是充分调动、激发记者的积极性和主动性，二是领导干部对记者的态度。所以，单位主要领导出面，积极介绍情况、主动推介新闻线索、直接接受

记者的采访，可以有效激发记者的报道热情。

出现了特别事件、负面事件，记者前来采访监督报道，相当于主动为单位送来了性能优良的麦克风、高效的扩音器，正是单位向社会各界说明真相、澄清事实、瓦解传闻、消除误解的最好机会。所以，单位的有关人员和领导干部，一定要以积极、正面的态度善待记者，把记者作为最理想的合作者，为记者提供真实、准确、客观、可靠的相关材料，尽力寻求新闻媒体的合作与支持，为解决实际问题营造积极健康的舆论氛围。

媒体公开报道单位工作中存在的问题后，领导干部要正确对待，要以闻过则喜的胸怀，不仅闻过则改、立即纠正，而且要举一反三，认真查找相关工作方面存在的弱项、不足和问题，及时加以纠正和完善，把新闻媒体和记者的舆论监督、批评报道，作为改进工作、提高工作质量效益的契机和助推器，乘势而上，使单位的工作上水平、上台阶。同时，加强与刊播批评报道的媒体和有影响力的媒体进行经常的联系和沟通，及时将单位的整改情况向媒体通报和介绍。

通过新闻媒体，继续报道单位的整改情况，具有许多好处：一是能够向社会各界展示单位闻过则改的积极作为和正面形象；二是能够有效消除前期批评报道造成的负面影响；三是能够有效促进单位工作的改进和完善；四是能够向受众体现新闻媒体作用。

所以，从行为学上讲，在继续做好单位整改成效报道上，刊播批评报道的媒体是所有媒体中最积极、最主动的。在客观上，该媒体的整改成效报道，又是对前期批评报道的化解和覆盖，"系铃"之人实施"解铃"行动，是社会效果最好、最有效的措施。

（四）控制自己

不要试图控制记者，而是要控制自己的言行。领导干部如果能够把握新闻报道的特点与规律，将有助于吸引记者的注意力，激发记者报道的主动性、积极性与创造性，从而营造良好的舆论环境。

建设一个民主、透明、公正、廉洁、高效的政府，是社会主义政治文明建设的基本目标和必然要求。目前，形式多样的记者招待会和新闻发布会，成为政府公布信息、树立形象的重要渠道，领导干部与记者打交道的机会越来越多。同时，记者所提的问题也越来越富于挑战性，面对记者毫不客气、不讲情面的尖锐提问，有效控制好自己的言行是领导干部的第一要务。

领导干部有效控制自己，包括有效控制自己的情绪、思维、语言和行为等多个方面，这需要具备良好的修养、坚定的毅力、敏锐的思维、快速的反应、高超的政治智慧、高明的语言表达能力，体现了一个领导干部独特的政治修养和优秀的个人品格，需要长期坚持不懈的党性锻炼和学习积累。

事实上，即使像当年的美国国务卿基辛格博士这样的政治家、哲学家、外交家，也曾因态度傲慢而马失前蹄、"大意失荆州"，在享有"世界第一女记者"之称、以尖锐提问著称的奥丽娅娜·法拉奇面前失手。法拉奇素有"男人的心胸，女人的感觉，记者的敏锐，作家的才华"的美誉，她曾经成功地采访基辛格、甘地、阿拉法特、邓小平等。法拉奇采访基辛格时，因为不满基辛格对自己的态度，提出了一个带有"陷阱"的问题："基辛格博士，人们说您对尼克松根本不在乎，说您关心的只是您干的这一行，同任何一位总统都可以合作，您是如何成功的？"基辛格一不小心掉进了法拉奇设置的陷阱，回答说："我事业成功的诀窍，在于我从来都是单独行动。"尼克松因为基辛格突出个人而非常恼火。后来，基辛格声称，会见法拉奇是他"生平最愚蠢的一件事"。

面对牙尖嘴利和不讲情面的国内记者，在回答触痛、抠疤、揭短、亮丑式的尖锐提问时，领导干部只要沉着冷静、坦荡面对，心静如水、气定神闲，真诚面对、据实回答，有礼有节、以理服人，就一定会受到包括发难记者在内的社会各界的广泛赞誉。而绝不能恼羞成怒、情绪失控，因为一触即怒，一定会被世人视为缺乏涵养、无德无能的表现，甚至会被传为笑谈。所以，作为一名优秀的领导干部，在记者面前始终保持有礼有节、有理有据的谦谦君子风度，永远不失为明智之举。

【典型案例】

"西电卡门事件"

2008年12月8日，西安电子科技大学的学生发现，学校和银行几个月前悄悄给他们办了工商银行信用卡，但又没把卡发给他们。消息传开后，校园内议论纷纷。

17日上午，中央人民广播电台一名女记者到学校采访，当问到"学校对保护学生个人信息有何规定"时，学校宣传部的部长强建周被激怒了，大发雷霆，扬言"叫保卫处把记者扣起来""我要做一个轰动全国的事情""要占领天涯"。

18日早上，中央人民广播电台中国之声《新闻纵横》播出了这篇录音报道。节目录音很快被腾讯、网易等网站转载，并迅速在网上传播，西电宣传部的部长被网友称作"最牛的宣传部部长"，贻笑大方，不仅造成了恶劣的影响，还被传为笑谈。

【案例剖析】

据查证，强建周是西安电子科技大学党委宣传部副部长，是带思想政治教育理论与实践专业硕士研究生的副教授，其学术研究的方向是高等教育、德育论，并曾在大学生思想道德修养、德育等方面撰写发表了多篇学术论文。一个拥有这样的身份和学识的学者型领导干部，其面对媒体和记者的表现，的确让人难以理解、不可思议。"天涯社区"是一个虚拟的大众论坛，人人都可以发帖、发表自己的言论,如何占领?可见,如何正确面对媒体和记者,确实是一门独特的学问。

【典型案例】

宝鸡市有关干部面对媒体的不当言行引来非议

2008年年底,中央媒体报道了陕西省宝鸡市输水管道13天连续爆裂3次的重大新闻。面对记者的提问,宝鸡市一名主管城市供水、任职6年的领导干部,一问三不知。而另一名领导干部,面对媒体记者的穷追不舍和尖锐提问,没有有效控制好自己的情绪和语言,不知出于什么心理,抛出了一句十分不妥的话:"共产党的干部都是这样,后任替前任擦屁股、替前任买单。"舆论一片哗然,老百姓骂声一片。

【案例剖析】

输水管道出了问题,主管城市供水、任职长达6年的领导干部,害怕承担责任,消极应付媒体,面对记者的提问,一问三不知,直接让人感到这个领导干部不理政、不作为,这本身就是批评报道的素材,加剧了输水管道反复爆裂的负面影响,让人感到宝鸡市的干部普遍存在不负责任、失职渎职作风,影响了政府的整体形象。另一位领导干部的语言,打击面就更广了,招致群众的指责是必然的结果。面对媒体和记者,有效控制自己的情绪非常重要。国内的新闻媒体和记者,都是在各级党委和政府领导之下开展工作的。从其社会属性来说,国内记者的根本立场与各级党委和政府是一致的,与各级领导干部的根本目的也是相同的。记者是与我们领导干部没有直接隶属关系的下级。所以,国内新闻媒体的记者,通常不会恶意习难我们的领导干部,要对这一点有足够的信心,面对媒体和记者,大可不必有过多的顾虑。只是有些记者可能是"头上长角、身上长刺"。

而这类记者，常常又是业内为数不多的优秀记者。所以，各级领导干部在与国内媒体的记者打交道时，切记不要与那些对你刁钻提问的记者计较，要保持平和、友善。在面对媒体和记者的现实实践中，语言刁钻、提问尖锐的记者采制的报道，常常是对我们最有利的报道，常常充当领导干部的"忠诚反对者"，也就是"小骂大帮忙"的人。

多数来中国采访的国外记者是客观的、公正的、友好的。但也有一些带着个人偏见、政治歧视、非理性的民族情绪来华采访的境外记者，其立场与国内的记者有着根本的不同，有的可能不是根据客观事实采访、客观公正报道我国的，而是来寻衅找碴、刻意抹黑、恶意诋毁我国的。对此，要注意区分。对于前者，我们要表示欢迎、尽量为其提供方便，按照平等、友好的态度面对。对于后者，我们一方面要提高警惕，步步为营，巧妙应对，防止落入其恶意设置的"圈套"和"陷阱"；另一方面要对其歪曲事实的偏见予以及时纠正，对其恶意的诋毁要坚决予以有理有节的回击，维护党和国家的尊严和形象。

【典型案例】

总理的回应

20世纪50年代，有一次，周恩来总理接受一位美国记者采访，美国记者看到总理办公室里有一支派克钢笔，便带着几分讽刺得意地发问："总理阁下，你也迷信我国的钢笔吗？"周恩来听了风趣地说："这是一位朝鲜朋友送给我的。这位朋友对我说，这是美军在板门店停战协议签字仪式上用过的，你留下做个纪念吧！我觉得这支钢笔的来历很有意义，就留下了贵国的这支钢笔。"总理的几句话，让不友好的美国记者无地自容、面红耳赤。

1999年年初，美国国会内部的中国威胁论愈演愈烈，美国在人权、贸易、台湾、西藏、军控、窃密等几乎所有的问题上都在激烈攻击中国，反华言论和反华情绪充斥着整个美国。美国国务卿奥尔布赖特访问中国，在与朱镕基总理会谈时，面对国内外记者，奥尔布赖特公开指责中国的人权问题，朱镕基说："我们中国领导人会见的所有外宾，很少有不谈人权问题的，好像不谈中国的人权问题，回去就不好交代。"并回敬道，"我参加争取和保障人权运动的历史比你早得多。"奥尔布赖特说："是吗？"表示不同意。朱镕基说："不是吗？我比你大10岁，当我冒着生命危险同国民党政权做斗争，参加争取中国的民主、自由、人权运动的时候，你还在上中学呢。中国共产党接受了'五四'运动的影响，为民主、科学而斗争。今天，我们怎么可能反过来压制人权？其实，只有中国共产党才知道在中国怎么样才能实现保障人权，我们比你们急。"

（五）不当众拒绝

面对国内新闻媒体记者的采访和提问，我们领导干部要积极介绍情况、主动推介新闻线索、耐心说明事情真相，尽量不使用"无可奉告"之类的外交语言，因为我们不是外交官，面对的也不是外国人。

在公开场合和大庭广众之下，不要当众拒绝某位记者的提问。当众拒绝记者的提问，通常会产生三个后果。

一是传闻成为真相。记者在领导干部这样的正规渠道得不到权威的消息，就肯定会从旁门左道挖掘小道消息，把街谈巷议的传闻当作事实进行公开报道。因为记者必须按时向编辑部交稿。

二是报道情绪化。在众人面前，公开拒绝回答某个记者的提问，会让记者感到很没面子、很难堪，对领导干部产生不满情绪，进而把这种不满情绪体现在新闻稿件之中，刊播让领导干部难堪的新闻稿件。

三是可能会产生更加严重的后果。特别是在发生负面事件后，或工作中存在比较突出的问题时，让记者难堪是很不明智的。在这种特殊情况下得罪了媒体和记者，经过公开报道，有关领导干部就会引火烧身，肯定会成为社会公众迁怒的直接对象、指责的具体目标。

（六）不公开表达自己的偏见

领导干部面对新闻媒体和接受记者采访时，体现的全部是社会属性，而不是自然属性。领导干部的一言一行、一举一动，代表的都是组织的意志和形象，而不是个人行为。所以，领导干部接受记者采访时，表达观点首先都要符合党的宗旨和党章的要求，这一点最重要。其次，表述的内容要符合组织的意志。公开表达一己之见，甚至是个人的偏见，是面对媒体和记者的大忌。

所以，我们提倡在条件允许的情况下，有关领导干部要注重与媒体和记者交朋友。在这方面，除国内记者，我党的领袖毛泽东、朱德、周恩来等就在采访中与斯诺、史沫特莱等国外记者结下了深厚的友谊，成为无话不谈的好朋友，并发表了许多有利于革命事业和个人形象的新闻作品。老一辈无产阶级革命家在与记者交友上，为我们树立了光辉的典范。

一旦与媒体和记者感情融洽、友谊真挚，有些东西是可以进行技术性处理的，有些东西是可以不做公开报道的，而有些东西也可以大报、特报。记者不但会对你的口误、失误、失言、失语等错误手下留情，而且会积极主动地为你出主意、想点子，全力帮助你顺利化解危机。

【典型案例】

兰考县委书记面对记者行为失当的教训

1999年国庆50周年前夕，河南人民广播电台受中央人民广播电台委托，制作共和国英模焦裕禄的节目。记者找到当时不到40岁的兰考县委书记宗家邦采访，宗家邦称上午没时间，不愿接受采访，推托到下午。中午，因宗家邦陪上级领导吃饭，直到下午，记者几经周折才在酒店房间找到他。提到焦裕禄，宗家邦显得很不耐烦，说："焦裕禄也有很多事情没有办好嘛！"然后，滔滔不绝地讲起了自己的政绩。当记者要求回到焦裕禄正题上时，书记火了："你一来，张口焦裕禄、闭口焦裕禄，你一提焦裕禄我就烦！"话不投机，竟然把记者轰了出去！事后，宗家邦才感到问题严重，驱车追到郑州，试图找记者讲和，但无功而返。节目播出后，引起了公众强烈指责。几天后，宗家邦被免去职务。

【案例剖析】

当年，兰考县委书记宗家邦在面对记者过程中，存在多个缺陷。

缺陷之一：缺乏政治智慧

焦裕禄同志是中国共产党的优秀党员，是县委书记学习的榜样，是党的宝贵精神财富和政治财富，更是兰考县的宝贵财富和难得的政治优势。可惜的是，兰考县委书记宗家邦并没有认识到这一点，不仅没有将此作为优势，反而将其当成了一种负担。可能是来兰考瞻仰、学习、采访、报道焦裕禄的人多了，于是产生了厌烦心理，实在不应该。

缺陷之二：没有及时配合采访

记者大老远从郑州跑来采访，主要是做焦裕禄的节目，而不是做现任书记的节目，只是需要现任书记几句同期声，几分钟就可以满足记者的要求，非常简单、张口就来的一件事，上午完全可以做到，为什么非要让记者专门等到下午？是故意摆谱，还是因为没做自己的节目心有成见？再说，中央台约定制作的节目，常常要求很急，时效性很强；而且要求很高，做好的节目传过去，中央台常常不满意，地方台的记者要留出返工重做的时间，记者能不着急吗？！

缺陷之三：精通接待领导，不会面对记者

从媒体报道的内容来看，宗家邦对于接待各级领导非常内行，也非常重视，领导自然也非常满意。但在如何面对媒体和记者方面，则显得非常外行，也谈不上重视。有时间陪领导，没时间见记者。宗家邦没有意识到，媒体和记者代表的是广大公众。另外，在接受记者采访过程中，置记者的采访意向和主题于不顾，只讲自己想说、想报道的内容，不谈记者想要的内容，造成文不对题。

缺陷之四：歧视记者，公开表达自己的偏见

从因为记者又回到采访主题就发火来看，这位书记不仅个人修养很差，而且根本就没把记者当回事。话不投机，就把前来采访的记者赶出去，更显示其专横跋扈的一面，更加体现出对记者的蔑视、歧视与不屑一顾。"一提焦裕禄就烦"，纯属党性不牢固和政治不成熟的个人错误观点和偏激言论。在歧视记者、蔑视记者、敌视记者的情况下，发表这样的言论，就意味着自己政治生涯中巨大危机的到来。

三、领导干部如何面对采访

接受采访是与媒体面对面就某些社会热点问题进行沟通、交流的大众传播方式。接受采访也是领导干部向公众传递信息、沟通情况、展示观点、树立形象最直接、最有效的途径。在生活节奏日益加快的今天，公众通过采访节目可以直接了解政府的工作、理念以及价值取向。所以，作为领导干部要做好及时接受采访的思想准备，主动与社会进行沟通，就一些群众关心的重大的热点、难点、疑点表明态度，做出应答。通过接受媒体和记者的采访，做好政府的重大决策的前期宣传、中期释疑解惑、后期经验总结，是非常有效的途径。

领导干部在面对新闻媒体和记者的采访时，如果能够注意一些必要的方法和技巧，则不仅能够确保不遗憾，而且能够收到意想不到的良好效果。

（一）要精心准备

领导干部在接受媒体进行专访前，要为采访获得成功而进行必要的准备。

1. 接受专访要精心准备

特别是在重大问题上，接受著名媒体的著名记者专访前，更要进行精心准备。这类著名记者在进行专题采访之前，无一例外地都会紧紧围绕采访对象、采访问题、问题背景、问题脉络、本地区的表现及原因等方面，认真细致地做大量"功课"。所以，作为被采访的领导干部，也需要花一些时间，做一些必要的准备，主要有两个方面：一方面，了解一下这个记者的采访风格和特点，他最需要什么，他采访的目的是什么；另一方面，对于几个关键性的主要问题，你如何做出回答才更加精彩，你想说什么，你想实现什么目的、想达到的预期效果等。这样，既可以有效避免出现差错，又可以实现自己的目的。

2. 要熟悉情况

记者提出的问题五花八门，涉及面可能很宽广，如果不全面掌握情况和政策，许多问题都只好无可奉告，记者得不到准确可靠的材料，就无法进行有影响力的报道。全面地掌握政策和工作情况，就能从容、准确，有深度、有广度、有高度地回答记者提出的各种问题，采访也才会真正成功。要掌握一些具有新闻性的具体事件的来龙去脉，以及事件背后的社情、民情、舆情，有针对性地给媒体提供信息，做出的专访节目才有吸引力。所以，领导干部平时要注重调查研究，充分掌握所在地区的社情、民情、舆情，这既是领导干部执政理事的需要，也是接受记者采访的需要。了解社情、舆情，就是了解公众和媒体在关心什么，从而更好地给媒体提供公众广泛关注的信息。

了解舆情的方法是收集、阅览和分析各种媒体上的信息，或通过所属有关部门和机关干部，了解近期相关问题。领导干部掌握了公众的媒体的需求，就能有针对性地回答、表述，有效提高采访报道的质量。

（二）要进入角色

1. 要调整心态

要以平等、谦逊、积极的心态接受采访。要明了采访的性质与作用，清楚自己面对的对象绝对不是新闻记者本人，而是拥有强大话语权的新闻媒体，是广大人民群众，要保持平和的心态。

2. 要全身心投入

在接受记者采访时，不论是在自己的办公室、室外场地、特定工作现场，还是在媒体演播室，领导干部都要自始至终、全身心投入。在接受视频采访时，要自始至终面对记者、注视记者，不要看镜头，也不要看摄像师。特别是在视频直播采访中，切忌左顾右盼。在接受采访过程中，即使遇到领导和熟人，也不能打招呼、示意。否则，会让受众感到心不在焉，影响自己和组织的形象。所以，要心无旁骛，将自己完全置于访谈的话语环境之中。

3. 要情真意切

在接受采访中，除军人之外，直着嗓子、瞪眼睛"背台词"，是最蹩脚的表现。领导干部要把接受采访、回答问题，作为一种与记者和公众进行感情交流来对待。也就是说，要充满感情地进行交流，通过交流的方式回答问题。在访谈中，讲人、说事，都要进入你所表述的人或事的角色之中，要投入真情，自然而然地随着访谈内容的喜怒哀乐让受众明显地感受到你感情的跌宕起伏，增强访谈的感染力。此时，领导干部绝对不能面对镜头，毫无感情、恒调等速地读稿子。

4. 要充满信心

领导干部在接受采访中，要表现出自信、真诚和自然。由于工作关系和职务因素，领导干部通常是站位更高、看得更远，对于分管的工作和许多问题，都应该具有独特的观察视角、缜密的思维能力、精准的判断能力和深刻的分析能力。有了对主要问题深入的洞察与独特的见解，加上诚恳的态度、准确的表达，一定会取得良好的效果。

5. 要活力四射

社会公众总是喜欢有生机、有激情的领导形象，领导干部在接受采访时，要精神振奋、充满活力，体现出对工作的投入、对事业的执着、对群众的热情、对生活的信心，要尽量展示自己光彩的形象。同一个人、同一件事、同一个意思，可以有多种表述方式，但使用的语言不同，收到的效果会有很大差别。同时，求新、求异，也是新闻记者的追求。创新能力、创新思维、创新观点、创新语言的展示，最能吸引记者，最能感染受众。所以，领导干部要避免官话连篇、老生常谈，要注重运用新观点、新信息、新语言，吸引记者、打动公众。

（三）要随机应变

在有限的访谈时间里，一方面，要将最有价值的信息、公众最需要的信息表达出来；另一方面，采访问答还要追求精彩纷呈、吸引受众，甚至富有戏剧性。所以，一些资深记者的采访过程，常常不是公文来往式的直来直去和平辅直叙，资深记者总会在有把握掌握控制访谈局面的前提下，设置一些难题、偏题，以增加采访的戏剧性与趣味性。对于这一点，领导干部要做好必要的心理准备，要准备好随机回答一些尖锐性、刺激性的问题，以免因为毫无准备，出现无言以对的尴尬局面。

领导干部要自觉培养应变能力。在采访中，记者提出的一些问题，很可能不在领导考虑和准备的范围之内，或考虑得还不成熟。此时，就需要领导干部具有较强的随机应变能力。敏捷的思维，是随机应变能力的基础和保障。

领导干部要培养敏捷的思维和较强的随机应变能力，就必须平时加强各种理论知识的学习，注重广泛开展调查研究，对所属工作情况了如指掌，并熟悉一些重要的工作细节。最重要的是要在工作中，保持尽可能多的理性思考，使科学理论与所属工作在自己头脑中融会贯通。这样，不仅会产生许多新观念、新思想，有力地推动实际工作，也会在面对采访时问不倒、难不住。

在这方面，周恩来为我们树立了一个光辉的典范。据工作人员回忆，在会见中外人士、接受各国记者采访过程中，不论是对我国友好的、中立的，还是怀有敌意的，他从来没有读过事先准备好的稿子；不论记者问到什么样的问题，总是能用非常简洁的语言，把问题表述得清清楚楚、明明白白，让记者高高兴兴、满意而归；不论遇到多么刁钻、恶意的提问和攻击，总是面不改色、气定神闲，运用和风细雨般的语言，四两拨千斤，在三言两语之间，于波澜不惊之时，或化敌为友，或让发难者知难而退。他的回应之语，也成为广为传颂的经典之言。在随机应变上，确实达到了随心所欲、挥洒自如的境界。有关周恩来在这方面的案例举不胜举，在此不做赘述。

【典型案例】

温家宝总理的大家风范

2009年2月2日，温家宝总理在英国剑桥大学演讲时，突遭极端分子干扰，并向讲台掷鞋。温家宝神态自然、镇定自若，平静而坚定地说："老师们、同学们，这种卑鄙的伎俩，阻挡不了中英两国人民的友谊！"顿时，全场掌声雷动、经久不息。温家宝接着说："人类的进步，世界的和谐，是历史的潮流，是任何力量阻挡不了的。"

【案例剖析】

领导干部随机应变的能力，是一种高级的处事智慧和艺术。在公共场合，人员成分复杂多样，现场出现的事件具有很强的随机性、不确定性和不可预见性。所以，临时事发，能否成功处置、牢牢掌控现场的主动权、变被动为主动，主要考验的是当事领导干部的随机应变能力。现场工作人员的帮助，无法发挥主导和关键作用。

面对极端分子的恶意搅局，温家宝总理平和镇静、岿然不动，彰显了临危不惧、处变不惊的大无畏的精神和品质。

温家宝总理的第一句话，至少发挥了三个作用：一是进一步拉近了与友好者的心理距离；二是争取了中间派的支持；三是有力地回击了恶意搅局者。

温家宝总理的第二句话，至少发挥了两个作用：一是指责了极端分子的行为是在破坏和谐；二是显示了中国促进人类进步、维护世界和谐的坚定立场。

温家宝总理的这两句话，深深地打动了现场国籍和信仰不同、文化背景各异的听众，大家深深地感受到中国领导人的修养、学识、胆略、气度与胸怀，每一句话都赢得了听众长时间的热烈鼓掌，体现出对温家宝由衷的敬意。

事件发生后，温家宝总理以过人的胆识和智慧，迅速采取了三项措施，牢牢地掌握了现场的主动权：一是用短暂的沉默，极大地吸引了听众的注意力，瞬间稳定了局势；二是一字一顿、掷地有声地讲了第一句话，引起了经久不息的热烈掌声，成功地夺回现场的主动权；三是接着豪迈地讲出了第二句话，进一步巩固了已经掌控的现场的主动权。

温家宝总理在突发事件现场，充分展示了泱泱浩气、强国之势和大家风范，在国际社会树立了良好的媒体形象。

联合国秘书长潘基文、美国总统布什，在伊拉克国际社会的公共场合，在公开面对各国媒体之时，都曾经遇到过类似的意外事件，其事发当头的反应和表现，都出现过不同程度的失态。

2008年12月14日，在伊拉克举行的新闻发布会上，美国总统布什遭遇伊拉克巴格达迪亚电视台28岁的男性记者扎伊迪两只皮鞋的袭击。布什消极躲避、狼狈不堪的表现，被现场记者抓拍后，在国际新闻界广为传播。15日，成为伊拉克和全中东地区新闻媒体的头条新闻。布什低头躲避的照片刊登在中东大小报纸之上，并被制成多种图片，到处张贴，中东地区还将有关照片印在T恤衫上，伊拉克电视台也反复播放当时情景的视频。15日，成千上万的伊拉克人走上街头，声援扎伊迪，中东多个国家民众也纷纷表示支持。包括曾为伊拉克前总统萨达姆·侯赛因辩护的律师哈利勒·杜莱米在内的数百名律师，表态愿免费为扎伊迪服务，其中包括美国人。

（四）要达到目的

领导干部接受记者采访，一般来说，要认真把握、统筹兼顾，达到两个目的。

一是要满足媒体和记者做节目的需求，为记者提供必要的、权威的背景资料和足够的事实信息，向记者介绍有关情况，回答记者提出的相关问题，解释和说明事实真相，消除人们的各种疑问和误解。

二是要实现自己所代表的组织的目的，利用接受记者采访之机，运用新闻媒体便利的平台，传播组织的意志、意图和有利信息，以扩大单位和组织的社会影响，实现推动现实工作的目标。

在有限的采访时间内，要同时实现上述两个目的，就要求领导干部必须掌握接受采访、回答问题的一些基本技巧。接受采访过程中，首先要回答记者提出的问题，然后，从回答记者提问切入，顺势巧妙地过渡到你想要表达的内容，并列举生动的事实，进而，言简意赅地用理论去解释出现的事实，用事实去印证自己表述的理论，最后归纳出结论。这样，不仅生动、具体、形象、深刻地回答了记者提出的问题，而且充分实现了己方的目的，并有效展示了领导干部的智慧、能力和水平，这是采访的最佳效果。

四、面对采访应注意的细节问题

（一）不要在文字材料上过多耗费精力

采访或专访的实施方法，通常是一问一答的对话、谈话方式，是一种口头语言交流表达的形式。正式采访之前，通常只需约定大体的内容框架，明确主要的采访问题。

现实采访中，绝大多数领导干部都对自己职责之内的工作比较熟悉，都能够非常完整地回答问题，所以，根本没有必要准备非常详细的访谈稿件，只需准备一个简要的谈话提纲，领导干部认真打打腹稿就可以了。

从访谈效果和媒体形象来看，特别是广播和电视等音频、视频媒体，读稿子的效果是最差的。在实际访谈中，也有一些对自己信心不足的领导干部，带着厚厚的稿子接受专访，但带去的文字稿件基本上都没有用上，而访谈效果却非常令人满意。

语言表达，存在一个艺术性问题。领导干部接受采访时回答问题的艺术，实质上是语言表达的艺术问题。而语言表达艺术，通常都是基于领导干部本人平时的积累和习惯，有着自己的特点，自己学不了别人，别人也模仿不了自己。所以，接受采访前，根本没有必要让所属机关干部耗时费力、挖空心思地准备详细的文字材料。因为机关干部也许能够写出有水平、有艺术的文字，却无法代替你说出你独特的艺术语言。

（二）讲究回答问题的艺术

1. 高度重视首声效应

领导干部在接受采访前，要精心推敲自己的开场白。精彩的开场白，能够立竿见影地增强访谈的吸引力，有效调动记者的注意力，激发领导干部本人和记者的情绪，创造和谐的访谈氛围。精彩的开头，有时是开门见山、单刀直入、直奔主题；有时是把自己最精彩、最重要的信息和观点、最有新闻价值、自己最希望媒体报道、记者最感兴趣的东西数语道出；有时可能是别开生面，从生动的故事和细节切入，吸引记者和受众的注意力。要避免云山雾罩、空话连篇、官腔套话、文不对题。

2. 用事实说话

要从细节切入，从细节开始，多讲细节，巧用数据，用事实说服人、感染人。对于广大人民群众来说，细节形象生动，更能够吸引人，给人留下深刻的印象。具体的数字，比概括性、抽象性语言更有说服力。因此，领导干部要博闻强记，对有表现力的关键数字，要烂熟于心。

【典型案例】

温家宝总理巧用乘除法

2003年11月21日，温总理在中南海紫光阁接受了美国《华盛顿邮报》总编唐尼的采访。其中，有一段非常深刻、非常精彩的对话。

温家宝总理说："作为中国的总理，我最关心的是中国的稳定与发展问题，因为中国有13亿人口。"

唐尼问："你刚才讲到稳定对中国是至关重要的，而布什总统认为自由是美国的核心价值观。你认为美中两国的价值观是不同，还是相似？对于未来中美关系的发展有什么影响？"

温家宝总理说："我想反问一句，在中国改革开放25年、经济发生巨大变化的同时，难道你们没有看到中国人民民主和自由发生的变化？比如择业自由、获取信息的自由、旅游的自由。25年前，中国人到外国去，包括到我们自己的香港去，都是不可能的。现在每年有上千万人次到世界各地去。还有我刚才讲的宗教信仰自由问题。"

温家宝总理接着说："我想对先生讲一句我的感受，作为中国的总理，我感觉担子很重，工作难度很大，工作也做不完。13亿，是一个很大的数字，如果你用乘法来算，一个很小的问题，乘以13亿，都会变成一个大问题。如果你用除法的话，一个很大的总量，除以13亿，都会变成一个很小的数字。这是许多外国人不容易理解的。"

【案例剖析】

中国的快速发展与和平崛起，引起了以美国为首的西方国家的不适。近年来，中国威胁论甚嚣尘上，生怕中国的崛起会对国际秩序造成某种冲击，并带来国际权力和利益的重新分配，导致大国关系的重新洗牌、自身的利益受损。于是，寻找种种借口攻击中国，试图遏制中国的发展。

中国反复强调，我们有自己源远流长的传统文化，这种文化的核心是"以和为贵"，也就是和谐的文化。我们只是"和而不同"，这种不同是相互补充、相互借鉴，而不是冲突的来源。但西方国家始终无法理解中国的传统文化。中国作为世界上最大的发展中国家，有着独特的国情，如何才能被世界上最大的发达国家美国准确理解？如何能让他们知道中国现在到底面临的是什么样的问题？向以美国为首的西方人讲中国的传统文化，一时难以说清楚。温家宝总理巧妙地使用国际上最基本的乘除法，使得这一复杂问题变得十分简单、明确。

中美之间产生很多误解或者不理解，其中，一个很重要的因素就是国情存在巨大的差距。对于中国这样一个人口众多的大国的一些具体问题，其他国家根本无法想象，没有一个具体形象的概念。

所以，温家宝总理用13亿做乘除法，也就是说，如果我们取得了一个小小的成就，乘以13亿就会是一个很大的成就。虽然我们的经济在发展，经济总量现在已经很大了，占世界的第六位，可能还在不断增大。但是，如果把它除以13亿，就是很小很小的数字。同样，中国也出不得问题。如果出一个再小的问题，乘以13亿后，就会成为一个不得了的大问题。

不了解、不理解中国的西方人，对中国的发展和每天面临的挑战，是无法想象、没有具体概念的。温家宝总理巧用数字和乘除法进行的解释说明，可谓独出心裁。"13亿"这个巨大的天文数字，很容易在头脑中留下深刻而持久的印象。

（三）注意言简意赅

领导干部在接受采访时，要注意语言精练、深入浅出、通俗易懂，尽量用生动活泼、大众喜闻乐见的语言，切忌冗长、重复啰唆。专业名词要加以解释，通俗化。经观察统计，西方国家的新闻发言人回答一个问题平均用时为40秒，而中国领导干部和新闻发言人回答一个问题的平均用时为3分钟至5分钟，原因大多与语言冗长、重复解释、更正错话、多余语言等有关。

另外，领导干部鲜明的个性化语言，也是吸引记者、感染受众的重要亮点。毛泽东风趣幽默、举重若轻、妙语连珠，周恩来严谨睿智、机敏过人、魅力超群，温家宝古诗警句、沉稳扎实、诚恳实在，朱镕基冷面热肠、是非分明、掷地有声，都为接受媒体和记者的采访，增添了许多传诸后世的经典佳话。

（四）注意回避一些特殊问题

要确定自己公开信息的底线。领导干部接受采访，大多数情况是代表组织机构，是一种组织行为，对媒体记者所讲的每一句话，都是代表组织机构的意见。因此，要多讲那些达成共识的、成熟的观点和意见，少谈有争议、众说不一的问题。尽量不谈个人不成熟的看法，不使用模糊不清的提法。少说、最好不说"我个人认为""我个人的意见"。

领导干部在接受采访中，要防止泄密。对于一些国家机密、商业机密、军事机密、人事机密等敏感问题、具体数据，要严格遵循保密规定，防止通过新闻媒体发生泄密事故。如果记者提出的问题确实不便回答，领导干部完全可以直接面对媒体，态度诚恳、语气坚定地告诉记者"对不起，按照规定，这个问题不能谈""对不起，限于权限，我只能向你提供这些情况""目前，我只知道这么多""我还没有得到这方面的可靠消息""你问的这个问题我还没听说，等我核实后再回答你"等。

另外，最好是要求当面采访。在没有确认记者的可靠身份之前，不提倡领导干部接受不见面的电话采访。

【典型案例】

我国著名的新闻照片泄密事件

1964年，《中国画报》封面刊出一张照片。照片上，大庆油田石油工人"铁人"王进喜，头戴狗皮帽，身穿厚棉袄，顶着鹅毛大雪，手握钻机手柄，眺望远方。在他身后，散布着星星点点的高大井架。这张照片，生动、具体地反映了王进喜的形象，铁人精神感动和鼓舞了千千万万的中国人。但是，此照片无意中也透露了国家当时的许多机密，成为我国最著名的"新闻照片泄密案"。

日本情报专家就是根据公开出版发行的这张照片，解开了大庆油田的许多秘密。日本情报专家根据照片上王进喜的衣着判断，只有在北纬46度至48度区域内的冬季，才有可能穿这样的衣服。因此，推断出大庆油田应该是位于齐齐哈尔与哈尔滨之间。

日本情报专家通过照片中王进喜所握手柄的架势，推断出油井的直径；从王进喜所站的钻井，以及与背后油田间的距离和井架密度，推断出油田的大致储量和产量。有了这么多的准确情报，日本人迅速设计出适合大庆油田开采使用的石油设备，算准了要高价卖给中国。

当我国政府向世界各国征求开采大庆油田的设计方案时，日本人一举中标。值得庆幸的是，日本人当时是出于经济利益驱动，根据情报分析结果，向我国高价推销采油、炼油设备，而不是出于军事战略意图。

【案例剖析】

长期以来，日本企业普遍重视情报搜集工作。许多西方传媒都曾经报道过，日本一些大公司的所有雇员，都要定期接受相关情报搜集、情报分析训练，养成时刻留意收集有关情报的习惯。据此，日本有关企业成功地获取中国许多商业秘密和秘不外传的国宝级核心技术。比如，中国景泰蓝制造工艺、宣纸制作工艺等。

所以，领导干部面对媒体和记者时，要对有关保密规定给予足够的重视和留意。

第四节

阳光是最好的防腐剂——正确面对舆论监督

在新闻传媒高度发展的信息时代，领导干部如何面对舆论监督，不仅是领导干部思想解放、开明宽容和政治素质的具体体现，而且是关系到提升党的执政能力、维护社会稳定的问题。因此，在新形势下，解放思想，转变观念，主动调整对舆论监督的认识和心态，重视、支持、正确对待舆论监督，既是大势所趋，又是明智之举。

一、正确认识舆论监督

舆论监督，是人民群众通过新闻媒体对政府和公共社会事务进行监督评议的新闻传播行为，是公众监督的有效途径。舆论监督是社会发展的客观要求，是新闻媒体的重要职责，是人民群众的基本权利和愿望，是各级党委和政府改进工作的重要手段。正确开展舆论监督，有利于发展社会主义民主、健全社会主义法制；有利于反映人民群众的呼声，密切党和政府同人民群众的联系；有利于加强党风廉政建设，维护党和政府的良好形象；有利于弘扬正气、针砭时弊、理顺情绪、化解矛盾、维护社会稳定。

早在1954年4月，毛泽东就提出："报纸上的批评，要实行'开'、'好'、'管'的三字方针。开，就是要开展批评。不要怕批评。不开展批评，害怕批评、压制批评，是不对的。好，就是开展得好。批评要正确，要对人民有利，不能乱批一阵。什么事应指名批评，什么事不应指名，要经过研究。管，就是把这件事管起来。这是根本的关键。党委不管，批评就开展不起来，开也开不好。"

在"开、好、管"三字方针中，"开"是首要的，是舆论监督的前提和基础，不允许批评、不接受批评，就无法开展舆论监督。"好"是指舆论监督要达到的目标和要实现的效果，衡量标准看是否对人民有利。"管"是舆论监督的保证，至关重要。党委要加强对媒体舆论监督的管理，管的目的是要使之开展得好，而不是设置障碍使舆论监督在现实中无法开展。同时，开展舆论监督要注意讲究方法和艺术。

在媒体对党委、政府工作中存在的缺点和错误进行批评时，有关党委、政府要有宽广的胸怀和宽宏的雅量积极面对批评，要闻过则喜、闻过则改，而不是事先封杀、事后追究。各级党委、政府要把新闻媒体的舆论监督纳入执政理事的重大议程和内容，给予正确的认识和高度的重视。

从一定程度上，舆论监督是社会公众知情权、表达权、参与权、监督权的集成体和统一体。"知情权"是舆论监督的前提；"公开报道"是公众表达权的具体体现，是舆论监督发挥作用的关键；同时，公众的参与权、监督权也主要是通过公开报道实现的。

"阳光是最好的防腐剂"，舆论监督的威力就在于通过媒体公开报道，将事情的真相及相关问题公之于众，让舆论的阳光驱散恣意的阴霾，让滋生腐败现象的霉菌难觅藏身之地。舆论监督的本质在于客观、公正地报道事件真相和揭露有关问题。通过"曝光"的形式，来满足和维护公众的知情权、表达权、参与权、监督权。舆论监督是新闻媒体的重要职责和义务，舆论监督的真正使命在于确保一切公权力在阳光下健康运行。

二、舆论监督面临的问题

目前，在舆论监督上，存在一些带有普遍性的问题。只有正视并切实解决这些问题，才能够开展健康的舆论监督，舆论监督也才能够发挥应有的积极作用。

1. 从政府及其有关部门来说，在舆论监督上存在的问题主要有：一些地方的个别政府职能部门对舆论监督不配合，当媒体记者采访先进典型、报道工作成绩时，就热情欢迎；一旦得知是在做批评报道，搞舆论监督，就设置障碍、百般刁难。说情风越演越烈，往往是记者采访还没回来，说情的人或者电话就早已经到了新闻单位，有的动用领导关系"打招呼"，有的动员记者的亲戚朋友"施压力"，有的则采取利诱的方式企图让记者放弃监督，很多稿件都因为多方轮番说情后，形成"流产"。有的地方政府职能部门对舆论监督提出的问题，不能从根本上解决，报道多少，就纠正多少；有的对舆论监督漠然置之，有的对舆论监督口服心不服，名改实不改，搞一个文件敷衍媒体，说得很好，态度很端正，但就是不解决问题。

更有甚者，不少政府部门领导干部口头上对舆论监督表示欢迎，行动上则费尽心机反过来"监督舆论"。"监督舆论"主要表现为两种形式。

一是"堵"。将批评性报道或言论统统冠以"负面"两字，常以"无可奉告"之词拒绝接受采访；如果发现记者采访有揭丑"嫌疑"，便会派人盯梢、暗中干扰；有的甚至在媒体中培养"眼线"，在舆论监督稿件刊播前获得消息，以便有时间动用各种关系和手段"灭火"。

二是"压"。对待批评性报道或言论，不是抱着"有则改之、无则加勉"的态度，认真查找和纠正工作中存在的问题，而是为自己的问题百般辩护，对媒体的报道百般挑剔，甚至以侵犯名誉权、隐私权等理由要挟反攻，动用"公检法"等权力压制舆论。

应该说，像这样把"舆论监督"变成"监督舆论"的现象还比较普遍。但是，这种做法并非都能奏效，能监督本地媒体，不一定能监督中央媒体和外地媒体；能监督公开报道，不一定能监督内参报道；能监督传统媒体，不一定能监督新兴媒体。而且，监督舆论失效的情况，常常会通过新兴媒体，使有关消息不胫而走，成为备受社会各界关注的焦点和热点，反而使压制舆论监督的部门和有关领导陷入更大的被动，对单位、对个人产生灾难性的后果。因此，积极支持舆论监督胜过消极压制舆论监督。

2. 从新闻媒体来看，在舆论监督上存在的问题主要有：个别媒体舆论监督出发点不当，为追求轰动效应和新闻卖点，事无巨细、有闻必录；监督的时机选择不当，往往给问题的解决造成被动，甚至诱发社会不稳定因素；报道的数量过多、密度过大，在一段时期对一个地区、一个单位集中进行监督报道，给当地党委、政府带来极大的压力，严重影响正常工作开展；有的监督报道存在片面性，断章取义，有的主题先行，观点前置，先定性、后报道，攻其一点，不及其余。

三、关键在于政府与媒体良性互动

舆论监督成本低、见效快，是促进党委、政府解决老大难问题的助推器。善于将舆论监督作为一种改进工作的手段，反映了坚定的党性，更体现了政治智慧，是新形势下检验执政能力的重要标志。如果更多领导干部都能从这一高度来运用舆论监督，无论是对政府还是对媒体，都是有好处的。

从媒体的角度来看，搞好舆论监督离不开党委、政府的支持，特别是当地党政一把手的支持。当年，《长治日报》舆论监督声誉鹊起时，报社领导班子一位成员曾对记者说："我们的舆论监督离不开市委的支持，离不开市委书记吕日周的支持，也就是离不开权力和法律的双重推动。"《南方都市报》的一位记者曾写道：从长治的舆论监督可以清晰地看到其中一个法则：单纯的舆论监督，是很难奏效的。但是，一旦监督成为党的领导工具，引起了党委和领导干部的高度关注，监督就会产生实质性效力。没有监督不行，有监督没有领导重视也不行。舆论监督需要党委、政府的支持，一个关键因素就是，舆论监督涉及问题的最终解决还得依靠党委和政府。尽管舆论监督的目的是解决问题，但媒体毕竟不是政府职能部门，它本身不能解决问题，只能通过新闻报道形成舆论压力促进问题的解决。

西方称新闻媒体为"第四权力"，称记者为"无冕之王"，都把新闻媒体的监督权提高到了不可替代的地步，但这种说法并不完全适合我国的国情。为此，中央党校教授王贵秀曾撰文指出：新闻舆论监督，严格说来，并不属于"权力监督"的范畴，而应该归属于"权利监督"的范畴。因为新闻舆论监督的威力和作用再大，再强有力，它本身始终只能发挥"在口头上加以责备"的功能和作用，而不具有"在行动上加以纠正"的功能和作用。而且，它的"口头责备"究竟能起多大作用，最终要取决于有关权力机关的态度和作为，取决于"权力监督"能否及时跟进。显然，要搞好新闻舆论监督，离不开当地党委、政府特别是党政一把手的高度重视。

正是因为政府需要舆论监督来推动工作，舆论监督也需要政府支持，两种需要合拍，就为舆论监督中媒体与政府的良性互动营造了存在基础。要正确面对舆论监督，使舆论监督正常健康进行，取得良好的政治效果和社会效果，党委、政府与新闻媒体必须通力合作，密切配合。

党委、政府和领导干部正确面对舆论监督，首先要转变观念，突破认识上的误区，为舆论监督创造宽松的外部环境。

一是认为舆论监督违背正面宣传为主的原则。有些领导干部认为，舆论监督是负面宣传，容易引发不良影响，违背正面宣传的原则。有些地方领导干部，对于媒体报道其政绩十分欢迎，对于舆论监督却极为反感。一见到批评报道，就大动肝火，指责媒体和记者违背宣传纪律，不坚持正确的舆论导向，通过各种渠道向新闻媒体的记者发难。

二是认为舆论监督会影响社会稳定。有些领导干部认为，开展舆论监督，会暴露和引发社会矛盾、影响社会稳定。个别地区或单位的领导干部，在出现重大决策失误、重大违规问题时，往往以维护社会稳定为由"捂盖子"，刻意掩盖事实真相，甚至打击报复向新闻媒体透漏信息的知情者。

三是认为舆论监督是给当地政府抹黑添乱。有些领导干部片面地认为，开展舆论监督是添乱、抹黑、干扰正常工作。有些地方的领导干部，怕媒体搞监督、揭伤疤、扬家丑，往往一味护短，以种种理由，采取多种方法，阻止新闻媒体披露问题，掩耳盗铃，致使矛盾越来越多，问题越来越大。

四是认为舆论监督影响经济发展。有些领导干部认为，开展舆论监督，会直接影响地方的形象和投资环境，影响经济社会发展。有些领导干部认为，舆论监督不仅影响投资环境，而且影响自己的政绩、影响自己的职位晋升。

如果不从理论上、思想上、认识上纠正这些认识上的偏差，就难以正常地开展舆论监督，媒体就会失去公信力。

要切实搞好舆论监督、充分发挥舆论监督的积极作用，关键在于各级党委、政府和领导干部，特别是主要领导干部，要真正把重视舆论监督体现在实实在在的具体行动上。2000年至2002年，山西《长治日报》之所以在舆论监督上取得了令新闻界瞩目的成绩，关键在于以长治市委书记吕日周为代表的长治市委、市政府，把思想上对舆论监督的高度重视，化为了实际行动，并从自身做起全力推动，具体体现在四个方面。

一是密切关注媒体舆论监督的发展，对舆论监督报道提出具体的修改意见。吕日周对每天舆论监督的内容都要圈点批示，真抓实干。

二是重视舆论监督工作的硬件环境，为舆论监督提供物质条件。从人力、物力、财力上，积极支持《长治日报》成立舆论监督部，市委、市政府专门为其划拨经费购置工作用车和采访工具等。

三是加强舆论监督的组织领导。制定出台《长治市新闻舆论监督暂行办法》，明确规定加强新闻舆论监督的组织领导工作，要求由市委、市政府领导挂帅，成立"长治市新闻舆论监督协调和指导小组"，负责对舆论监督的策划、组织、协调、指导、监督和检查工作；各新闻单位分别成立负责新闻舆论监督的领导小组，搞好各自的监督、检查，确保舆论监督的规范有序。

四是建立舆论监督长效机制。制定下发《中共长治市委关于实施"五大监督"的意见》，建立健全新闻舆论监督责任制，各新闻单位领导和记者都要蹲点包片；各新闻媒体都要成立"新闻舆论监督部"，专门负责新闻舆论监督的组织、实施和督察，为新闻舆论监督提供支持。

在两年多的时间里，舆论监督取得了明显的成效，长治市获得了多种荣誉称号，长治日报社的发行及广告收入都达到了历史最高水平。

要确保舆论监督工作健康有效地开展，新闻媒体也应端正态度、注意方法、突出重点、讲究方式，使舆论监督的效果发挥到最佳。所谓端正态度，主要是开展舆论监督的媒体和记者要端正对待批评对象的态度。一般情况下，新闻舆论监督涉及的批评对象与人民群众之间的矛盾，都是人民的内部矛盾，即便个别领导干部的做法与人民群众的利益不一致，也可以通过人民内部的批评与自我批评解决。而新闻媒体开展批评时，一定要注重把握分寸、讲究方法。正如毛泽东所指出的："报纸上开展批评的时候，要为人家准备楼梯，否则群众包围起来，他就下不了楼。"舆论监督的目的，是为了解决实际问题。舆论监督的方法，要有利于被批评者纠正错误和落实整改，而又不至于使其受到不必要的伤害，影响其工作的进一步开展。值得注意的是，我们的很多舆论监督报道通常从群众的角度考虑得多，而从批评对象的角度考虑得不充分，这种状况亟待改进。所谓突出重点，就是舆论监督应把握大局，分清主次，与党和政府的中心工作合拍，不能总是在个别疑难事件上纠缠。根据《中共中央办公厅关于进一步加强和改进舆论监督工作的意见》（中办发〔2005〕11号）精神，当前舆论监督的重点是：对违法违规行为的监督；对党和政府的方针政策落实情况的监督；对党纪政纪执行情况的监督；对当前社会热点、难点的疏导；对侵害群众利益行为的监督和对社会丑恶现象、不道德行为和不良风气的揭露和批评。至于舆论监督的方式，一方面是指舆论监督的选题、策划、调查、互动、追踪等实施有效监督的采编技巧；另一方面我们更应注重舆论监督稿件批评分寸和尺度的把握，特别是运用语言的技巧，总的原则是帮人而不是伤人，是解决问题而不是激化矛盾。也就是说，舆论监督要站在有利于促进问题解决和帮助批评对象改正错误的立场上，更加重视批评的方式和技巧。

四、适应在媒体注视下开展工作

各级领导干部要带头接受监督，把党和人民的监督看作严格要求、关心爱护，自觉接受来自各方面的监督，做到闻过则喜，有过则改，养成一种在监督之下工作和生活的习惯。

现在有的同志对批评不习惯，甚至听不得批评，这恰恰是我们平时批评不够的反映，这种状况，要予以改变，要使批评正常化。总之，党内、上下级之间，要有勇于批评的健康风气，不能一团和气、息事宁人，当"好好先生"。

各级领导干部要虚心接受批评。是否有这个"雅量"和胸怀，实质上是是否自觉接受监督的问题。早在延安时期，毛泽东就对民主人士黄炎培先生说过，只有人人起来监督政府，才不会人亡政息。严格监督是对领导干部最大的爱护。各级领导干部都要正确认识和对待监督，把党和人民的监督看作严格要求、关心爱护，自觉广开言路，主动接受党内监督和人大监督、政府专门机关监督、政协民主监督、民主党派监督以及司法监督，高度重视和真诚接受群众监督和舆论监督。

中国共产党是勇于坚持真理、纠正错误的党。我们不仅不拒绝人民群众的监督，而且真诚欢迎各方面的意见和批评。那种认为上级监督是对自己的不信任、不放心，群众监督又是对自己的不尊重、不相信的看法，是非常错误的。我们要做到"闻过则喜，有过则改"，关键是要养成一种在监督之下工作和生活的习惯。不管是什么人，只要你说得对，我们就改正。你说的办法对人民有好处，我们就照你的办。同样的，凡是正确的批评和意见，不管是什么人提出的，我们都要虚心接受、加以改进，对新闻媒体的舆论监督同样应该如此。

新闻媒体是党和政府的耳目喉舌，也是人民的耳目喉舌，是社会的"预警雷达"。舆论监督既是新闻媒体拥有的重要权利，同时也是新闻媒体必须履行的重要职责，只有切实行使好舆论监督职能，坚持正确的舆论导向，新闻媒体的"耳目喉舌""预警雷达"的功能才能得到充分的发挥。在信息时代，新闻媒体正在对政治生活、社会生活、经济生活、文化生活产生越来越广泛的影响，舆论监督将成为国家政治生活的常态。在建设民主政治进程中，各级党政干部要努力学会"在新闻媒体的注视下开展工作"，以适应政务公开、党务公开的时代潮流。执政为民是我们一切工作的出发点和立足点，积极主动地欢迎舆论监督则是执政为民的重要内容。

五、建立舆论监督合作机制

政府与媒体之间本来就是相互依存的，媒体有责任向公众传达政府的各项政策法规，政府的工作也需要通过媒体来向公众进行传播。这种依存关系只有建立在互为诚信、互相尊重的基础上，只有实施良性互动，才能实现信息的最优传播。媒体与政府间的良性互动应着力于建立全新的合作机制。建立媒体与党政职能部门间的联合监督机制、互动机制，更要注重建立联合督办机制。

（一）建立媒体与党政职能部门联合监督机制

中国共产党十七大报告明确指出："落实党内监督条例，加强民主监督，发挥好舆论监督作用，增强监督合力和实效。"而增强监督合力和实效的最好形式，就是开展联合监督。

为了拓宽舆论监督的路子，《南通日报》探索出了"联合监督"的道路，与人大、政协、纪委等政府部门联合开设专线，此举有效刹住了说情之风，加大了舆论监督的力度；《南通日报》副总编辑杨自度的感受是，走"联合监督"之路，一定要有组织保证，要建立相应的制度，分工明确，要制度化、规范化、经常化。

《厦门日报》的《监督在线》在市纪委、市监察局的支持下，与市纠风办签订了合作协议，建立了良好的合作机制。报社通过热线了解到群众提供的线索、反映的情况后，初步进行筛选，然后通过周报题，再提交到由市监察局、纠风办召集《监督在线》主创人员、市行风代表组长、纠风办相关人员参加的例会。通过集思广益形成一致看法，确认采访调查的方向、人员、稿件的提法；稿件形成并初编后，再送交市监察局、市纠风办领导审定，审定后的稿件再返回报社的编辑流程。这种监督模式不仅仅是新闻工作者的单打独斗，也不仅仅是媒体的曝光披露，而是依托党报这一载体，群众监督、民主监督、行政监督、舆论监督等多种监督结合。

《温州日报》"党报公众服务网"有温州市公安局、市规划局、市园林局、交通局、教育局、电业局、水利局、卫生局和环保局等32家政府部门、公共服务单位加盟，成员单位负责人轮流接听热线和参与互动，与读者直接对话，读者投诉问题的解决率达80%以上。

《南阳日报》的《热线民声》专版借助报社"市民呼叫中心"这一平台，与56个政府职能部门联动；由于有市政府督察室、纠风办参与，《热线民声》专版因此集党纪、政纪、群众及舆论监督于一体，四种形式合一形成监督合力。多家媒体的实践证明，开展联合监督既有助于形成监督合力，又有助于增进媒体与政府间的感情。

（二）创新媒体与党政职能部门间的互动机制

如果说联合监督还主要限于媒体跟党政监督机关及相关职能部门的话，那么，舆论监督中强化媒体与职能部门之间的广泛互动，则是这种合作的拓展和深化。

《北京日报》舆论监督栏目《来到您身边听您诉烦恼》就非常重视跟党政职能部门之间的互动，该栏目的运作流程是：收集线索、筛选线索、采访报道，向督查部门和相关区县、委办局及具体责任单位通报情况，跟踪解决情况、反馈报道。同时，该栏目还实现了与市政府督查室的互动，市政府督查室为此专门建立起督查反馈机制，其运作程序是：记者发现问题、采写稿件、见报的同一天报市政府督查室、督查室对其中的重点问题立项、下发督办单，对有关区县和部门的落实情况进行回查，并向市领导报告落实情况。对久拖不决的问题，市政府督查室通过《督查通报》对有关区县和部门给予通报批评；问题解决后，有关部门向督查室汇报结案。该栏目自运行以来，多次受到北京市委、市政府和市委宣传部领导的表扬。

事实表明，有互动的监督不仅比没有互动的监督效果更好，而且互动还能克服舆论监督中可能出现的不足。2005年8月，南京市委宣传部曾经下发《新闻单位舆论监督稿件审核办法（试行）》，其中"批评稿件没有被监督方签字的阅稿单，不能见报"等内容引起了强烈反响，社会上反对之声较大。而南京多家媒体的记者，对这个《办法》并不像外地人想象的那么反感，反而觉得有了监督对象的阅稿程序，就能有效避免批评报道的失实；批评报道的目的是促进问题的解决，在阅稿过程中一些单位认识到错误，主动解决了，媒体不再报道也在情理之中；对于那些拒不配合的单位，即使不公开报道，媒体还可以通过内参来向有关领导反映。而内参的作用甚至远远大于公开报道。

正确的"舆论监督"与合理的"监督舆论"并不是对立的，任何权力缺乏监督势必造成腐败，媒体的舆论监督权也不例外。在保障舆论监督健康运行的前提下，有效的"监督舆论"也是不可缺少的。

（三）创新党政职能部门对媒体舆论监督的督办机制

舆论监督的威力在于促进问题的解决，解决问题的力度越大说明舆论监督的威力越大，而问题的解决又不能离开党政部门的配合。因此，党政部门要与媒体合作，建立舆论监督的督办机制。

从党政部门来看，要使舆论监督真正成为本地区本部门工作的助推器，就应该确立舆论监督督办机制，对舆论监督涉及的问题及时表态，并尽可能妥善解决。这样，既有助于树立党政机关的威信，又能体现对舆论监督的实际支持。

从媒体来看，要及时向有关部门通报舆论监督情况，并积极争取行政权力介入，促成问题解决。《解放日报》的监督性内参《信访摘编》每一期刊登出来，不是被动地等有关部门的回音，而是主动把《信访摘编》中的相关小样寄到相关单位的上级部门，要求他们给回音。

不仅内参如此，公开的舆论监督报道更应主动争取党政部门的支持。在舆论监督督办机制上，最好能形成"党政监督机关、相关职能部门、问题单位、新闻媒体"这种双向制约的链条。即便问题单位和相关职能部门对舆论监督涉及问题处理不力，还可以通过上级党政监督机关来督查督办。

总之，在舆论监督问题上，良性互动是政府与媒体的共同需要，应加强合作，避免对立，实行持续稳定的良性互动，实现双赢、多赢。

六、积极对待舆论监督

国务院新闻办原主任赵启正对"负面报道"有过一段精辟的论述："说我们不好就是负面消息吗？不是。判定报道的正面、负面问题，应该从是否有利于人民群众的根本利益方面来考虑。"

在新闻报道过程中，需要保持合理适度与相对平衡，充分发挥正反两方面报道的功效，为我所用。保持适量、适度的负面报道，对于改进工作、遏制不正之风、加强权力规范运作等，会起到很好的作用。所以，对一些符合事实真相，以改进工作为目的的监督报道，要虚心接受。

一些批评性报道播发后，多多少少会对负责具体工作的领导干部造成一定的影响。此时，一味指责媒体、敌视记者，很可能会对自身形象造成更大的损害。最好的办法是，静下心来查找问题，努力改进工作，与媒体合作；必要时可与媒体协调，通过媒体挽回影响。

【典型案例】

陕西榆林市委成功处理负面事件

2007年年底，绥德职业中学校长高勇，为了尽快把国家助学金发放给困难学生，等着、追着让要去开会的县长签字，受到停职和拘留处理。12月30日，媒体对此事进行了报道，在全国引起了强烈反应。

2008年1月4日晚，时任榆林市委书记的周一波同志，刚从外地出差回到榆林，获知此事后，立即带领3名市委常委以及市委政法委、市公安局、教育局负责人，连夜赶赴绥德县。晚上11点多，径直赶到校长高勇家，认真了解情况，并对高勇表示慰问。随后，深入调查事情经过，连夜召开绥德县委、人大、政府、政协四大班子领导干部会议，果断、公开地做出了"撤销对高勇的两个处理决定、向其道歉、依法追究责任人、不得打击报复"等几项决定，自觉接受人民监督，感谢媒体的舆论监督。得到了校长和职中师生的谅解，社会舆论为之一变，媒体报道转向积极。

七、正面纠正失实的报道

面对新闻媒体的舆论监督报道，如果出现了明显歪曲事实、扩大事态、造成恶劣影响的报道，就应当采取一些措施，消除其负面影响。通过与媒体人员的交流，寻找解决问题的方法；提供可靠的事实和有说服力的有关材料，真正做到让事实说话，受众完全可以接受。

严重失实报道被双方确认后，可以与有关新闻媒体负责人协商，视报道失实的程度和事件的性质，要求其以适当的方式予以更正，尽量消除不良影响。对于涉及全局、影响重大的严重失实报道，可以与媒体交涉，要求其在相应媒体上发表明确的更正声明，纠正错误，尽量减小社会影响。对于一般性的失实报道，可以要求其刊登更正声明，也可与其协商，刊发正面报道的有关稿件，抵消和覆盖先前的失实报道。

另外，为了进一步消除因失实报道给本地区、本单位、本部门造成的负面影响，可以协调有影响的、与本单位关系融洽的主流新闻媒体，在一个时期内，加强本单位正面事件的报道，强化本单位的正面形象，变被动为主动，变坏事为好事。

【典型案例】

陕西洋县成功纠正严重失实报道

2009年4月9日，新浪、搜狐、凤凰网等60多家网站转载了《人大代表和公安局局长勾结一起倒卖民女》等文章，通过文字及视频披露：洋县镇人大代表、村支书、公安局局长等人，多次拐卖、倒卖两姐妹；其间两女遭到强奸、断骨等摧残；逃跑时，遭到公安部门的追捕和殴打。其母亲在寻女途中冻死郊外，其父亲寻女5年，吃尽人间苦头。

此条消息当日点击量超过7万人次，近万名网友跟帖、留言，对公安机关及政府官员进行强烈指责，引起了公安部及中央领导的高度关注。事件发生后，洋县县委、县政府高度重视，迅速启动应急预案，积极快速应对，边调查、边报道，及时召开新闻发布会，坚持用事实说话，充分证明了这是一起由当事姐妹父亲提供虚假事实、个别网民偏听偏信制造的虚假信息，及时、有效地平息了网络炒作，化解了这一网络突发事件带来的负面影响。

八、正确面对舆论监督的根本

关于舆论监督问题，山东《大众日报》曾经做过一次调查。在调查中，有的领导干部认为，"舆论监督是个好东西，我举双手赞成。它可以有效地防止一些人以权谋私，打击歪风邪气。但是，我不赞成你在我的地盘上搞舆论监督。我最希望你去搞别人的舆论监督。换位想一想，你要在这里当书记、市长，整天有人揭你的短，时间长了，就显得你无能。特别是提拔干部时，说你没有政绩，影响提拔。既然走上了当官这条道，谁不愿意被提拔呢？打个比方吧，舆论监督就像一根苦瓜，放在盘里，绿油油，嫩生生，很好看，没有不叫好的。可是，吃一口，从嘴里苦到心窝儿里，很难受。我也知道良药苦口利于病，可没有人整天拿着苦瓜当饭吃。我没有走上领导岗位前，也曾经大声疾呼过进行舆论监督。可是，主政以后，才知道舆论监督让当官的这么难受。一看见脑袋就炸。"对舆论监督工作持这种心态的党政领导干部，为数还真不少。这种心态具有一定的典型性和代表性。

舆论监督难，是大家公认的事实。不少新闻工作者认为，舆论监督，是时代的渴求，是媒体的强烈愿望，这没有什么异议，问题在于各地党委、政府是否支持舆论监督，法律是否保护舆论监督，我们是否敢于并善于进行舆论监督。同时，搞舆论监督就如同在悬崖边上跳舞，有可能冷不防被人推下悬崖，也有可能一不小心自己跳进悬崖，得处处设防。尽管此话说得不算准确，但也形象地道出了舆论监督的困难程度。

许多读者和受众认为，有新闻舆论监督内容的党报我们愿意看，老是没有舆论监督内容的我们不愿意看，谁也不会掏钱去买自己不爱看的报纸。

在现实中，随着形势的发展，有不少领导干部越来越关注社会舆论，越来越重视新闻媒体，这是一个可喜的进步。但是，许多领导干部所关心的，仍然停留在"如何应对新闻媒体""如何应对新闻记者"层面上。

而"应对"，明显含有应付、敷衍、对立、敌视之意。近年来，有些地区和单位热衷于邀请有关专家学者，举办讲座、培训班等，向所属各级干部传授如何应对媒体和记者的种种方法和技巧，其中包括如何回避问题、如何金蝉脱壳、如何拒绝采访、如何掩盖矛盾、如何八面玲珑、如何滴水不漏、如何刀枪不入，甚至如何与媒体和记者"躲猫猫"、如何瓦解舆论监督报道、如何寻衅抓住记者的短处倒打一耙等。

其实，这些时下颇受欢迎的所谓妙方、机巧，只不过是扬汤止沸的权宜之计，绝不是釜底抽薪的治本之策。这些所谓的机巧和妙方，很可能通过一场讲座或几天的培训，在局部收到一些立竿见影的眼前"效果"。但是，问题仍然存在，矛盾依然没有得到根本解决，暂时平静的表象之下，一定在不断地积累着发生溃坝效应的能量，孕育着更大的波澜和危机。平静是暂时的，爆发是必然的。

所以，领导干部正确面对媒体、正确面对舆论监督、有效引导社会舆论，其核心问题和根本问题是全心全意为人民服务，就是始终坚持中国共产党的性质和宗旨。这既是中国共产党执政治国的基础和保障，也是防止负面事件、群体事件，特别是新闻群体事件的治本之策。除此之外，别无他途。

第五节

并不多余的话——应当终结的一些不妥说法

长期以来，一旦发生群体事件，有关党委、政府和领导干部，常常通过新闻媒体发布一条简短、雷同的消息。大致是："少数别有用心的""不法分子""煽动""不明真相的群众""非法聚集""聚众闹事"等。这些语言，时常出现在一些领导干部之口，成为在处理群体事件过程中使用频率最高、最理直气壮、冠冕堂皇的口头语。

认真分析，上述常用语言根本经不起推敲，有些甚至是违法的。在新形势下，应当少用、慎用、终结或废止。

一、经不起推敲的语言

（一）关于"少数别有用心的人"

"少数别有用心的人"一词，让人感到是特指很负面、心理很阴暗、见不得阳光之人。按照《辞海》的解释，"少数"是"数量小、不多"的意思。如果这样极少数的几个人，能够组织"煽动"成千上万，甚至数万群众，那么，就只有一种可能，那就是这几个少数的人拥有真理，至少持有现场群众都认可、都支持的主张。而认可这种主张的群众越多，就说明这种主张与共产党的性质和宗旨越接近。当地党委、政府和领导干部就越应该重视，越应该用心倾听，并予以满足，而不应该运用这种非常贬义的语言去贬损这些"少数人"。

说这些少数人拥有真理，恐怕有些领导干部无法接受。我们不妨做个设身处地地假设，如果你是一个既无职务又无权力的普通人，你能去别有用心地组织煽动成千上万群众吗？就算以你现在的领导干部身份，拥有党和国家赋予的行政权力和合法身份，不仅不是"别有用心"，而且是毫无私心杂念，并怀着十分纯洁、十分阳光的用心，你能够一下子组织起成千上万的群众来热烈响应你的一个主张吗？

（二）关于"别有用心"

拿"别有用心"说事，是站不住脚的。

你是怎么知道这些少数人是"别有用心"的？他们告诉你了吗？你把握这些不确定的少数人的心理了吗？你是怎么知道他们所思所想的？

退一步讲，就算少数人真的是别有用心，但一个人心里想的东西再阴暗、再龌龊，也不能算是违法，更不能受到处罚。

古今中外，还没有任何一种政治势力能够控制民众的所思所想。如果想要禁锢人们的思想，则既不合法理，又不合人情。

法不诛心。古今中外没有任何一部法律以"用心"来立法和施法。历史的经验表明，凡是规范和约束"用心"、以心论罪的法律法规，都会以失败而告终。比如，欧洲文艺复兴时期的"日心说"纷争、清王朝的"文字"狱、"文革"极"左"时期的"狠斗私心一闪念"等，均无一例外。

（三）关于"不法分子"

关于"不法分子"一说，就更经不起推敲了。

没有经过严谨的调查取证，你是怎么认定他是"不法分子"的？你有这个权力吗？你有这种资格吗？

退一步讲，即使他的所作所为就是个货真价实、彻头彻尾的不法分子，作为领导干部，不管你的职务有多高、资格有多老、权力有多大，你也没有资格认定他是不法分子。

认定一个人是不是不法分子，只有经过法院的公正审判才能确认。

所以，作为领导干部，最多只能说某些"少数人"是犯罪嫌疑人，而不能随心所欲地为其扣上"不法分子"的大帽子。否则，就是涉嫌违法、越权越位的霸道行为。

（四）关于"非法聚集"和"聚众闹事"

"非法聚集""聚众闹事"等说法不合逻辑。中华人民共和国的根本大法宪法明确规定，公民拥有集会、结社、游行、示威的权利和自由。所以，"聚集""聚众"不仅不违背宪法的要求，而且完全合乎宪法的规范。

如果有关领导干部说"聚集""聚众"违背了本地区本单位的法规，就更站不住脚了。因为按照法理，在中华人民共和国的土地上，下位法不能违背上位法，任何法律、法规都不能有悖于宪法的规范。

何况"聚集"不一定"非法"，"聚众"也不一定是"闹事"；"聚集"和"非法""聚众"和"闹事"之间不存在必然的因果关系。

一般情况下，群众一开始的聚集和聚众，大都有其合理的权益诉求，并没有"非法""闹事"的本意和意图。

实践证明，群众由"聚集"发展到"非法"，由"聚众"演变为"闹事"，都与有关领导干部平时的失职、渎职和不作为有关，都与在群众"聚集""聚众"过程中，不仅不着力化解矛盾，而且用贬损、污蔑的语言不断去刺激群众的情绪有很大关系。

比如，本书中提到的"石首事件"，当时，石首市长站在四楼，对大规模聚集群众喊话的内容，无异于向成千上万群众进行挑衅和叫板。其结果必然是激化矛盾，使问题升级。在客观上，推动和催化了群众走向"非法""闹事"。

二、论煽动群众和发动群众

通过理性分析和认真解析可以发现，"煽动群众"和"发动群众"在心理

255

策动和行为激励上，没有根本的区别，只是由于评价者的立场不同，而导致说法各异而已。由群众组成的群体，特别是成千上万甚至多达数万的群众，并不是轻而易举、随心所欲地就能够被"发动"或"煽动"的，必须具备一定的条件，才有可能实现。通过对古今典型案例研究分析可以发现，必须具备下列条件之一，才有可能实现煽动群众或发动群众。

（一）群众的生存受到威胁之际

当群众的生命和生存受到严重威胁时，如果有人能够给群众指出一条生路，哪怕是九死一生的生路，群众就有可能被煽动或发动起来，跟着此人走。

中国历史上第一次农民起义很能说明问题。秦末，即公元前209年，包括陈胜、吴广在内的900多名青壮年贫苦农民，被迫去戍边。集体行至蓟县大泽乡，也就是现在的安徽省宿县东南，适逢天降大雨，道路泥泞不堪，无法行走，贻误了报到期限。

按照当时秦朝的法律，这900多名戍卒必死无疑，其生存受到了严重的威胁，具备了发动群众起义的基础。（如本书前文所述）此时，眼看戍卒们无法再继续生存下去了，陈胜站出来对戍卒们说："今亡亦死，举大计亦死，等死，死国可乎？"意思是说，我能够带领大家找到生路。如今当顺民前去报到，就等于去送死。横竖都是个死，不如大家随我一起造反，推翻秦王朝，我们大家就不仅能够生存下去，还能够一起坐天下。难道他们天生就是坐天下的吗？

再加上陈胜、吴广讲究发动群众的策略，所以，900多名戍卒斩木为兵、揭竿而起，造反反秦，应者如云。公元前206年，秦王朝轰然倒塌，强大的王朝政权只存在了15年。

陈胜、吴广发动起义后，全国各地响应者众多，数日之内，就聚集了几十万人。作为两个贫苦农民，陈胜、吴广为何具有如此强大的影响力、号召力和动员力？这其中，有着深刻的现实原因。

自周幽王骊山烽火戏诸侯开始，到秦王朝统一中国的560多年间，诸侯拥兵割据、军阀连年混战、地主残酷剥削、官吏横征暴敛，广大农民困苦不堪。

到秦王朝统一中国的公元前221年，中国的人口下降到不足2100万。此时，饱受战乱之苦的广大人民群众，最需要的是休养生息、发展生产。但秦王朝大兴土木，修建万里长城，修建700多公里的秦直道，修建连绵300余里的阿房宫，修建工程浩大的秦王陵，耗尽了国力、财力，人民群众的生活更加雪上加霜。

无尽无休的徭役、兵役，多如牛毛的苛捐杂税，繁重的剥削与沉重的压迫，平民所遭受的苦难，甚至超过了诸侯混战的年代。

在天下分裂之时，诸侯割据、对峙，老百姓无法忍受时，可以逃亡到其他诸侯国去躲避灾难。秦王朝统一全国之后，"君臣之义无所逃于天地之间"，人们无法再像春秋战国时期那样"逝将去汝，适彼乐土"，可谓躲无可躲、避无可避，只有忍受。

同时，秦王朝实施严刑峻法，残酷地剥削、压榨和镇压老百姓。秦王朝执政期间，不断积累社会矛盾。10余年的时间，整个国家犹如堆满了厚厚的干柴，随时可能出现的任何"星星之火"，都会引起燎原之势。即使没有陈胜、吴广起义，秦王朝也不可能长久，其灭亡是必然的。

（二）群众利益得不到保障之时

从客观上讲，中国老百姓的私权意识远没有西方人强烈。所以，在中国，老百姓的利益受到损害时，通常是引起群众的不满，而不会遭到如西方公众那样强烈的、毫不让步的抵制。这就为执政者采取措施，补偿群众的损失，化解社会矛盾赢得了宝贵的时间和空间。

但是，如果执政者不重视这一点，损害群众利益的行为常常发生，老百姓的利益长期得不到有效保障，就会形成问题的积累，造成矛盾的叠加，形成"小事拖大"，到达一定程度，就会造成"大事拖炸"。在这种情况下，群众很容易被"煽动"或"发动"。

以毛泽东为首的中国共产党人，是发动群众的顶尖高手，古今中外，无人能及。我们概要分析毛泽东发动群众的心理策动原理和行为激励方法。

毛泽东在湖南农民运动讲习所讲课时、在组织秋收起义时，对贫苦农民说，我们农民为什么一天到晚累死累活、天天拼命劳作，却仍然衣不遮体、食不果腹？其根本原因就是地主夺去了本该属于我们的土地。只有把土地从地主手中夺回来，我们才能过上好日子。否则，我们世世代代、子子孙孙都会有吃不尽的苦、受不尽的罪。于是，长期贫困的农民，应声而起，跟着共产党、跟着毛泽东"打土豪、分田地"，迅速过上了好日子，生活条件得到了根本改善。

共产党领导农民群众进行的土地革命，极大地震撼了国民党当局，危及了统治集团的利益。国民党派军队前去镇压、"围剿"，此时，毛泽东对农民说，我们刚刚过上好日子，国民党就要来镇压我们，企图从我们手中再把土地夺回去，让我们再吃二遍苦、重受二茬罪。我们应该怎么办？农民们异口同声地回答：跟他干！跟他拼！于是，农民们拿起锄头棍棒、操起大刀长矛，紧跟共产党，义无反顾地投入5次反"围剿"中，坚定不移地加入了生死未卜的长征队伍。后来，又夺过敌人的枪炮，投入抗日战争和解放战争的殊死搏斗中，并取得了胜利。

（三）社会公理受到践踏之日

在中国，广大人民群众不仅眼睛雪亮，而且心中有"一杆秤"，在度量和评价社会公理的价值取向上，大体是相同或相似的。这一点，与西方资本主义国家民众价值取向的复杂多样具有明显的不同。受传统文化理念的熏陶，中国的老百姓在维护社会公理上，具有强烈的自觉性、主动性和一致性。

顾名思义，社会公理就是社会公众群体对世事普遍的看法、共识和公认的道理。社会公理实质上是人性对本性适度的、合理的约束和规范。社会公理以传统文化理念为基础，具有历史性、传承性、大众性和相对稳定性。同时，社会公理又具有继承性、发展性和时代性特征。广义的社会公理具有普遍性，也就是说，社会公理很大程度上是人类的共识，而不分国别和信仰。狭义的社会公理又具有明显的特殊性，表现为以民族大义为根本，以国家和阶级的利益为基础，体现为约定俗成的道德行为规范。

在正常情况下，国家的法律很大程度上发挥着维护社会公理的作用。广大人民群众是社会公理的创造者、实践者、评判者和最终维护者，对于违背社会公理的团体和个人，具有天然的、自发的抵制心理和情绪。而且，这种抵制心理和情绪很容易形成广泛的共识，并迅速演变为自觉的行动，以实现捍卫社会公理的目的。

在现实中，当社会公理受到侵害、践踏之时，群众心中自发地、自然而然地就会产生强烈的抵制心理和尽快纠正的共同愿望。此时的群众，最容易被"发动"或"煽动"起来，形成巨大的意志力、影响力和行动力，迫使社会公理的侵害者、践踏者，放弃个人和团体的主张和行为，惩处相关责任人，以达到修复和捍卫社会公理的目标。

在条件成熟时，比如，在社会公理受到践踏时，不需要有组织、有计划、有预谋地发动或煽动，群众也可能会自发地或自觉地团结奋起，以自己的实际行动，表达自己或公众的利益诉求。也就是说，成规模的"群众运动"或"聚众闹事"，不一定是某些组织或个人"发动""煽动"的，而可能是群众的一种自发行动或自觉行动。其中，最具典型性的就是我们耳熟能详的五四运动。从历史资料来看，五四运动既不是中国国民党策划的，也不是中国共产党发动的，因为当时中国共产党还没有成立。到目前为止，还没有任何证据显示，五四运动是哪个政治势力有组织、有计划地策划的。在这场声势浩大并取得了胜利的群众运动中，参与的群众，有些是自觉的，有些是自发的。

1919年，中国北洋政府在巴黎和会上外交失败，与列强合议签订丧权辱国的《凡尔赛和约》，拟割让青岛给日本，严重践踏了社会公理，引起了全中国人民的强烈抵制和坚决反对，爆发了影响深远的五四运动。在全国民众强大的压力下，北洋政府拒绝了在和约上签字并撤销了有关外交人员的职务，五四运动取得了胜利。

1927年，第一次国内革命战争失败后，国共两党形同水火、势不两立，展开了一场旷日持久、异常惨烈的理想信念、意识形态、阶级利益之争。在不到10年的时间里，国民党屠杀了数十万共产党人。以毛泽东为首的中国共产党人坚贞不屈，一刻也没有停止顽强的抵抗和英勇的抗争。正当国共两党争得你死我活之际，日本帝国主义发动了侵华战争，中华民族面临着生死存亡的严峻考验。此时，中国共产党以民族大义为本，以宽广的胸怀和博大的心胸，捐弃前嫌，提出了"停止内战，一致抗日""建立抗日民族统一战线"的政策主张，上应公理、下合民意，得到了全国人民和社会各界的广泛支持和响应。其中，也包括国民党阵营中的许多骨干分子。全国各界人士、爱国青年、国外华侨，纷纷通过各种形式，加入中国共产党倡导的统一战线阵营，自觉接受中国共产党的领导，与日寇展开了一场生死搏斗，最后取得了完全胜利。

（四）站在广大群众的立场之上

实践证明，在中国，当执政者的行为使群众的生存受到威胁、切身利益受到侵害之时，只是成功发动群众或煽动群众的必要条件，而不是充分条件，更不是充分必要条件。也就是说，即使具备了上述三个条件之一或全部，也不一定能够成功地发动群众或煽动群众起来造反。保持社会稳定、保持群众稳定的前提是，执政者必须站在广大人民群众的立场之上，与广大人民群众同甘共苦、打成一片，这一点起着决定性作用。

在长期艰苦卓绝的革命战争中，中国共产党始终站在广大人民群众的立场上，为人民谋利益、打天下。在长期白色恐怖笼罩下的中国大地，当时弱小的红军及所在地区人民，随时有可能面临国民党的报复、迫害和屠杀，生命、财产经常面临巨大的威胁。同时，国民党反动派除运用军事手段频繁"围剿"红军，针对消灭共产党和红军，对红区群众实施了离间、分化、策反、利诱、煽动、造谣等多种手段，试图制造人民群众与共产党、红军之间的矛盾与对立，但始终未能成功地煽动群众，实现其目的。在国民党反动派的威逼利诱面前、在日寇的屠刀之下，千千万万的中国老百姓用自己及家人的生命，掩护和保护了无数个共产党员，红军、八路军、新四军、解放军战士，保守了共产党及其领导的人民军队的许多秘密，为夺取革命战争的胜利发挥了不可估量的作用，这样的例子举不胜举。

在长期艰苦卓绝的革命战争时期，中国共产党紧密地团结群众、依靠群众、发动群众，同国内外一切敌人展开了不屈不挠的斗争。母亲送儿子参军、妻子送丈夫上战场，组成了共产党领导的人民军队。这些人民的子弟兵，特别是早期参加革命的子弟兵，绝大多数人没能亲眼看到中华人民共和国的成立。其中，许多人连姓名都没有留下来。广大人民群众，不仅献出了自己的优秀儿女，而且在物质条件匮乏的情况下，竭尽全力地养活着这支军队，毫无所图地支援着这支军队，从来不向共产党讲条件、要回报。淮海战役中，解放军投入的总兵力是60万，仅山东解放区支前民工就有260万以上。陈毅曾经十分感慨地说："淮海战役，是广大人民群众用小车推出来的！"如果说到当时的利益，实事求是地讲，广大人民群众付出的实在是太多太多了，而得到的实在是太少太少了。但广大人民群众从来没有在共产党的强大敌人或少数坏人的煽动下，反对或背叛共产党，而是一心一意地支持、拥护和捍卫共产党。因为广大人民群众知道，共产党是完全站在自己立场上的政党。

中华人民共和国成立后，为共产党夺取政权付出巨大牺牲的广大人民群众，没有向共产党索取任何回报，而是坚定不移地紧跟共产党，全身心地投入了建设中华人民共和国长期艰苦创业的伟大斗争之中。面对历经长期战乱后千疮百孔的局面，面对一穷二白、无比贫困的现实，面对国际帝国主义的封锁和绞杀，广大人民群众坚定地站在了共产党的旗帜下，义无反顾地跟着共产党、拥护共产党、支持共产党。在工业基础相当薄弱的情况下，全国广大人民群众，特别是广大农民群众，在农业生产力仍然处于汉唐时期水平的条件下，终日从事高强度的农业生产，根本就没有每天8小时工作制的概念，年复一年、日复一日，没有星期天、少有节假日，没有退休的意识，更没有领取养老金、退休金的政策。广大农民群众吃着最差的饭、穿着最差的衣，却每年每季都把最好的农产品，尽可能多地献给了国家。明显的城乡差别、工农业之间的"剪刀差"存在了几十年。广大农民群众无怨无悔，精打细算、省吃俭用、勒紧裤腰带，全力支持国家建设，完成了中华人民共和国十分可观的原始积累，撑起了国家的工业基础，还清了国家的外债，托起了"两弹一星"。在广大人民群众的无私支持下，在朝鲜、越南，在中印边境，在珍宝岛，人民的子弟兵痛快淋漓地教训了帝国主义、霸权主义，从根本上彻底终结了旧中国任人欺凌的屈辱历史。所有这些，广大人民群众都付出了无法计量的巨大牺牲，何曾向共产党、向国家讨取过个人利益？又有谁能够煽动群众与共产党及其政府对抗？没有！这对于西方社会公众来说，都是不可想象的。因为广大人民群众深深地知道，共产党及其政府的立场是完全站在自己一边的。

三、几个疑问

纵观古今、横览中外，在人类文明历史中，在发动群众的能力上，没有任何一个政党或政治团体有资格与中国共产党相比。可以说，中国共产党是靠发动群众起家、夺取政权、建设国家、保卫国家的。发动群众是中国共产党的看家本领，是传家级的法宝。过去，中国共产党从十分弱小时起，发动群众的能力可以说天下无双，发动群众的水平达到了炉火纯青的境界。那么，新形势下，中国共产党作为执政党，一些地方党委和政府，怎么就敌不过"少数别有用心的不法分子煽动不明真相的群众"了？值得我们深思。

（一）群众"不明真相"谁之过

中国共产党是马克思主义政党，坚持历史唯物主义史观，始终坚持人民群众是世界和历史的主体。"人民，只有人民，才是创造历史的动力"精辟地定义了广大人民群众的历史地位和现实地位。

深入群众、宣传群众、动员群众、发动群众，不仅是中国共产党的一贯主张，也是对普通党员、各级领导干部、各级党委和政府最基本的要求，是中国共产党开展一切工作最基本的保障。如果没有广大人民群众的认可、支持和参与，我们党将寸步难行、一事无成，这早已成为全党的高度共识，早已成为经过实践反复证明了的真理。

但是，近年来，在全国一些地区，出现了多起群体事件，直接参与的群众少则数十、数百，多则成千上万，甚至数十万、上百万。比如"瓮安事件""石首事件"，都是七八万群众直接参与；而河南杞县则是数十万、近百万群众集体出逃。有关地方的党委、政府及领导干部，不但不深刻反思自己的执政行为，反而振振有词、理直气壮地公开发表消息和言论，称群众"不明真相"。这无异于指责和贬斥群众是好坏不辨、是非不分的愚蠢人群。这严重背离了党的群众观点和群众路线。

站在党的利益的角度，在一个地区、一个单位，如果存在成百上千、成千上万不明真相的群众，那么，此地党委、政府和主要领导干部就存在严重违反党章、不履行党员义务的行为。单凭此一点，就应该改组当地党委，并对主要领导干部予以除名或者开除党籍处分。对于当地政府，不仅应该重新组建，而且应该追究政府主要领导干部失职、渎职的刑事责任。

（二）为何坐视群众被"煽动"

除"3·14""7·5"等极少数敌对势力策划的、意在分裂国家、推翻共产党的极端事件，大多数群体事件都属于人民内部矛盾的范畴。直接参与群众的数量，由无到有、由少到多、由多到众，都有着一个清晰的发生和发展过程。这个过程，为有关党委和政府解决问题、化解矛盾、宣传群众、发动群众提供了充足的、宝贵的时间。可惜的是，有关地区的领导干部却没有抓住这一时机主动作为，而是被动地"观望"，坐视越来越多的群众被"煽动"，造成问题扩大化、复杂化。

在夺取全国政权之前，中国共产党在国统区或日寇占领区隐身藏形。一方面要躲避凶恶敌人的搜捕、追捕；另一方面要广泛开展动员群众、发动群众的工作，使中国共产党的主张深入人心，使广大人民群众心向共产党。敌后、敌占区的广大人民群众，在党的领导下，在险恶的环境中，同形形色色、武装到牙齿的敌人展开了机智灵活的斗争，演绎了数不清的革命斗争现实活剧，为推翻帝国主义、封建主义、官僚资本主义的统治，实现国家和民族的解放做出了不可磨灭的贡献。

现在，我们党夺取了政权，各级党委、政府和党员领导干部的身份由隐蔽变成了公开，由后台走到了前台。任何手握刀枪的敌人也不能对我们的人身安全造成实质性、经常性威胁了。我们可以在光天化日之下，公开动员群众、发动群众，而我们有些地区的党委和政府发动群众的意识却出现了不同程度的弱化，发动群众的能力出现了不同程度的退化，这是一个不容忽视的现实问题。广大人民群众是开展革命和建设事业的主体，是创造历史的动力，是最宝贵、最重要的政治资源、经济资源、军事资源和文化资源。如果我们共产党放松了争取群众、发动群众，则其他势力肯定会不失时机地介入。目前，在局部，这样的教训不少。

1. 发动群众，是中国共产党的力量之根

众所周知，中国共产党是在波澜壮阔的"五四"群众运动中孕育而生的。中国共产党成立之初，全国仅有58名党员，党拥有的武装力量，绝对不及现在一个最小的保安公司。但是，从1922年年初到1923年2月一年的时间，党成功发动群众实施了香港海员、安源路矿、开滦五矿、京汉铁路等工人大罢工，掀起了第一次工人运动高潮，动摇了"三座大山"的基础，震惊了全世界。翻开中共党史，中国共产党推动历史的所有进步，完全都是依靠充分发动群众获得的力量。如果说中国共产党及其领袖是发动群众的"泰山北斗"，恐怕不会有任何争议，包括共产党的敌人也会心服口服、毫无异议。

2. 发动群众，是中国共产党永恒的主题

通过翻阅党史、查阅史料，我们可以发现，结合当时的形势和任务，《中国共产党章程》先后经历过17次修改，有时修改多处，变化比较明显。但是，有关"团结群众、动员群众、宣传群众、发动群众"等内容，从来就没有被弱化，始终是普通党员、领导干部和各级党组织必须履行的重要责任和应尽的重要义务，革命战争时期如此，和平建设时期也是如此。这一点，在2007年10月21日，中国共产党第十七次全国代表大会修改的党章中，也有着明显的体现。所以，如果某个地区和单位的党委，让成百上千、成千上万的群众"不明真相"，在"煽动群众"的"少数别有用心的不法分子"面前败下阵来，则首先应该严格按照党章中"不履行党员义务"等条款进行严肃追究，实施严厉处分。

3. 发动群众，是中国共产党永恒的核心工作

通过研究党史我们可以看到，中国共产党在不同的历史时期，都制定了符合当时实际的路线、方针、政策，确定了党在不同历史阶段的中心任务。认真分析，可以发现，发动群众的工作做得扎实、正确、及时、到位，党的中心任务就会加速进程；反之，就会迟滞进程。所以，发动群众，是中国共产党的一项长期的、经常的基础性工作，永远不能放松。

（三）群众"聚集""闹事"谁之责

通过跟踪分析一系列群体事件的发生、发展、处理的全过程，可以发现，直接参与的群众，并不是对政府不满，更不是对共产党不满。群众只是对某一利益团体不满，而不是对某一级政府不满；只是对政府处理的某一个问题的某些方面不满，最多是对政府的某些局部工作不满，而不是对政府全局工作的整体否定。这一点，各级领导干部一定要有一个清醒和正确的认识。否则，就会使矛盾激化，使群众的不满情绪扩大化。

群体事件的起因，多为群众与相关经济实体之间的利益之争。某些经济实体的经营和发展，影响或损害了当地群众的利益，群众要求其补偿，于是，产生了矛盾。矛盾初期，群众主要是针对相关经济实体的，并非针对当地政府。当群众无法解决矛盾，无法实现自身利益诉求时，群众就聚集在当地政府门前，寻求问题的解决。

群众聚集，说明了什么？中国共产党有8000多万党员，村级、社区都建立了完善的党组织。《中国共产党章程》第3条第7款中规定，党员要"密切联系群众，向群众宣传党的主张，遇事同群众商量，及时向党反映群众的意见和要求，维护群众的正当利益"。群众在政府门前聚集，说明有关党员，特别是有关党员领导干部，没有较好地履行党员的义务，应该受到党纪的追究。

群众集体找到党委或政府寻求问题的解决，为我们提供了解决问题、进一步完善工作中弱项和不足的良好机会，应及时、负责地妥善处理。《中国共产党章程》第10条第4款明确规定："党的下级组织既要向上级组织请示和报告工作，又要独立负责地解决自己职责范围内的问题。"如果发生群众聚集事件，地方党委和政府不能够积极、主动、迅速、及时地进行处理，而是一味被动地请示上级、消极地等待上级的指示，聚集的群众得不到党委和政府及时、有效的回应，则群众的情绪相互影响、相互振荡，就很容易造成情绪失控，进而使事件急剧升级、恶化。如果出现这种情况，应该按照党章的有关规定，追究当地党委和领导干部的责任。

参考文献

一、理论参考文献

蔡铭泽：《新闻传播学》，暨南大学出版社，2003年版。

司马迁：《史记》，中华书局1999年版。

丁淦林：《中国新闻事业史》，高等教育出版社2002版。

龙潭：《中国国产党"政党媒体形象"建构与改革分析》，载《中国浦东干部学院学报》2009年第3卷第1期。

张春林：《论舆论监督中媒体与政府的良性互动》，载《郑州大学学报》2009年第2期。

申言：《勇于批评 习惯批评》，载《解放日报》2008年1月22日。

何荣德、王兆兴：《新闻舆论监督的难点及对策》，载《青年记者》2004年第6期。

二、其他案例来源

人民网、新华网，中央人民广播电台，《中国经济时报》《新闻战线》等有关报道；国家发展改革委宏观经济研究院发布的有关信息。

编后记：领导干部面对媒体的根本大计

关于答记者问，广为流传的笑谈是"你是替党说话，还是替老百姓说话"。仿若段子的领导式"语录"反映出部分领导干部将自己置于老百姓的对立面，早已忘记自己自群众中来。"吃百姓之饭，穿百姓之衣，莫道百姓可欺，自己也是百姓。"

领导干部何以成为舆论旋涡？面对舆情如何应对？本书首谈"政党的媒体形象"，表面看是领导干部的说话之道，实则是身正示范的处事之法。领导干部答记者问、解记者惑，并非一人、一时、一地之事，而是关乎一职、一业、一党形象。记者代表的也绝非个人，所执话筒，既发声，也传播；所握之笔，既扬善，也惩恶。

20世纪八九十年代乡镇基层干部中流传一句话，"防火防盗防记者"，与之对应的，许多群众遇到困难，受到冤屈求助、上告无门后也会大声呼喊："找记者去！"

党的基层组织是为人民服务的，各级媒体是为老百姓鼓与呼的，都是为群众谋幸福的，他们的工作方向和目标是一致的。可为什么在实际工作中产生了不符合逻辑的悖论，一家人进了两家门，甚至割裂成了对立面呢？

在一个矛盾体中，总有一方是主要矛盾。在这里，主要矛盾是个别地方政府，是他们领导的思想观念出了问题，受传统的"家丑不可外扬"影响，工作上出了问题一"捂"、二"哄"、三"骗"、四"公关"。把问题捂住,哄住群众,制造假象,编造事实,文过饰非欺骗新闻媒体,利用不正当手段去贿赂新闻从业人员,总想大事化小、小事化了。岂不知群众的眼睛雪亮,新闻记者嗅觉灵敏。结果是越捂越黑,群众的不满情绪越来越大,工作越来越被动,最终事实大白于天下,失去了工作的主动权,失去了解决问题的最佳时机,给政党的媒体形象抹了黑,给人民的事业造成了损失。

究其根本,我们的个别领导干部在执政的过程中早已忘记了"为民",甚至忘记了"有民",忘记了以习近平同志为核心的党中央把党的群众路线视为"党的生命线和根本工作路线"。

党的群众路线的创立者毛泽东提出"一切为了群众,一切依靠群众,从群众中来,到群众中去",从党的十四大通过的党章,中间历经25年直至党的十九大,对这一规定始终未改;从革命、建设和改革的各个历史时期,从毛泽东到习近平的各代领导人,坚持群众路线才能有效解决领导干部的形式主义、官僚主义。

当我们的各级领导干部归位到群众中去,就会无惧镜头,无畏话筒,就不会将自己放到包括记者在内的群众对立面去。

如何回到群众中去,如何保持群众路线的初心,如何走出"群众观点乃我痛点"的悖论怪圈,草根出身,做过多年新华社记者和地方分社领导,后来又任过省委宣传部副部长、市委副书记、省广电局长以及中央、国家网信办副主任,现任第十三届全国人民代表大会社会建设委员会副主任委员、中国网络社会组织联合会会长的任贤良同志从自己做新闻、管新闻多年的实践中给大家,特别是各级党委和政府的领导开出了一剂良医药方,即舆论引导艺术——领导干部如何面对媒体的多种办法。

本书列举了"孙志刚案""滴滴舆情""红黄蓝虐童事件""石首事

件""杞县群众集体出逃"等国内的热点话题或新闻，既有刺痛人心的个案，也有哄动一时余波不断的重大社会群体事件面向各级领导干部和普通党政干部，从实际操作切入，通过分析各个时期、各种类型的典型案例，阐述了正确面对媒体、有效引导舆论的基本方法和步骤，介绍了必备的新闻理论知识，具有较强的实用性。

该书特点有二，第一人写就第一书：中国部级领导干部中做媒体（曾任职新华社）、管媒体（曾任职中央、国家网信办）、面对媒体（曾任职省委宣传部）第一人；高站位、大视野、宽角度、多侧面，立体解释了媒体的性质与作用的第一书。

该书作用有二：教会各级领导干部如何熟悉媒体、整合媒体、领导媒体、面对媒体、用好媒体，教育基层干部如何应用媒体架桥梁、树形象、说意图，与群众共鸣共振，如何监督媒体；教会媒体自身如何脱俗。

读懂了这本书，就会在工作出现问题时，从容面对媒体舆论，审时度势，和记者坐在一条板凳上推心置腹，心贴心地交流，心往一处想，劲往一处使，勠力同心，解决社会上不断出现的热点、难点问题。真正做到我们讲的，就是老百姓想的；我们干的，就是老百姓盼的，使各项工作大放异彩。

用透了这本书，就会在面对群众时，彰显自觉自信、开放透明的政党形象，心系百姓疾苦，顾念群众情绪，"望闻问切"祛除"四风"，将"一切为了群众，一切依靠群众"的工作态度和"从群众中来，到群众中去"的工作方法结合，真正贯彻党的群众路线，再不会出现"群众关心的不公开，公开的群众不关心"的弊病和积习，再不会出现"你为党说话还是为民说话"的怪谈指摘。

本书首次提出并阐述了"政党的媒体形象"，面向8900万名党员与非党员，不仅适合机关内外的领导干部做案头书参考，还是年轻一代新闻工作者不可多得的教材与范文，既指导了工作又提高了政治文化素养，这是本书修订再版的意义所在。

——早在2009年3月，时任中央政治局常委、中央党校校长的习近平就提出，领导干部"要提高同媒体打交道的能力"；时隔将近10年，习近平总书记在人民日报社新媒体大厦带领中央政治局全体同志集体学习时再次强调："各级领导干部要增强同媒体打交道的能力，不断提高治国理政能力和水平。"

舆论推动社会发展，媒体宣传也是生产力。主政一方的各级领导，要想地方稳定、经济发展，学会舆论引导的艺术是一门必不可少的必修课，有助于在落实"四个全面"战略部署，建设社会主义现代化强国的过程中凯歌高奏。

本书全面回顾了中华人民共和国成立以来典型的舆论、舆情案例，对一溃千里抑或扭转乾坤均给予了中肯解剖，可短期应急，可长效应对。工作不是一阵子的事，工作是一辈子的事。于我党、于企业主、于个人，为百年政党、为百年企业、为百年口碑。

——值新中国成立70周年出版本书，意义非常。此前的典型案例做了系统梳理，此后的案例纵再怎样千变万化，照书开方，总有一定之法、一定之规。

这本书面世在即，出版后我要先送给我熟悉的基层干部，让他们先沾一点儿"仙气"，增加一点儿灵气。

责编：郭晓飞